海南省高等教育学会
教学工作委员会 2017 年会
优秀研究文集

曹 阳 张云阁 主编

中国海洋大学出版社
·青岛·

图书在版编目（CIP）数据

海南省高等教育学会教学工作委员会 2017 年会优秀研
究文集 / 曹阳，张云阁主编 . 一青岛：中国海洋大学出版社，
2018. 3

ISBN 978-7-5670-1686-6

Ⅰ . ①海… Ⅱ . ①曹… ②张… Ⅲ . ①高等学校－教
学研究－文集 Ⅳ . ① G642. 0-53

中国版本图书馆 CIP 数据核字（2018）第 056511 号

出版发行	中国海洋大学出版社		
社　　址	青岛市香港东路 23 号	邮政编码	266071
出 版 人	杨立敏		
网　　址	http://www.ouc-press.com		
电子信箱	appletjp@163.com		
订购电话	0532 - 82032573（传真）		
责任编辑	滕俊平　董超　王积庆　王晓	电　话	0532 - 85902342
装帧设计	青岛汇英栋梁文化传媒有限公司		
印　　制	日照日报印务中心		
版　　次	2018 年 4 月第 1 版		
印　　次	2018 年 4 月第 1 次印刷		
成品尺寸	170 mm × 230 mm		
印　　张	18. 5		
字　　数	346 千		
印　　数	1 ～ 1100		
定　　价	47. 00 元		

如出现印装问题，请与印刷厂联系，电话 0633-2298958。

编 委 会

Contents

一 教学研究

二 教学改革

三 教学管理

一　教学研究

特色专业人才培养模式探讨

——以海南大学公共关系学专业人才培养为例

陈小桃 ①

（海南大学 政治与公共管理学院）

摘 要 本文总结了海南大学公共关系学本科专业人才培养模式发展的过程，认为海南大学公共关系学本科专业人才培养模式的发展经过了模仿期、探索期、创新期、成熟期。在分析海南大学公共关系学本科专业"五能力、一形象"人才培养模式的基础上，探讨了该人才培养模式的内涵，并对其实施效果进行了分析。

关键词 公共关系；培养；模式

一、基于核心能力定位的"五能力、一形象"培养模式的提出

人才培养模式是学校为学生构建的知识、能力、素质结构以及实现这种结构的方式，是人才培养目标、培养规格和基本培养方式的具体体现。人才培养模式决定人才培养的根本特征，集中体现教育思想和观念。海南大学公共关系学本科专业人才培养模式从单纯模仿到独立探索，再到提炼创新，目的就是为了更好地培养适应我国经济发展需要的合格的公共关系人才。根据公共关系学科和行业发展的要求，专业核心能力定位为：良好的传播沟通能力、语言与文字表达能力、组织协调能力、策划创新能力、调查研究能力。为实现公共关系人才培养的最佳途径，海南大学公共关系学本科专业结合专业发展的实际，从公共关系人才的核心能力出发，提出"五能力、一形象"公共关系人才培养模式。

二、"五能力、一形象"公共关系人才培养模式的内涵

"五能力、一形象"公共关系人才培养模式是指在公共关系学本科专业人才

---

① 作者简介：陈小桃，1965 年生，海南大学政治与公共管理学院教授，系主任，研究方向为公共关系、公共危机管理。

培养方案中,以合理的课程设置、成熟的教学方法培养公共关系学本科专业学生区别于其他专业学生的五项核心能力,通过四年专业教育,从行为和意识两个方面培养学生的特殊专业形象,从而达到培养合格的公共关系适用人才的目的。

"五能力"指公共关系专业本科人才从知识与能力的内在素养方面应具备的五项基本核心能力,即语言文字表达能力(能写会说)、组织协调能力、传播沟通能力、调查研究能力、策划创新能力。

"一形象"指公共关系学本科专业本科人才应具备的良好的外在形象包括由良好的仪表、风度等外在素质和道德、学识、性格、能力等内在素质构成的统一的专业形象。

三、基于"五能力、一形象"人才培养模式下的课程体系设计

以"五能力、一形象"公共关系人才培养模式为依据,进行专业人才培养方案的设计以及课程体系的设计,设置相应的专业课程和专业实践教学活动项目,通过理论和实践教学以及统一的专业品牌活动公关周、校外活动等形式,培养学生独特的核心能力和核心形象,塑造知识结构完整、专业能力突出、专业个性鲜明的公共关系人才。具体见表1。

表1 "五能力,一形象"人才培养模式及课程设置表

模式	"五能力"					"一形象"
	语言表达	组织实施	传播沟通	调查研究	策划创新	礼仪形象
课程教学	公共关系口才、应用写作、公共关系写作与编辑、新闻采访实务	管理学、公共关系策划、公共关系实务、人力资源管理、组织行为学	传播学、公共关系学、大众媒体研究	社会调查理论与方法、统计学、学年论文、暑假社会实践	公共关系策略与策划、公共关系实务与案例、品牌战略与设计	专业教育、公共关系礼仪、公共关系学原理
理论学时	128	180	128	64	64	96
实践学时	64	32	64	16学时＋8周	32	48学时＋1周
专业活动	辩论赛演讲赛	公关周系列活动	生存挑战拓展训练	形象调查实践报告	策划大赛创业大赛	形象展示"德之根"

(一)"五能力"之语言文字表达能力

语言文字表达能力是公共关系行业从业者的基本能力之一。口头表达能力

包括演说的能力、解释的能力、说服的能力、谈判的能力、协调的能力、做结论的概括能力等。其次，撰写公共关系稿件、项目提案以及日常与客户、媒体和第三方的文件联系都是公共关系行业中重要的"功课"，需要从业人员具有良好的书面文字表达能力。在专业教学计划中，主要通过公共关系口才、应用写作、公共关系写作与编辑、新闻采访实务四门课程，共设置128学时的理论课程和64学时的实践课程，培养学生良好的语言文字表达能力。四门课程中，公共关系口才课程侧重在口头语言的表达；应用写作强调一般应用写作的练习；公共关系写作与编辑侧重公共关系行业相关的文字材料的撰写和编辑的训练；新闻采访实务则是通过专业训练，使学生形成专业表达习惯，提高语言表达能力。

（二）"五能力"之组织实施能力

组织实施能力是指公共关系人员有计划、有步骤地组织实施某项公共关系活动，并使其达到预期目标的实际操作能力。组织实施能力的培养主要通过设置管理学、公共关系策划、公共关系实务三门主干课程和人力资源管理、组织行为学等辅助课程的教学来实现。在四年的本科学习中，共安排了三门主干课程和两门辅助课程共180学时理论学时和32学时的实践学时，帮助学生学习公共关系专题活动的组织实施方法，提高组织实施公共关系活动的能力。

（三）"五能力"之传播沟通能力

公共关系是一种双向的信息传播和沟通的过程，两个组织之间的关系发展与未来的合作以组织的信息传播和意见沟通为基础，传播是联系公共关系主体（企业）与公共关系客体（公众）的中介，是公共关系工作的重要内容，公共关系人员传播能力的强弱直接关系到公共关系工作的成效。娴熟的传播与沟通技巧、较强的传播与沟通能力是公共关系人才区别于其他非公共关系人才的重要能力特征。传播和沟通能力在人才培养方案中主要通过开设传播学、公共关系学、大众媒体研究三门课程共128学时的理论课程和64学时的实践课程及相应的社会实践活动完成。

（四）"五能力"之调查研究能力

掌握扎实的信息调研方法、懂得运用不同的信息调查方式、获取准确的信息对公共关系人员来说非常重要，它关系到公共关系活动的成败。公共关系活动的信息收集须通过多种渠道和运用各种方法，以保证信息的全面性和真实性，同时对信息的处理要经过去粗取精、去伪存真、由表及里的筛选和分析,以确保信息的质量。良好的信息调查分析研究能力是公共关系人员的重要能力之一。在人才培养方案中,调查研究能力主要通过社会调查理论与方法、统计学、学年论文、暑假社会实践等课程进行学习和培养,其中理论学时为 90 学时,实践学时为 16 学时基本课程和 1 周学年论文,暑假社会调查为 8 周。

(五)"五能力"之策划创新能力

公共关系人员通过策划公共关系专题活动最终解决组织问题和达到最终的目标。创新能力是指人创立新的思想、新的事物和新的环境等,以满足自我或适应自我变化的能力。公共关系工作的本质在于创新,创新在于对常规思维的突破,这就要求公共关系人员必须具有"别出心裁"的创新精神与创新能力。在充满竞争的现代社会中,从事公共关系工作需要创造性的劳动,在竞争中只有不断求新、求异才能技高一筹、领先一步,才能达到扩大影响、树立形象、争取公众的目的。对学生策划创新能力的培养主要通过公共关系战略与策划、公共关系实务与案例、品牌战略与设计三门课程共 120 学时的理论和 32 学时的实践教学以及丰富多彩的专业实践教学系列活动、学校校园文化的策划等来实现。

(六)"一形象"的内涵与课程设置

公共关系最终是依靠良好的组织形象去说服利益相关者,从而达成公关目标。作为组织形象的传播者与沟通者,本身应该具备良好的形象意识,自觉修正个体形象,以实现为组织塑造形象的任务。在四年的大学教育、学生成长的过程中,通过专业教育,要求公共关系学专业的学生树立良好的形象意识,重视职业道德修养的学习,形成良好的礼仪行为,为未来成为合格的公共关系工作者打下良好的职业基础,这是非常重要的。良好的形象包括外在形象和内在素质两个方面。主要表现在对个体的外在修饰,良好的仪表、风度等外在素质,更重要的是道德、学识、性格、能力等内在素质的培养。在四年中,通过学习潜移默化地形成既有良好的仪表、风度,又有高度的职业道德、学识修养这一统一的专业形象。在人才培养方案中,主要通过新生入学后的专业教育形成学生的形象意识,倡导形象养成教育,随后在第一学期的 48 学时的公共关系礼仪课程中通过规范的职业道德学习、传统礼仪教育以及礼仪理论知识的学习和礼仪实践操作来完成。

四、"五能力,一形象"人才培养模式实施与效果

(一)人才市场检验,就业就是硬道理

1. 签约率逐年增长,就业环境喜人

签约率是指大学毕业生与企业实际签订的就业合同的比率,与就业率相比,是更为真实的就业指标。从2006级第一届公共关系学本科专业开始,海南大学以"五能力、一形象"人才培养模式作为专业教学计划修订、教学改革的依据,进行创新人才培养模式的实验,2006级、2007级、2008级三个年级的毕业生,接受人才市场的检验,三年的签约率逐年增长,呈明显上升的趋势。海南大学公共关系学专业的2006级毕业生的签约率为56%;在就业形势十分严峻的2011年,2007级的毕业生实际签约率达78%;2008级毕业生的实际就业率为87%,排在海南大学各专业前三位。而近三年来的2013~2016年,毕业生的最大变化不是就业率的提高,而是与行业的结合更加紧密,就业明显呈向专业化转化的表现。以2016届毕业生为例,目前在国际TOP10公共关系公司就业的毕业生有2人,国内TOP10公司就业的毕业生有5人,其他在网易、搜狐、今日头条、赶集网等就业的毕业生有10人,仅2016届毕业生就有15人在北京的国内外一流公共关系公司、著名互联网公司工作,由此可见,在参与行业竞争中,远在海南的我校公共关系学专业的学生实力不容小觑。

2. 招生人数增加,招生形势良好

长期以来,公共关系学专业的招生人数以60人为限,学生大都从别的专业调剂而来。但是在2010年,与同学院其他专业相比,就业情况表现突出的公共关系学专业获得学校的认可,学校主动将公共关系学专业招生人数从60人增加到80人,虽是调剂,但人数一直保持在90名左右。在新生入学专业教育中,大部分学生表达了主动报考公共关系学专业的意愿,大二学生转专业的倾向明显减少,2015级转出专业的只有2人,是同类专业中最少的。

(二)专业特色鲜明,入选省特色专业

以"五能力、一形象"公共关系人才培养模式为依据,根据专业不同课程,设置相应的实践教学活动,提高学生相应的专业技能,是专业实践教学活动公关周设置的宗旨。连续十届"公共关系实践教学周"等专项实践教学活动的举办,为学生提供了验证专业理论、实习专业技能、提高专业能力、检验专业形象的机会的同时,也使海南大学公共关系学本科专业形成了鲜明专业教学特色:一是以传

统文化与礼仪形象为代表的"专业文化特色",二是以全系性系列活动为代表的"实践教学特色",三是以利用专业特点服务社会的"社会服务特色"。这些鲜明的专业特色活动得到学校及海南省的高度认可,2009 年海南大学公共关系学本科专业入选海南省特色专业。

(三)学风端正,学生学习成绩突出

"五能力、一形象"公共关系人才培养模式作为公共关系学本科专业教育的基本思想,为公共关系本科专业教学指明了方向,也为教学目标的设置提供了重要的依据。明确的专业核心能力与专业形象培养标准,为人才培养提供了可资评价的标准,使学生对个体未来发展目标清晰,前景明朗,专业思想稳定,学风端正,专业学习积极性强,从保研及考研情况来看,近年来呈良好发展趋势。2010年以来毕业生考上研究生的比例在 15% 以上,保研包括北京大学、浙江大学等重点大学。其次,学生在各类大赛中成绩明显,以最具专业权威性的中国大学生公共关系策划大赛这一赛事为例,海南大学公共关系学本科专业学生连续两届获得大赛一等奖、二等奖和三等奖。2015 级仅 2016 年,就有 3 人次获得国家级创新创业大赛一等奖、二等奖成绩,5 人次获得省级大赛一等奖、二等奖成绩。

(四)教学质量提高,教师教学成果明显

成熟的教学模式、明确的教学目标、良好的教学氛围以及教师良好的专业教学思想和教学目标,教师教学成果显著。由于国内公共关系学专业教育发展较慢,师资引进难,本系从成立以来教师人数基本保持在 8 名左右,但目前本系有国家级课题 3 项、省部级课题 15 项,拥有海南省特色专业、海南省精品课程、海南省教学名师、海南大学十佳教师。本系教师在全国高校的公共关系微课比赛中获得三等奖,获评中国高等教育学会公共关系教学委员会功勋会员、先进个人等称号;获得海南大学教学成果一等奖 3 项、二等奖 3 项,拥有校内精品课程、网络课程等。

参考文献

[1] 居延安. 公共关系学 [M]. 上海:复旦大学出版社,2008.

[2] 谭昆智. 公共关系策划 [M]. 北京:清华大学出版社,2009.

[3] 解艳华. 三大战略建言大学生就业 [N]. 人民政协报,2009-02-25(1).

项目驱动型专业实践教学体系研究 ①

——以会展专业为例

何　彪 ② 　林子昱

（海南大学　旅游学院）

摘　要　根据会展专业人才培养对实践操作的要求，尝试构建一种新的实践教学体系，通过对会展专业实践教学活动的分层对比，重点聚焦专业技能培养与训练导向的实践教学部分，将其所包括的实践教学活动设计成一个完整的项目整体，针对每一届学生进行实践教学活动设计并由指定的专业教师负责执行该项目，项目执行完成后对其效果进行评估，并不断优化。最后，结合当前会展专业实践教学开展的现状，指出项目驱动型专业实践教学体系实施过程中的难点及保障措施。

关键词　实践教学；项目驱动；会展专业

会展专业人才的应用型特征非常明显，特别强调从业人员的实践操作能力。当前人才培养单位大多过于重视理论知识的教学，在实践教学方面重视和投入程度还远远不够，从而导致培养的应届毕业生在实践操作方面距离行业的预期存在一定差距。行业对会展专业人才的需求进一步倒逼高校对会展专业人才培养模式变革，我们尝试构建一种会展专业实践教学体系，强调人才培养过程中的"实践前移、学工对接"，增强实践教学中的实战性，将实践教学活动移植到会展项目的运营管理过程中，并为这一目标的实现在实践教学效果评估与管理制度方面进行系统思考，以期提高会展专业实践教学效果，增强学生的实践操作能力和就业竞争力。

一、会展专业实践教学活动的分层

综合分析当前的会展专业实践教学内容与形式，根据实践教学活动安排的

---

① 基金项目：海南大学教育教学改革研究项目（hdwlkc201715）。

② 作者简介：何彪，1980年生，海南大学旅游学院副教授，研究方向为旅游与会展教育。

实施时间的不同,可以将其分成三个阶段的实践教学活动[1],如表1所示。一是专业认知实践,它以对专业的感性认识和行业体验为导向,一般安排在大学一年级,实践的形式包括行业的调查分析、会展活动观摩体验、业内人士分享讲座等。二是课程教学实践,通常包括专业课程中的实践教学环节和专门的实践教学课程,课程教学实践的导向为专业技能培养与训练。前者通常安排在相应的专业课程中,实践时间根据实践教学环节的课时来进行安排,比如每2学时对应的实践时间为8小时等,这种实践教学的形式和计划一般由承担专业课程教学的任课教师来安排和执行。后者的整个课程教学形式为实践教学,一般不指定授课地点,即一般不在教室进行教学活动,但也有安排在教室的实践指导,比如海南大学会展经济与管理专业在课程体系中就安排了会展志愿者服务和会展实操两门实践教学课程,并制定有相应的课程教学大纲,实践教学活动计划安排要求紧扣课程教学大纲。三是毕业实习实践,这类实践教学活动以就业为导向,通常安排在大学四年级上学期,在三个阶段的实践教学活动中,毕业实习的时间最长,对学生的综合训练也最全面,是学生在毕业离校、走上工作岗位前的最后洗礼。关于毕业实习的时段安排和时长,各会展院校可以根据当地会展行业发展的特点安排,不一定要固定在某一时段,比如,海南大学会展经济与管理专业的毕业实习时段安排比较灵活,贯穿于整个大学四年级,实习的时间长短也不作硬性要求,只要达到实习的效果、实习指导老师认可即可。这与海南省会展产业发展的特点相关,本专业的一个实践教学基地企业,其业务活动繁忙期即相关展览活动举办最多的时期集中在每年的7月至第二年的1月,根据本校旅游学院对毕业实习管理的相关办法,实习时段一般安排在每年的11月至第二年的4月(针对大四学生),若严格执行这一办法,会使本专业学生失去许多实习良机。

表1 会展专业实践教学活动的分层体系

实践教学阶段	教学导向	主要教学内容	教学时间安排
专业认知实践	专业感性认识 行业体验	行业调查 活动观摩	大学一年级
课程教学实践	专业技能培养训练	根据专业课程安排	大学二年级和三年级
毕业实习实践	就业前的热身准备	就业指导 顶岗实习	大学四年级

会展专业的实践教学体系呈现出明显的渐进性特点,这一点可从表1看出。本文对实践教学体系的思考,将重点聚焦于专业技能培养与训练导向的实践教学部分,并力争强化其实战性,实现学生在学习和工作两个阶段的有效对接。

二、项目驱动型实践教学体系基本设想

项目驱动型实践教学体系是我们在本专业实践教学探索过程中的一个思路与想法,它重点强调实践教学活动的实战和教学体系设计的"实践前移、学工对接"思想,它的基本设想包括如下几个部分。

(一)实践教学活动执行的项目化

根据设想,该实践教学体系将针对每一届学生进行实践教学活动整体设计,力争做到专业技能培养的系统化,把某届学生的实践教学活动看成一个项目,这个项目的执行周期是三年左右,由一个专业老师作为这个项目计划执行的负责人(项目经理),由其根据该届学生来设计实践教学计划,报送专业负责人及教学委员会讨论审核,通过后备案,作为项目期结束后该项目考核评估的依据。该届学生的所有实践教学活动都由该老师来负责执行或主导,涉及专业课程中实践教学环节的实践活动则由项目负责老师和专业课授课老师商量后共同执行,专业负责人从中协调,保证项目执行的延续性。

(二)实践教学项目实施的固定化

固定化指的是将实践教学项目的执行依托于一个实践教学基地,由于本实践教学体系重点聚焦于专业技能培养与训练,强调实践教学的实战性,因此我们希望将技能培养依托在某一个或多个具体的会展项目的运营上,把该项目运营过程中的具体工作任务和我们的实践教学目标相结合,让学生参与该项目的运营过程。由于学生缺乏实战经验,这样做可能会增加企业的担忧,因此实践教学基地的支持和信任非常重要,需要双方建立起紧密、互信的合作关系。

(三)实践教学项目评估的柔性化

体系化是本实践教学体系设计的重要特征,根据构想,本实践教学体系包括专业课程实践教学环节、会展实操、志愿者服务等组成部分,其执行全部依托于具体的会展项目运营。由于实践教学项目所含的内容多、横跨周期长,因此对其执行效果的评估也需要一个系统的评估体系。既要有单个实践教学环节的评估考核,也需要有一个总体的评估考核,即通过实践教学项目的实施,在对学生的专业技能培养与训练上取得什么样的效果,比如实践教学所依托的会展项目运营负责人对参与学生的评价。也就是说,既有专业课程授课教师的评价(体现在专业课程的实践教学环节考查),也有实践教学项目的负责老师的评价(体现在

实践教学课程的考查),还有最终的会展项目运营负责人的评价(体现在实践鉴定以及可能出具的就业推荐信等环节)。因此,在对实践教学项目执行效果评估上,不能单一按照学校的考试管理办法执行,而应更加柔性化。

三、项目驱动型实践教学体系的特点

(一)系统性强,避免实践教学活动的碎片化

当前的会展专业人才培养方案中,也涉及一些实践教学方面的内容,比如存在于专业课程中的实践教学环节,以及一些学校会展专业设置的实践教学课程,但这些实践教学内容之间缺乏系统联系,比如每一项实践教学活动的目标之间缺乏联系,这会导致实践教学活动设置的随意性,特别是一些实践教学活动环节之间存在前后关联、存在先后顺序,这就导致了当前实践教学活动的碎片化。[2] 而项目驱动型实践教学体系能有效修正这个问题,在确定某一届学生的实践教学项目时,就包括了对该项目所涵括的相关子项目内容,即实践教学项目过程中所包含的实践教学活动内容构成,而且它们之间是有联系的,系统性非常强,在一定程度上保障了实践教学的效果。

(二)实战性强,使技能训练在应用中提高

业内人士一般认为当前高校所培养的会展专业人才实战能力相对较弱,这在很大程度上是事实,它与高校的实践教学有关,当然也与业界对会展专业毕业生的预期过高有关。从培养人才的高校来讲,我们所要做的是从自身人才培养角度来进行提高,而非寻找其他原因,因此我们需要培养实践能力强的人才。项目驱动型实践教学体系聚焦于对会展专业人才的技能培养与训练,而且更加重视在实战中培养技能,让学生在实战中接受会展项目运营管理企业的指导,使实践教学环境更加接近真实的工作环境,在实践应用中让自己掌握的技能得到有效检验,以提高技能水平和实践操作能力。

(三)承接性好,保证各实践教学活动的关联

从目前来看,有的学校在实践教学中也设计了许多活动,但这些活动之间的承接性不好,即活动设计者并没有思考为什么要设计这几个活动;为什么这个活动在前,那个活动在后;它们的顺序能否调换等问题[3],因此使得实践教学活动的承接性不好,结果导致在实践教学进行时才发现学生某些方面的技能还没有得到训练,而这些技能是进行当前的实践教学活动前应事先具备的,从而影响实

践教学效果。而项目驱动型实践教学活动都是由项目的负责人事先制定和讨论好的,已经考虑了这些活动之间的联系和承接性,因此一些类似于先修课程的需要事先进行训练的技能项目就已在前面通过实践教学活动设计完成了,从而保证了后续实践教学活动的效果。

(四)开放性好,有利于推进项目创意的孵化

在本单位的实践教学体系设计中,我们非常重视与实践教学基地的多方面合作,应该说我们所设计的实践教学体系具有很好的开放性。比如,学生在专业学习过程中的一些想法可形成项目策划方案,与实践教学基地的人员及其业界导师进行沟通,对该项目策划方案进行完善,如果能够得到业界导师的认可,业界导师就可成为他们的项目创业导师。学生可组成创业团队,接受创业导师的指导,同时创业导师可为学生创业团队提供一定的条件,帮助他们完成创业项目。这就是项目驱动型实践教学体系中所涉及的项目创意孵化试点。在实践教学基地的支持下,这一目标有可能得到实现。如果这一目标得到实现,不仅实现了本实践教学体系所倡导的"学工对接",更实现了"学创对接",符合当前教育部对应用型学校和专业的指导思想。

四、项目驱动型实践教学体系实施的难点

(一)实践教学项目内容的设计

在本文第一部分,我们对会展专业实践教学活动进行了分层思考,其实也就表明实践教学活动需要进行体系设计。体系设计只是本文所提出的实践教学项目内容设计的一部分,它还包括具体的实践教学活动内容的设计。实践教学项目内容的设计之所以成为项目驱动型实践教学项目实施的难点,首先是由于实践教学体系是针对某一届学生的,当然我们也可将体系固定化,但由于一个项目周期是三年左右,也就是说涉及三个不同年级的学生,不可能将这三个年级学生的实践教学都固定于某一个实践教学基地,因此针对每一届学生的实践教学项目,可能有不同的设计、不同的项目。第二,如果保证每一个项目的设计都高水准,就需要项目负责教师投入巨大精力,按照三年的周期,也就是说一个会展专业需要三位左右这样的专业教师,从当前我国会展院校来看,难度很大。第三,实践教学活动内容的设计也是一个难点,既要实现技能训练的效果,又要体现出活动的趣味性,对项目负责教师的要求也很高。

（二）实践教学项目执行的合作

这里所讲的合作包括两个方面：第一是院校与实践教学基地的合作，第二是实践教学项目负责执行的教师与其他专业课程授课教师之间的合作。作为实践教学项目执行的载体，实践教学基地与院校之间的合作相当重要，当前许多院校也与一些会展企业签订有实习实践教学基地协议，承诺在战略层面的一些合作，但实际上很多这种合作只是停留在纸面上，或者帮助会展企业解决一些临时的用人问题，除此之外并无在实践教学方面的深层次合作，因此，本项目的执行，需要与实践教学基地紧密合作，不仅需要承诺，更需要在一些细节方面签订书面协议。项目执行老师与其他专业课程授课教师的合作也很重要，因为如何保证专业课程的实践教学环节围绕该项目展开也是一个难点，虽然可以由专业负责人从中协调，但专业负责人无行政权力，有时可能有难度，比如当遇到非常有个性的教师时，可能就不一定能保证其愿意将自己承担的课程由其他教师来安排制订一部分教学计划，事实上这种情况确实存在。

（三）实践教学项目管理的协调

从某种程度上讲，实践教学项目是一种教学与管理上的创新，可能在很多地方与学校、学院层面的教学管理制度和办法存在一些冲突，这就需要进行协调，但难度不小。[4] 比如，在实践教学管理制度方面，各学院有相应的实践教学管理办法，但现行的办法可能不能保证实践教学项目的执行，比如实践教学的时间安排、考核方式等。因此，能够根据专业的需要进行实践教学制度和办法的改革就需要学院层面的支持。再比如，一个专业年级的所有学生的实践教学学分不一定全部在某一个学期来完成，因为会展项目的运营可能不能吸纳这么多学生，他们需要在另一个学期来修完这些学分。所以，在一年或者更长的时间内由实践教学项目执行负责老师指定相应的会展项目，学生只要参与该项目运营的某一个环节，完成实践任务，通过负责老师和会展项目运营单位负责人的认可，就可以获得该实践课程的学分，但这显然与现行的教学管理办法有冲突，因此需要协调。

五、项目驱动型实践教学体系实施的保障

（一）优化实践教学体系设计

建立一套完整的实践教学体系是实施本项目的重要保障，它包括知识体系、能力体系、结构体系等。知识体系需要贯彻到课程体系的设计中；能力体系需要贯彻到日常的教学活动中，通过先期的能力培养，使学生具备实习实践的能力，

更好地完成实习实践教学任务;结构体系指明确每一项实践教学活动的目的和任务、实践教学安排的时间和地点、前后环节的实践教学活动内容和形式等。

(二)完善实践教学基地建设

实践教学基地是实施实践教学项目的载体,要保障本项目的实施,也需要完善的实践教学基地。它首先需要院校与相关的会展企业建立合作关系,并在人才培养等方面达成共识,院校也需要对这些企业进行一定的遴选。第二,保证院校与会展企业合作的深度,不能只停留在表面,需要具体的措施。第三,建立院校与实践教学基地的沟通机制,使院校在基地的运行、人才培养、实践教学活动开展等方面保持有效沟通。

(三)创新实践教学管理制度

创新实践教学管理制度是最难实现的,但又关系到实践教学项目能否得以运行。比如由一个专门的教师负责一届学生的实践教学,而有些实践教学活动又涉及其他专业课授课教师,这本身的协调问题就很复杂,而现行实践教学管理制度不支持。再比如对实践教学效果的评估也需要进行一些管理上的改革,不再是实践教学的成果设计等形式,因为这些形式多以团队来完成,不能保证每个学生得到训练,同时成果也没有经受实际的检验。可以尝试建立由项目执行负责老师、实践教学依托的会展项目运营负责人进行综合评估的体系,评估的内容不仅有专业实践技能部分,还包括综合素质能力等评分项目,针对每个学生进行考核,采取一定时间内的计分制评估办法,不限定在某一个会展项目运营的参与上。

参考文献

[1] 周全明.会展专业分层互惠式实践教学模式研究[J].河南科技学院学报,2013(10).

[2] 王琼英.会展专业"全过程、全方位"实践教学模式探讨[J].浙江树人大学学报,2011(4).

[3] 张明梅.会展专业项目型实践教学模式的探讨与研究[J].郑州牧业工程高等专科学校学报,2011(3).

[4] 高欣.高校会展专业实践教学运行机制研究[J].河南科技学院学报,2015(10).

发展校际交换生项目　提升人才素质培养

——以海南师范大学实践研究为例

苏　炜①

（海南师范大学　教务处）

摘　要　校际联合培养是高校教育国际化发展的重要形式之一，交换生项目作为其中一种重要的合作与交流方式，不仅有助于提升在校学生的整体素质，而且通过交流有助于提升学校的综合实力。本文通过对近两年海南师范大学校际交换项目的发展进行回顾和分析，总结了交换生项目的做法、经验和不足，并提出了改进措施。

关键词　校际交换项目；海南师范大学；交换生

在教育全球化、国际化的背景下，高等教育国家化已经被越来越多的国家和大学所接受。"自 20 世纪 90 年代以来，由北美、西欧以及日本等发达国家和地区率先起步，拉美、亚洲、非洲不少发展中国家积极参与，形成了一股前所未有的世界性的高等教育国际化浪潮。"②《国家中长期教育改革和发展规划纲要（2010—2020 年）》（以下简称《文件》）作为我国推进国家教育改革和发展而制定的纲领性文件，指出"通过不断加强国际交流与合作、引进优质教育资源和提高交流合作水平以扩大教育开放"，为我国在新时期参与国际教育交流指明了方向。其中，国家明确提出要"扩大政府间学历学位互认。支持中外大学间的教师互派、学分互换、学分互认和学位互授联授"，以及"加强与联合国教科文组织等国际组织的合作，积极参与双边、多边和全球性、区域性教育合作"，明确了国际教育交流的方法与方向，成为我国大学交换生的背景性材料和指导性文件。而且，"清华共

---

① 作者简介：苏炜，1982 年生，海南师范大学教务处国际教育科副科长，主要负责国内外合作教育工作。

② 中国高等教育学会引进国外智力工作分会. 大学国际化理论与实践 [M]. 北京：北京大学出版社，2007：8.

识"中指出"在全球化背景下,要进一步加强不同地区大学间的合作与交流"[①]。

因此,在全球化的大背景中,在高等教育国际化的趋势下,在我国高等教育国际交流不断深入、国家中长期教育改革和发展规划纲要制定的形式下,讨论大学校际交换生具有现实的必要性。

一、交换生的概念及学校现状

(一)交换生的概念

交换生(exchange student)是基于两所大学签署的校际学生交换协议的基础上建立实施的,两所院校互派学生到对方院校学习,为期通常为一学期或一年,即所谓的学期交换生和学年交换生。其不以取得最终学位为目标,而是为了其交流学习,经历不同社会文化、掌握外语等。同时,其在合作院校学习后,可以根据两校的合作协议进行相应的学分置换和成绩认定,这也保证了学生在外出期间按时完成原所在学校的学习任务。

(二)学校现状

海南师范大学(以下简称"我校")现设有 19 个学院,58 个本科专业,11 个一级学科硕士点,4 个一级学科博士点。现有全日制在校本科生 17289 人,硕士研究生 684 人,博士研究生 26 人。

自 2001 年起,我校分别选派校际交换生赴日本兵库教育大学和姬路工业大学进行交换,17 年间,与 5 个国家和地区的 9 所高校开展了交换生项目,分别为美国新墨西哥大学,丹麦葛莱体育运动教育学院,日本兵库教育大学,姬路工业大学,韩国极东大学、新罗大学和中国台湾师范大学、彰化师范大学和屏东大学,共选派 397 名校际交换生开展为期一学期或一学年的交换学习生活。从 2015 年起,我校校际交换生规模日益扩大,近三年派出校际交换生达到 231 名,主要涉及英语、汉语言文学、教育学等多个专业。交换生工作不仅已成为我校本科教学和学生综合素质培养的日常性教学工作,同时成为本科生培养模式创新的一个重要探索。近两年来,我校通过不断探索并实践该项工作,积累了一定的经验,也取得了

---

① 2011 年 4 月 23 日,清华大学举行"2011 大学校长全球峰会暨环太平洋大学联盟第 15 届校长年会",大会一致通过"清华共识",包括:① 在全球化背景下,要进一步加强不同地区大学间的合作与交流;② 大学的职能在不断扩展,但根本任务依然是培养人才;③ 高等教育在未来社会中承担更重要的任务;④ 在人类文明的进程中,大学应提供新知,起到重要的文化传承、发展和促进作用。

一部分成绩。

本文将对我校 2015 年春季至 2016 年春季返校的 3 批 91 名校际交换生采用座谈会、调查问卷等方法，从校际交换生的选派、外出管理和成绩转换等方面，对我校开展该项工作的经验和不足进行深入分析，期待对今后项目的进展提出建议及为其他师范类院校的校际交换生项目的研究提供有价值的参考。

二、开展校际交换生工作的作用及意义

（一）有助于丰富学生的学习生活经历，提高综合素质

从校际交换生个体角度来看，大学交换生制度可以使学生感受到不同的社会文化、教育理念、课程教学体系和管理方式，还能使学生有机会体验到不同校园的文化素养、办学特色等；学生在不同文化背景中，更能充分体验异国文化和习俗，了解不同的生活方式、社会制度等，这些都有利于丰富人生经验、开拓胸襟和视野。同时，有助于提高学生的语言能力，提升对先进技术和事物的理解力，提高自身修养。

从对返校交换生的问卷调查和座谈会来看，他们的视野变得更加宽广，思维更加活跃，理解力和思辨性也更有深度，与人交往能力增强，礼貌礼仪方面有较大的提升，独立生活能力增强，自学能力普遍增强，自信心提高，学术科研能力也有显著提高。

（二）有助于促进学校与合作院校多方面的交流与合作

随着高等教育国际化的发展，教育资源的合理配置和重新分配，成为高校间交流与合作的重点之一。校际交换生项目的开展是有效利用其他国家及地区教育资源的有效途径之一。我校通过开展校际交换生项目，推动了与合作院校之间多方面的交流与沟通，自 2015 年，我校开展与中国台湾师范大学的校际交换生项目，2016 年，我校进一步与该校开展其他方面的交流活动，如选派学生参加"暑期卓越青年台湾文化体验营"活动，与合作院校之间的关系也从一般意义上的"兄弟院校"发展为"合作伙伴"，进一步拓宽了合作领域，达成相互支持、合作发展的共识。

（三）有助于加快学校国际化进程，促进校园文化的多样化发展

虽然目前参与该项目的学生只是少数，但对学校的发展产生了积极的影响。校际交换生在交换期间，思想与交换学校的师生得以碰撞，大部分学生在交换期间

表现非常活跃,积极参与合作院校的各类活动,与合作院校师生建立了深厚的友谊,从而拉近了我校与合作院校之间的距离,成为两校互相了解的桥梁和纽带。从对我校参加过该项目学生的问卷调查来看,校际交换生返校后,大部分都愿意积极分享交换期间的生活和学习,并以此感染更多的在校生了解并参与到该项目。

（四）有助于提高学校知名度,增强我校的软实力

目前,我国高校在知名度、竞争力等方面还比不上一些发达国家和地方的高校,这其中的原因之一是我国高校同其他国家和地区高校的交流不够。通过校际交换生项目,可以提高我校的开放程度,对提高学校的知名度和竞争力大有裨益,在高考招生工作中,可吸引更多优秀的学生,为学校带来更大的发展契机。同时还可以通过该项目,提高我校的影响力,对外展示我校的实力,提高我校的声誉,特别对高学位学习和研究的效果更为明显。因此,我校领导对校际交换生工作非常重视,学校在做好现有校际交换生项目的基础上,不断拓宽与国内外知名高校的合作领域,提升我校的影响力和知名度,加快我校的国际化进程。

三、我校目前存在的问题

我校校际交换生工作起步不久,对项目的管理工作尚处于探索阶段,在工作中必定会存在一些问题、困难和不足。主要问题有以下几点。

（一）语言障碍的问题

目前我校校际交换生选拔要求中,尤其是赴国外大学交换生选拔,对语言都有一定的要求,而目前我校所开设的外语类课程,还无法达到对接院校的要求,这就迫使学生必须自学或在交换第一学期专修语言类课程。同时,学生在出行前通常会登录对方学校网站查询相关信息,但由于语言问题,往往部分学生获取信息不准确,难以做好充足全面的准备,从而在交换期间碰到各种问题和困难。

（二）课程计划不同,学分转换、成绩认定的问题

学分转换是学生最为关注的事情[①],同时能否选上自己喜欢的或高质量的课程也成为校际交换生关注的焦点之一。由于我校与合作院校的课程安排有一定的差异性,在课程对接上存在一定困难,这也影响了部分学生参与项目的积极

---

① Uirich Teichler.Student Mobility in the Framework of Erasmus:Findings of an Evaluation Study, European Journal of Education, 1996, 31（2）:153-179.

性。同时,我校大二、大三期间的课程压力较大,而合作院校(尤其是中国台湾地区)每学期的学分不得超过 20 分,迫使个别学生必须在返校后申请跨年级选修,从而增大了学习压力。

(三)经费支持不到位的问题

目前,我校校际交换生不仅要缴纳本校的学费,还需要缴纳交换院校的学费(公费生除外)及交换期间产生的其他相关费用,很大程度限制了经济条件不好的优秀学生参与该项目。其次,我校校际交换生截至目前还未获得奖学金资助,同时学生返校后因成绩转换和校内评定奖学金时间存在一定的冲突,再次造成返校当学期学生无法参与校内教学金评定工作。因此,经费支持不到位的问题严重影响了我校部分学生参与项目的积极主动性。

(四)交流名额的问题

所有合作院校每学期的校际交换生名额有限,同时对专业、语言等附带要求,这就遏制了部分学生的外出需求。以上这些问题都一定程度地约束了我校交换项目的发展。

四、经验总结和改进方向

通过校际交换生项目,我校学生的整体素质有了一定的提高,学校的国际化步伐也越迈越大,但是该项工作尚处于缓慢发展阶段,我们也在不断地探索、规范并完善相关规定和管理办法。目前,我校在开展本科校际交换生工作中的主要经验及今后改进的方向主要有以下几点。

(一)加大宣传力度,努力让每一位学生了解项目

从对我校 2015 年春季参加过校际交换生项目的学生的问卷调查来看,2015年之前的校际交换生了解该项目的主要来源是通过学院(班级)通知,了解渠道过于单一且不够深入。自 2015 年起,我校为了拓宽与学生的沟通渠道,加强了宣传力度,让学生更好地了解校际交换生项目。比如,我校除了发布全校通知外,每学期组织校际交换生项目推介会,召开校际交换生座谈会,下发《学生海外交流项目指南》,通过官网、QQ、微信等渠道发布消息。由于宣传力度的不断加大,学生及时获取了准确、充分的信息,为学生最终顺利实现理想的交流学习起到了较大的帮助,这一转变在我校参加过校际交换生项目学生的问卷调查中可以较明显地感受到。

(二)不断完善各类管理制度,适时调整对接机制

由于交换院校间的学生规定、课程对接、学分修订都有不同程度的差异,我校立足本校实际情况,同时充分借鉴国内其他高校在管理校际交换生方面的经验,前后制定了《海南师范大学学生出国(境)交换(流)学习管理办法》和《海南师范大学交换生课程认定及学分转换管理办法(试行)》。管理办法的制定有助于全校师生更深入地了解校际交换生工作,尤其是在外出管理办法、课程修读、学分制和成绩认定等方面,有更全面的认识。

(三)加大经费支持,完善奖学金制度

目前,我校有相当一部分品学兼优的学生因为缺少资金、经济压力大的原因而不得不放弃外出交流学习的机会,资金匮乏严重影响校际交换生项目的实施。为了扩大校际交换生项目的受益面,我校努力推动校际交换生项目的同时,争取从学校层面加大经费支持,成立专项奖学金,帮助家庭经济困难的优秀本科生实现外出学习的梦想。

(四)探索多种合作模式,加大学生的外出资源

鉴于目前我校合作院校较少、学生需求量大等因素,除了校际交换生项目以外,学校还积极与各合作院校探索其他合作模式,鼓励学生外出交流。比如,我校与中国台湾师范大学除校际交换生项目以外,还开展暑期短期研修夏令营活动,为学生提供交流机会,拓展视野,提高我校的知名度。

综上所述,在教育国际化之路日益深化的大趋势下,加大校际交换生项目,有利于教育的合作与交流,实现师生外出交流学习,拓展思维,提升综合素质,最终达到教育资源的共享。我们不仅要积极开展各类校际交换生工作,同时要不断努力探索,向国内同类高校学习,取其精华,不断改进我校的各类管理实施工作,为学校培养出更多的具有国际竞争力的优秀人才,提升学校的竞争实力。

参考文献

[1] 王瑞德.大学国际交换生研究 [D].上海:华东师范大学,2011.

[2] 吉艳艳.高校交换生项目实施探析 [D].武汉:华中师范大学,2006.

[3] 夏江南.我国境外交换生教育质量管理研究 [D].南昌:南昌大学,2013.

[4] 徐娟.建立健全交换生管理制度,推动交换生项目的发展 [J].中国电力教育,2011(29).

[5]　高玉蓉,李晓培. 开展交换生项目,促进高等教育国际化 [J]. 内蒙古师范大学学报(教育科学版),2011(1).

[6]　陈青,刘济科. 加强校际教育交流,提升人才培养质量——中山大学开展本科交换生工作的探索与实践 [J]. 高等理科教育,2009(1).

应用 SP 在 OSCE 考试中病史采集
考核的成绩分析

李书卫① 钟小日 符才波 陈泰学 李 琪

（海南医学院 临床学院）

摘 要 本文主要探讨五年制医学生对 OSCE 考核过程采用 SP 模式进行病史采集考试改革的适应程度，以期加强病史采集能力。通过考前强化培训，采用 OSCE 多站式考核方式，考核并统计海口地区 2012 级海南医学院五年制临床医学本科 182 名学生的成绩，学生的临床技能掌握的程度良好。病史采集技能是实习教学过程中重点掌握技能之一，通过培训，有助于进一步促进学生技巧的掌握。

关键词 OSCE;SP;病史采集;成绩分析

一、对象和方法

（一）对象

2012 级临床医学（含心理、急诊、免费订单）专业本科学生 182 名，按照教学计划，实习生实习过程分两个阶段进行轮科考试，通过考前进行标准化病人（Standardized Patient, SP）模式下的两次病史采集强化培训，对其模拟执业医师资格技能考试实施客观结构化临床考试（Objective Structured Clinical Examination, OSCE）考核，统计成绩。

（二）方法

采用多站测试方式，在我院国家级实验教学示范中心统一进行毕业技能考试。采取"三统"方法，统一在同一个场地进行技能考试，考官统一为海南医学院临床学院高年资讲师及以上教师，具有多年国家执业医师资格考试或校内 OSCE

---

① 作者简介:李书卫,1968 年生,海南医学院教学实践科科长,妇产科主任医师,从事教学管理、妇产科学教学、医疗及科研工作。

执考经验,统一评分标准,学生必须自备考试证(或身份证)、工作服、口罩、帽子、听诊器,依次通过各考站。

1.病史采集技能考前强化培训及考试的内容及分值设计

根据病史采集问诊模式,课题组设计了病史采集评分表,主要由重点问诊内容及重点问诊技巧组成,以量化形式进行评价,见表1。

表1　病史采集步骤及评分表

步骤	内容	分值
	一、重点问诊内容评分项目	80
1	检查者介绍自己的姓名	5
2	检查者使用或者询问病人的姓名等基本信息	5
3	主诉	5
4	诱因	5
5	发病情况	5
6	主要的阳性体征及阴性体征	10
7	伴随症状	5
8	诊疗经过	5
9	病人一般状况的询问:精神、食欲、睡眠、大小便、体力	5
10	平素健康状况的询问;既往史;预防接种史;手术外伤史;药物过敏史	5
11	个人史;家族史	5
12	与病人家属讨论初步的诊断	10
13	与病人家属讨论检查项目以及初步的处理意见	10
	二、重点问诊技巧评分项目	20
1	按问诊顺序系统提问	5
2	主要症状详细询问	2
3	少有连续性提问;无诱导性提问;无诘难性提问	3
4	不用医学名词或术语提问,如果使用术语,应向病人解释	1
5	询问者注意聆听,不轻易打断病人谈话	1
6	引证核实病人提供的信息	1
7	衣冠整洁;尊重病人,态度友好,给予肯定或鼓励;获得病人的信任	4
8	问诊结束前有小结	1
9	问诊结束前有小结	1

步骤	内容	分值
10	问诊不超过 10 分钟	1
	合计	100

二、结果

学生在实习前,采用的是传统的床旁见习,病史采集没有经过系统的 SP 模式下的培训,学生的问诊未严格按照相关步骤采集,显得缺乏条理,甚至漏掉个别采集的项目,不利于采集到准确完整的病史。实习后,临床学院针对这个短板,利用 SP 可重复使用、标准回答的特点,对海口地区的实习生进行了强化培训,培训过程要求学生按设计的表格步骤及规范进行与患者的沟通,采集病史。经过培训后,要求学生利用实习反复训练,掌握问诊的规范流程。在临床学院对海口地区 2012 级海南医学院五年制临床医学本科 182 名学生进行的出科考试中,根据已经轮转实习过的临床科室,分内科组、外科组、妇产科组及儿科组 4 个组进行考核,应用 SP 充当患者,学生一对一面对 SP 问诊进行病史采集,考官在一旁根据学生的问诊内容及沟通技巧评价表逐项打分,对学生进行评价。回收相关评价表,初步进行汇总分析。具体情况如下。

(一)各临床实习组病史采集技能成绩分布情况

(1)内科组病史采集考试时间为 10 分钟,考试内容:心力衰竭、糖尿病。考试总成绩见图 1。

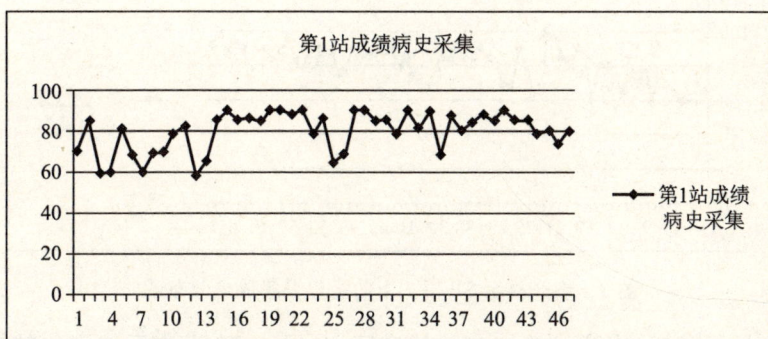

图 1 内科组 SP 模式下的病史采集成绩分布图

图 1 显示:实习生通过在内科相关科室的实习,且经过 SP 模式下的强化辅

导培训,平均分为 79.7 分,及格率达 95.7%。绝大部分医学生能够按照问诊的步骤进行病史采集。

(2)外科组病史采集考试时间为 10 分钟,考试内容:消化性溃疡、急性腹膜炎。考试总成绩见图 2。

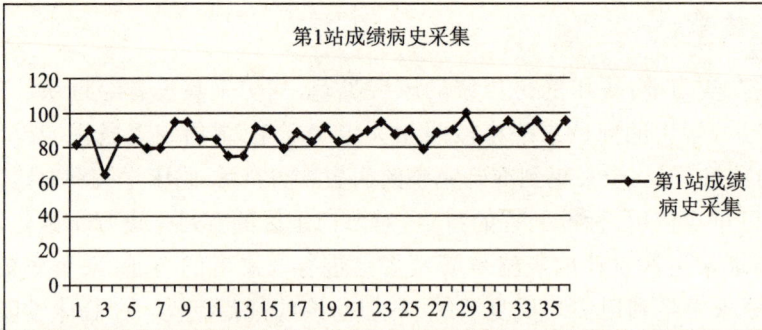

图 2　外科组 SP 模式下的病史采集成绩分布图

图 2 显示:实习生通过在外科相关科室的实习,且经过 SP 模式下的强化辅导培训,绝大部分医学生能够按照问诊的步骤进行病史采集,平均分为 86.8 分,及格率达 100%。

(3)妇产科组病史采集考试时间为 10 分钟,考试内容:异位妊娠、子宫肌瘤。考试总成绩见图 3。

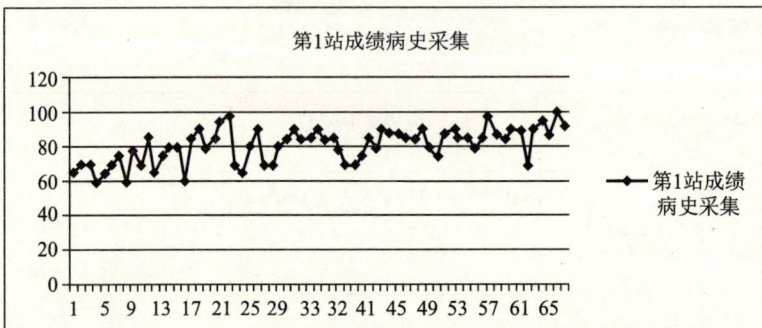

图 3　妇产科组 SP 模式下的病史采集成绩分布图

图 3 显示:实习生通过在妇产科的实习,且经过 SP 模式下的强化辅导培训,绝大部分医学生能够按照问诊的步骤进行病史采集,平均分为 81.0 分,及格率达 100%。

（4）儿科组病史采集考试时间为 10 分钟，考试内容：小儿肺炎、小儿腹泻。考试总成绩见图 4。

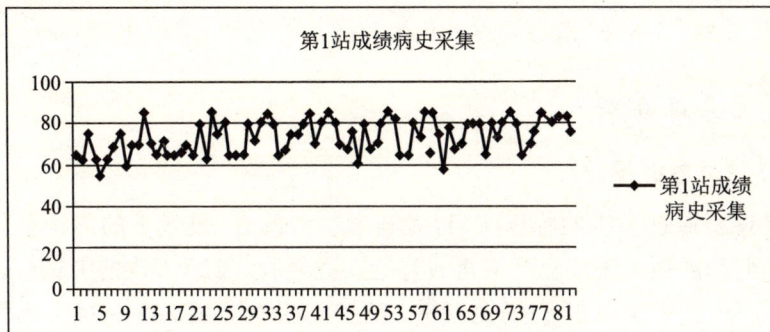

图 4　儿科组 SP 模式下的病史采集成绩分布图

图 4 显示：实习生通过在外科相关科室的实习，且经过 SP 模式下的强化辅导培训，绝大部分医学生能够按照问诊的步骤进行病史采集，平均分为 73.8 分，及格率达 97.6%，有 2 名学生不及格。

（二）临床实习病史采集技能成绩总成绩情况

经过现场技能考试评价，对内科组、外科组、妇产科组及儿科组 4 个实习大组进行纵向分析，182 名五年制临床医学本科实习生参加病史采集技能考试，因有些学生轮转的内、外、妇产及儿科的实习大组有 1～2 个，故 229 人次参加相关组别的出科考试。情况见表 2。

表 2　SP 模式下的病史采集总成绩比较表

科别	及格人数（人）	不及格人数（人）	及格率（%）	最高分（分）	最低分（分）	平均分（分）
内科组	45	2	95.7	90	58	79.7
外科组	36	0	100	100	65	86.8
妇产科组	64	0	100	100	60	81
儿科组	80	2	97.6	86	55	73.8
平均			98.3	94	59.5	80.3

表 2 显示：总体来看，学生的病史采集能力及技巧掌握良好，229 人次的考试中，仅有 4 名学生病史采集技巧未及格。主要体现在没有在主要的阳性体征及阴

性体征和伴随症状上按规范进一步刨根问底,导致丢分较多。4 个大组病史采集最高得分为 100 分,最低为 55 分,平均 80.3 分,及格率达 98.3%。其中,平均分最高为外科组 86.8 分,其次分别为妇产科组 81 分,内科组 79.7 分,掌握程度评价为良好,儿科 73.8 分,掌握程度评价为及格。

三、结果及分析

(一)总体掌握情况

结果说明通过半年的临床实习,尤其考试前的 SP 模式下的问诊强化培训,学生对如何开展病史采集已经取得较好的实践经验。229 人次的考试中,总平均分为 80.3 分,按大于等于 85 分为优秀,75～84 分为良好,60～74 分为及格,小于 60 分为不及格的成绩评定体系,98.3% 的学生及格,平均掌握程度评价为良好。相对而言,内、儿科系统学生的问诊成绩低于外、妇科系统,不能排除外科及妇产科考官评分主观性较强、评价过高等因素,需要加强对师资培训、评价的统一性及标准性。

(二)技能掌握存在的主要问题

考试后,临床学院现场组织考官对本次考试存在的问题进行反馈。考官反馈的信息如下。

(1)采集步骤缺乏规范。在重点问诊内容项目中,不少学生依然没有学会先自我介绍、询问核实病人的姓名等基本信息的基本采集步骤。

(2)临床思维能力有待提高。问诊过程,临床思维水平能力缺陷较明显,没有在主要的阳性体征及阴性体征和伴随症状项目上进一步刨根问底,导致丢分较多。临床思维能力的不足,也从侧面反映出基本理论知识掌握得不够系统,各学科之间没有融贯汇通,呈现碎片化记忆、思维局限、课程系统没有完全打通的学习弊病。

(3)问诊技巧不足。在重点问诊技巧方面,衣冠整洁、尊重病人、态度友好、给予肯定或鼓励做得不错,但连续性提问依然常见,按规范应一问一答,患者回答完前一个问题再问下一个问题,但学生经常忘记,还是习惯性连续地将几个问题一起抛出:"您有糖尿病、高血压、肺结核病吗?"诱导性提问也比较常见,如本应抛出开放性问题"您不舒服有多久了",个别学生却以主观的诱导性发问:"您腹痛几个月了?"问诊结束前需要总结,较多学生没有提炼病史进行总结,告诉患者初步的判断,接下来准备做什么检查及初步治疗方案,而是采集病史完毕即告别离开病人,这方面需要加强训练。

四、讨论

医学是一门实践性很强的学科,医学生将面对的是与生命、健康关系密切的人体。临床实习是医学教育的重要阶段,主要任务是促进学生将理论知识应用于临床实践,培养分析问题、解决问题的能力。沟通能力是医疗活动的基础[1],而良好的沟通技巧有助于收集信息、诊断、治疗和病人教育[2]。大部分实习医生对于医患沟通的现状和重要性有着较好的认知,但对医患沟通技巧应用不足,实习医生普遍没有接受过提高医患沟通理念和技巧的培训。[3]应通过系统、规范的临床技能培训、实习带教及临床技能考试,获取相关的临床教学信息,分析医学生临床技能考核评价存在的问题,对医学生的临床技能综合评价进行研究,分析指标体系及职业道德评价问题的可行性[4],在实施操作过程中不断健全临床实习考核机制。

问诊是诊断的基石,是搭建医患信任的开始,收集病史是临床诊断的第一步,重视病史采集才能得出最准确的诊断。SP 与真实患者具有相同的问诊效果,且 SP 较真实患者具有更好的依从性,更好的语言表达能力,更易建立良好的医患关系,并不受时间及季节限制,因此更能满足临床教学的需要及要求。[5]

目前,我校尚未在见习阶段开展 SP 模式下的问诊教学改革,仅在实习阶段由实践教学管理部门对部分实习基地学生进行有限的强化培训,实习生问诊技巧及沟通技巧依旧存在诸多问题。通过对已经实习半年的学生病史采集方面的成绩分析,发现在问诊过程存在的问题,尤其问诊过程中临床思维水平能力缺陷较明显,没有在主要的阳性体征及阴性体征和伴随症状上按规范进一步刨根问底,暴露出临床基础不扎实、问诊技巧和熟练程度不足的问题,建议加强理论知识的学习,加强见习阶段进行标准化病人模式下的强化训练教学改革,以在实习阶段问诊技能及相关临床医学知识方面得以进一步强化。

参考文献

[1] 马春虎,等. 当前医学生临床技能教学问题与对策研究 [J]. 承德医学院学报,2005(4).

[2] 王劲,戴肖黎. 美国医学生医患沟通能力的培养及启迪 [J]. 全科医学临床与教育,2005(3).

[3] 丁建,等. 实习医生医患沟通现状的多中心调查与对策 [J]. 中国高等医学教育,2012(6).

[4] 朱锡光. 五年制医学生临床技能培养的影响因素及对策的几点思考 [J]. 安徽中医学院学报,2005,2(24).

[5] 张亚莉,等. 标准化病人在问诊教学中的效果分析 [J]. 中国高等医学教育,2014(11).

基于创客空间的我国高校创客教育发展研究①

张洪双②

（三亚学院　国际酒店管理学院）

摘　要　以创客空间为载体开展的创客教育,契合高校应用型人才培养的目标,旨在培养学生的创造能力、创新能力、创业能力和就业能力。本文从创客空间与创业教育的内涵入手,通过梳理国内外创客空间建设与创客教育发展现状,从优化运行系统、开发课程体系、建设师资队伍、培育创客文化等方面提出我国高校创客教育发展策略。

关键词　创客教育;创客空间;生态发展;高校

我国高等教育正在经历一场新的教育变革,随着慕课、微课、翻转课堂的全球迅速拓展,传统教育的理念、资源、平台和方法发生了改变,创客运动与教育的融合,在这场教育变革和技术革新中扮演着极为重要的角色,依托创客空间进行的创客教育改变了教育的形态、过程和结果,我国高校探索和实践创客教育是希望通过培养学生的创造能力、创新能力、创业能力和就业能力,提高高校创新创业教育及实践的质量和效率,促进我国高校创新创业教育的创新实践与路径升级。

一、创客空间与创客教育

（一）创客空间

"创客"一词源于英语"maker",也有解释为"Hacker",是积极并乐于动手将

---

① 基金项目:2017 年度全国商科教育科研"十三五"规划课题"基于政校行企协同的应用型商科院校产教融合、校企合作育人模式的实证研究"(SKJYKT-1777)的阶段性研究成果;2014 年海南省高等学校教育教学改革重大课题"应用型本科人才校企协同培养机制的研究与实践——以三亚学院酒店管理专业为例"(HNJGZD2014-11)的阶段性研究成果;2016 年三亚市哲学社会科学规划课题"三亚民族地区职业教育精准扶贫的机制创新与路径选择"(SYSK2016-15)的阶段性研究成果。
② 作者简介:张洪双,1979 年生,三亚学院国际酒店管理学院副教授,研究方向为旅游战略管理与旅游教育等。

具有创意的想法变成现实的人的统称。美国的创客运动蔓延,激励了创客们的热情,随着创客运动全球化发展,2013 年,我国迎来了"创客元年",对创客的关注度持续升温,学界也开始深入解读创客与创客运动的内涵与特质。

创客空间是配备相关工具或设备的开放式虚拟或真实社区,是整合相应的资源、工具以及教育或文化的共享平台,旨在为创客提供帮助。创客空间可以是公益组织,可以是营利组织,也可以是依托学校、社区或图书馆的社会机构。据统计,从 1981 年柏林的混沌计算机俱乐部(CCC)算起,全球范围内,约有 1400 个创客空间。其中,2007 年在美国创建的"Noise-bridge 创客空间"是目前健康运行和发展的典范之一,引导了全球创客运动的发展。创客空间大致分为独立的创客空间、依托学校建立的为学校教育服务的创客空间、依托图书馆建立的为社会社区服务的创客空间等。

上海"新车间"、北京"创客空间"、深圳"火柴创客空间"等创客空间建设,推动了我国创客空间快速发展,创客运动在我国逐渐推广。创客运动和创客空间在我国的发展引起各界广泛关注,我国高校创业教育发展进入全新阶段,为创客教育发展奠定了社会基础条件。

(二)创客教育

美国新媒体联盟在《2015 年高等教育地平线研究报告》中提到教师与学生都在经历前所未有的教育创新与革命,首次将创客教育作为现代教育创新的策略来解读,阐释了创客空间与创客教育的基本内涵。

我国高等教育正在经历转型升级的变革时期。创客教育是高校通过创客教育课程、创客教育资源(空间、设备、师资、组织等)、创客教育实践、创客教育文化的整合,依托创客空间开展的创新创业人才培养模式,见图 1。创客教育的核心指标包括创意与创造、创新与实践、开发与共享,符合我国高校转型发展要求,契合行业发展需求和趋势,因此依托创客空间开展创客教育,成为高校创新创业教育的重要途径选择。

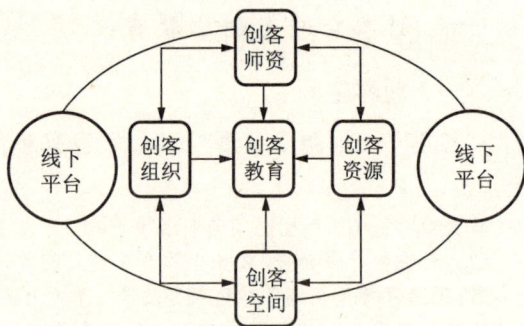

图 1　创客教育运行模式

二、国外创客空间的发展

自20世纪六七十年代进入创客与创客运动的发展时期，技术革命激励了社会前进的动力系统。这一时期集成电路板技术的革命性升级，吸引了无线电爱好者集聚一起，突破技术障碍，实践创造和制作电路硬件，爱好者们的分享和共享行为，进一步驱动了创客的情绪，创客空间建设随之进一步推广，创客空间共享、开放、融合和学习的特质得到固化。随着社会进步和技术不断突破，到20世纪90年代，规模经济诉求下的电子产业高速发展，电子产品层出不穷，价格回归理性，为电子爱好者提供了更多相对便宜的工具，创客与创客群有更多机会通过创客空间把创意理念转化为创意创新产品，促进了整个社会经济的发展。

美国作为世界上创客运动和空间运行最为活跃的国家，创客空间基本采用社区自治模式，其主体性构建是依托创客创新创造流程为工作主导模式，由社区自治约束行为为管理规范，由此脱离行政干预的创客空间具有了更积极的市场活力，创造空间的创新价值具有了更广阔的发展前景。

美国政府在战略设计上充分挖掘创客与创客空间的价值，对创客运动与创客空间表现出极度高涨的热情。2012年，奥巴马政府宣布未来4年里，美国1000所中小学引入创客空间，配备开源硬件；2014年，宣布每年6月18日为"国家创客日"，同年，奥巴马在白宫主持"创客嘉年华"活动并宣布了国家层面对创客空间未来发展的行动计划和具体推进措施。

三、我国创客教育发展现状

（一）我国创客空间建设与创客教育

1. 我国早期创客教育探索

2010年，创客空间初进我国。上海"新车间"的建立，是我国第一个诞生的创客空间。但我国依托创客空间开展创客教育开始稍晚。我国早期创客为少数学校或者教师独立进行的教育教学探索实践。高校创客教育重点在创意设计、实验教学、工程训练和科技竞赛等领域，建立了创客空间和创客社团的活动模式。

2014年6月，"创客教育论坛"驱动了全国教育领域开始以"创客与教育"为议题展开讨论；同年，清华大学创客教育实验室成立正式开启了我国高校的创客教育；在"双创"背景下，我国高校开始探索创客空间建设，硬件资源与技术环境的支持驱动了创客教育的研究与探索。

2. 我国高校创建创客空间，推动创客创新教育发展

2015年9月2日，教育部办公厅发布《关于十三五期间全面深入推进教育

信息化工作的指导意见（征求意见稿）》，从政府层面提出有效利用信息技术推进"众创空间"建设，探索 steam 教育、创客教育等新教育模式。"国际创客教育联盟会议""2015 国际创客教育高峰论坛""2015 全国创客教育高峰论坛"陆续拉开大幕，促进了我国创客教育全面发展。据统计，截至目前，我国正式运营的创客空间有 53 间，空间分布主要在北京、上海、广州和深圳等一线发达城市，南京、武汉、杭州、成都、东莞等经济发达城市和香港特别行政区等，辐射覆盖了我国绝大部分区域，包括华北、西北、西部、东北、长江三角洲和珠江三角洲等地区。

优质的创客空间集中在东部沿海经济发达城市和政治经济文化中心城市，如"北京创客空间""清华大学创客空间""深圳柴火创客空间"等。我国的 53 间创客空间，空间地图分布稍显不均衡，发展增速总体表现偏弱，但各自以区域经济发展为条件塑造了各具特质和功能的中国式创客空间，对创客教育发展和创客文化培育起到了关键性作用。

（二）我国创客空间发展现实对高校创客教育的影响

1. 仿制美国创客空间模式

由于我国创客空间建设处于发展初级阶段，创客空间规模小，数量少，大部分都带有美国创客空间发展模式的痕迹，本土设计特点尚不鲜明。创客教育的本质在于创新行为与创造结果，复制的创客空间模式一定程度上制约了创客教育中国本土化的创造实践。

2. 区域经济因素限制创客空间的发展

我国的创客空间基本上集中在东部沿海地区和经济发达地区，总体表现为非均衡性发展形态。目前基本形成以北京、上海、深圳为三大中心的创客空间集群和创客文化中心。这种非均衡性制约了创客教育的协同发展。

3. 组织形式多以小微型企业与社区集群呈现

我国创客空间发展依托社团、小微企业以及兴趣团体对创客空间的渴求和依赖。在众创空间同期建设的背景下，创客空间孕育了新业态形式和创客文化。这对创客教育文化的培育奠定了基础。

4. 高校创客教育处于探索阶段

高校创客空间建设，推动众创时代高校教育教学的变革与升级，高校创业教育的创新与创客教育的发展相互影响，协调互动，在学生创造能力、创新能力、创业能力、就业能力方面推动了高校应用型人才培养的教育革新，在培养应用型人才创造能力、创新能力和就业能力方面已开始表现出良好的效果。但由于系统机制和协同模式尚未形成，导致融合效果不够理想。

四、我国高校创客教育生态体系的构建策略

(一) 优化创客教育运行系统

1. 从主导层面,推进政府和联动产业发挥作用

在宏观规划和战略设计上,完善管理机制与模式,出台配套的管理制度与操作规范,全面而有效地推进制度建设,保证创客教育运行的科学性和规范性。美国白宫举行的"创客嘉年华"就是一个典型实例。在创客空间建设与发展中,美国政府的主导切实发挥了效用,完善各项所需的保障条件,确保美国创客空间建设规划的功能性,成就了美国作为世界上创客空间建设最活跃的国家,促使创客教育表现出卓越的社会功能。

2. 从协同层面,政府与联动产业主导创客空间建设

推进系统性建设和结构性的创客教育实践,在制度环境、硬件环境和组织环境上能够保障良性开展创客教育。

3. 从相关者层面,创客教育利益相关者加强关联

将创客教育的利益相关主体,即高校(创客空间及相关)、创客环境资源、创客平台与社区、创客商业平台等彼此关联,构成相互支撑的生态结构,通过科学建设空间推动课程体系与师资队伍的完善,通过创客资源的集结衍生创客文化,通过完善社区平台推动社会商业化平台建设,通过反馈机制促进创客空间升级(见图2),从而建立良性运行的创客教育系统,真正实现培育适应行业发展需要的应用型创新人才的目标,实现高等教育宽口径的精准就业。

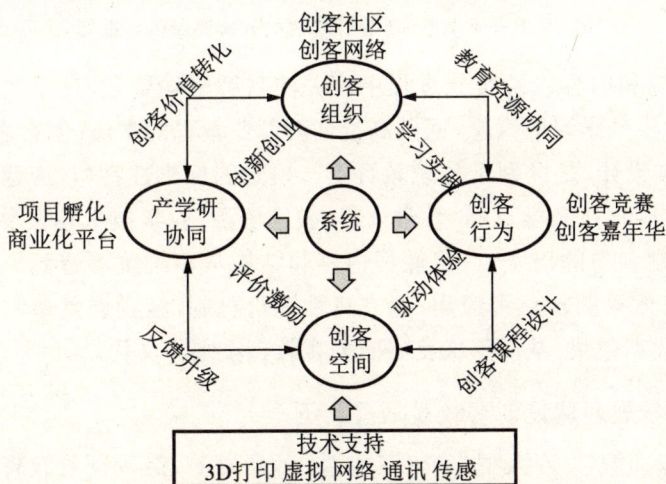

图2 创客教育关联要素系统

（二）合理开发创客教育"学做创"课程体系

1. 创客课程体系设计思路

从本质上改变传统教学中的主体错位,回归高等职业教育价值,培育应用型创新创业人才,实现精准就业。用清晰认知创新能力的培养目标,科学设计兴趣驱动的课程内容,有效推动动手能力的课程实践,合理建立成果应用的课程评价来彻底改变传统课堂中学生被动接受的状态,形成以学生为中心的创新教育范式。

2. 创客课程体系框架结构

课程设计与开发过程中,应该关注课程内容与设计的兴趣驱动,突出课程立体化多维度的创新特质,强调满足不同需求的模块属性,引导协同合作的项目拼接,见图 3。

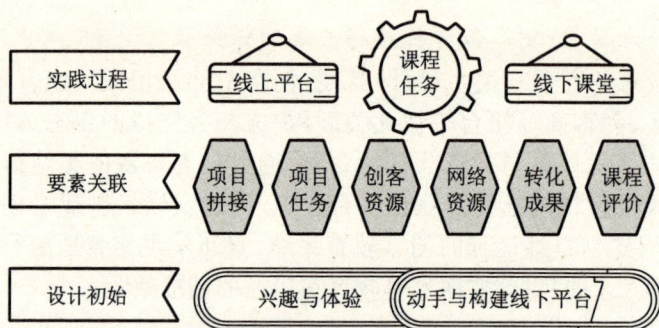

图 3　基于"学做创"设计模式的创客课程体系框架

课程选题和内容以及实施过程中应关注兴趣驱动要素,使学生能够回归课堂,激发学生主动学习的意愿,回归高校创新创业教育的本质;创客教育的"学做创"立体多维设计,是区别于传统教育单一模式的标志性特质,应建立学生高参与度的内容导向,在教学目标、教学内容、教学资源、教学技术与教学评价等方面改变学生课堂参与的出发点,将课程内容和结构从多维度渗透到学生学习过程中;注重学习效果的转化和应用,建立良性评价机制,激励课堂参与主体更好地认知学习阶段和效果,从而形成良好的创客教育氛围与文化。

（三）科学规划建设创客教育师资队伍

通过"双师型""双人型"和"双能型"师资培养,高校创业教育正逐步探索师资团队建设的有效机制和路径。在高等教育信息化推进中,高校教师面临的是更严峻的现实,完善学生的知识结构的同时,要掌握新技术,钻研创客案例,参加创客交流,分享创客教育体验,更新创客教育理念和认知,加强综合素质和能力的培养,激发鼓励学生不断开拓和创新,引导学生创客行为,指导学生创客实践,吸收来自社会不同领域和阶层的具有创客实践体验的兼职创客教师,优化创客师资结构,实现创客教育的目的。

(四)多维完善教育融合机制,培育创客文化

创客教育作为高等教育改革创新的一种路径选择,与高等教育的关系是相辅相成、彼此依存的,不能此消彼长,应注重协调发展,建立互为相长的协调互动关系。高校创客教育、创业教育、专业教育是一个完整和谐的有机体,共同推进高校教育结构和模式的系统升级,共同生态化建设具有持续发展动力的教育体系。

我国高校创客教育机制、模式、过程沉淀了创客教育的品质与特征,明确了价值取向和核心理念。应不断丰富创客文化的内涵,促进创客教育本土化的形成。创客沙龙、创客分享、创客体验、创客马拉松、创客嘉年华、创客联盟等活动的开展,推进了我国式创客教育的经验传播,塑造了"学习、实践、创造"的中国式创客教育情怀,在我国高校创客教育优化机制和升级创新创业教育方面发挥了至关重要的作用。

参考文献

[1] 杨现民,李冀红. 创客教育的潜在价值及其争议 [J]. 现代远程教育研究,2015(2).
[2] 黄兆信,赵国靖,洪玉管. 高校创客教育模式发展探析 [J]. 高等工程教育研究,2015(1).

"工具论"向"思维论"转变的
计算机基础教育探讨

肖　衡①

（三亚学院　信息与智能工程学院）

摘　要　长期以来,大部分人对于计算机的认识止步于"工具"。但随着计算机带领着人类从"机械化"迈进"智能化",计算思维作为一种基本技能和普适思维被提出。承担培养学生信息素养的计算机基础课程,开始进行以计算思维为核心指导的课程改革。本文主要从计算机基础课程的教学现状、教学内容、教学组织以及课程设计方面阐述了引入计算思维的意义以及如何将知识点"思维化",更好地培养学生的计算思维能力,输出更多创造性人才。

关键词　计算机基础教育;工具论;计算思维;教学改革

一、计算机基础课程发展

自 20 世纪 90 年代末在大学教育中开展"计算机文化"课程教育以来,计算机的普及教育经历了几个阶段:最初是以学习流行软件为主的"计算机文化基础";2004 年提出了"4 领域 ×3 层次"的总体架构,确立"1 ＋ X"的计算机基础类课程方案;接下来是 2009 年教育部高等学校指导委员会发布的《高等学校计算机基础教学发展战略研究报告暨计算机基础课程教学基本要求》,进入以应用驱动型为主的"计算机应用基础"阶段。

随着计算机技术的突飞猛进以及计算机网络的快速发展,人们对计算机的认识也越来越深入,相应地出现了一系列计算机教育的相关问题,这引起了各大高校计算机教育者对大学计算机基础教育开展的深思,例如,如何取舍计算机的教学内容、如何融合计算机教育与专业教育、如何平衡理论知识与应用技术的比例等。2006 年 3 月,美国卡内基·梅隆大学计算机科学系主任周以真首次提出并

---

① 作者简介:肖衡,1979 年生,三亚学院信息与智能工程学院讲师,研究方向为计算机网络。

定义了计算思维的概念,她指出计算思维就是运用计算机科学的基础概念对问题进行求解、系统设计、人类行为的理解等一系列涵盖计算机科学之广度的思维活动。[1]2010 年 7 月我国九校联盟在西安发表了《九校联盟(C9)计算机基础教学发展战略联合声明》,提出了以计算思维指导大学计算机基础教学的改造,对大学计算机课程进行改革。

国外的一些名校已开启计算思维能力培养的课程改革,美国国家科学基金会 2007 年启动了基础科学研究计划"大学计算教育振兴的途径",目前已有 70 多所大学参与。美国国家科学基金会 2008 年启动了以计算思维为核心的重大基础研究计划"计算使能的科学发现与技术创新",该计划是借助网络,促使计算思维领域的创新和进步,使之能与所有学科部门进行交叉,以促进自然科学和工程技术领域融合发展,产生革命性的成果。[2]

随着计算机对人类生活的影响不断深化,我国高校对于计算机基础课程的定位也一直在调整。本着与时俱进、契合社会需求的教学原则,计算机基础类教学培养目标经从早期的技能培养到能力培养,再到近年提出的思维引导。这些培养理念的提升将人才的培养从使用工具引向创造工具,再到思想创新,引领未来计算机教育的发展方向。

二、计算机基础教学的现状与出路

随着计算机的普及,联合国关于文盲的定义中加入了:"不能使用计算机进行学习、交流和管理的人"。计算机应用已成为现代社会生活的基本技能,计算机教育也从中小学就已开始。随着中小学生对计算机知识的了解越来越多,大部分学生能熟练使用计算机获取、处理信息,相应的大学教育中计算机基础课程必然被弱化。那么作为培养大学生综合素质和创新能力不可或缺的计算机基础教学,如何改变教学目标,革新教学内容,为培养复合型创新人才寻找新出路呢?

从学生对计算机的掌握水平来看,学生水平参差不齐,特别是城乡差距大,最普遍的问题是对计算机学科的理解较肤浅,对计算机的认识停留在工具层面。作为培养学生信息素养的计算机基础课程,在普及计算机技术、削弱差距的同时,还需要引导学生正确认识计算机和计算机科学,深刻理解计算思维的形式与内涵,使得学生在进入社会后具备良好的思维习惯,更好地在大数据环境下应用计算机解决问题。

从社会需求来看,不仅是对计算机专业人员有技术能力要求,对非计算机专业成员也同样要求具备一定的计算机应用能力。在计算机技术成为社会成员应具备的基本素质的时代,计算机基础课程承担着培养学生熟练使用计算机解决日常问题、深度运用计算机解决专业问题的能力。这种能力不是简单地掌握几项具体的软件,将计算机当成辅助工具,而是深层次理解计算机科学的思维形式,理解计算机处理问题的基本思想。将计算思维当成一种分析问题、转换问题的常规理念,将现实问题通过计算建模,转换成计算机解决的形式,这正是计算思维培养的能力目标,也是目前高校计算机基础教学的改革趋势。

从学科融合来看,随着信息科学的迅猛发展,人文科学、自然科学的多个领域都与计算机科学相互渗透,进而融合互补。起初计算机因其强大的功能使得人们对计算机的依赖性加强,计算机的"工具"理念更是深入人心。但是随着各学科间相互融合,计算机的应用也由狭义的专业应用发展为更为广泛的社会问题、自然问题的应用,也让人们对计算机的认识慢慢改观。人们在习惯于用计算机来分析问题、解决问题时,逐渐意识到计算机不仅仅是一项工具,更是一种创造思维。普及计算思维,将计算机的高效性、智能性所蕴含的知识内涵与各专业融合,将给其他各学科领域带来一系列的变革和突破。

从教育本质来看,于社会而言,教育是文化发展与传承的基本方法;于国家而言,教育是提高全民素质,保障国家建设、提升综合国力的基本手段;于个人而言,教育是实现个人追求,提升物质生活、精神生活的基本路径。在全面信息化、技术化的时代,培养学生的计算机思维能力,通过计算建模分析,将计算机高效解决问题的方法与思路转换到各行业中,将工具的使用转换为思维的应用,这是一个跨越式的进步。

三、计算机基础"思维论"的教学意义

《九校联盟(C9)计算机基础教学发展战略联合声明》明确指出:计算机基础教学的核心任务是计算思维能力的培养。大学计算机基础课程开启"思维论"的教学将是一种趋势,以此推动学生创造性思维能力的培养。

计算思维虽然是一个抽象的概念,但其实际是一种科学思维,是每个人都具备的技能,与人类的工作、生活息息相关、紧密相连,自古至今,无所不在。周以真教授认为计算思维是所有人都必须具备的、一种本质的思维方式,就像阅读、写字、算术一样,能成为人们最基础、最普遍、最适用且不能缺少的一种基础思维方式。[3] 在大学计算机基础教学中,普及计算思维的理想目标,就是培养学生像拥有阅读、写作、算术这些基本技能一样,拥有计算思维能力,并且能自觉地将这

种思维技能应用于专业学习、学科研究以及将来的工作中去。

将计算思维作为一种人的基本技能、普适思维方法提出,它不仅仅是引发计算机教育的一次改革,同时也会引导计算机教育者、实践者去推动交叉学科发展乃至社会变革。在当前信息爆炸的时代,各行各业都面临大数据问题。信息化越强,对计算机的依赖就越深,想从庞大的数据中挖掘行业所需的有效信息,必须依赖高效的计算算法。这将促使计算机科学慢慢从前沿科学转为基础科学,计算思维变得更为普及。将计算思维引入计算机的普及教育中,已成为计算机基础教学改革的重要思路。

计算思维渗透在生活、科学的各个方面,它不是一门课程所能概括承担的。计算思维的教学和引导,需要贯穿在整个大学计算机基础教育中。所有的计算机基础课程里,处处都是计算思维的案例,一个概念、一个算法等都是多种计算思维的集合。例如,在计算机发展历程中,各类计算工具的进化就是计算思维的内容拓展;计算机硬件体现了预置和缓存思维,多核处理器体现了并行处理思维;数据的表示体现了问题表示思维。程序设计基础课程更是包含了多种计算思维方法,如程序由多条指令组成,每条指令就是一个基本动作,系统通过程序来控制基本动作,完成各类复杂的功能,这就是分解问题、解决问题的程序思维。程序的各类算法,如递归、枚举、回溯等都是典型的计算机思维。

计算机基础教学"思维化"的主要目标是扩大计算思维普及,引导学生以计算性的思维方法去分析问题、解决问题。计算机的应用,其本质就是问题的求解,而这种求解的方法也正是计算思维。当前计算思维与理论思维、实验思维一起被称为人类的三大思维,认识到计算思维对人才培养的重要性,更新计算机基础教学体系,将计算思维作为人的一种基本技能进行开发引导,使之与其他学科融合,促进各学科发展,培养能够参与国际竞争的创新型人才,这将是高校计算机能力培养目标的重要突破。[1]

四、计算机基础课程设计

目前众多高校研究的热点是,以计算思维为导向开展计算机基础的教学改革。当前已有两种课程体系:高校指导委员会采用"1 + X",部分发达地区高校采用"2 + X"。这两类课程体系为培养计算思维能力的计算机基础课程打下了良好的基础,各高校可根据学校的校情及学生情况调整设置培养方案。但是思维的培养与引导不是一蹴而就的事情,也不是要全盘抹掉原有的教学内容。课程中处处有计算思维，我们需要将课程内容与思维引导相结合，将无意识的思维转换为有意识的、积极主动的思维。计算机基础教学"思维化"是一种突破性的变革，需统筹安排各课程与知识点，调整知识目标，大致应做到以下几点。

首先，明确计算机基础课程在高校教育中的定位。计算机基础课程主要是培养学生的信息素养，也是培养计算思维的关键。计算机基础教学面向的是各专业的学生，具有一定的广泛性和开放性，也正是因为这种开放性，能更好地实现计算思维向其他学科的渗透，全面提升高校学生的计算思维能力。

计算机基础课程最大的受教群体是非计算机专业学生，对于他们来说，以后就业使用计算机的情况大致可分两种：一是应用计算手段来进行学科研究或创新，而这种研究和创新需要的数据与实验，必然离不开计算机的辅助，掌握计算机的使用技能后，还需用计算思维的方式来分析本专业问题，实现理论与实验的协同创新。[4] 二是将计算思维融合到本学科中作为新型研究手段，将计算手段与本学科的具体研究对象相结合。比如，社会学在研究社会关系时融入计算机图论，会发现复杂的社会成员关系变得清晰明了，甚至会发现一些隐藏的关系。通过计算机基础教学普及计算思维，是实现学科交叉融合的基础，对复合型人才的培养有着深刻的影响。著名的计算机科学家、1972 年图灵奖得主 Edsger Dijkstra 也曾说过："我们所使用的工具在影响着我们的思维方式和思维习惯，也将深刻地影响着我们的思维能力。"[4] 由此也可看出计算机基础教育目标实现"思维化"，对学生后续发展潜力、对社会信息化持续发展有着深刻的影响，计算机教育理念必然由以"工具论"为目标转向以"思维论"为目标。

二是创新教学方法与教学组织。计算机基础是高校培养计算思维最基本的课程，如何在基础类课程教学中关联计算思维、如何在完成知识目标讲解的同时还能实现计算思维的引导，这需要教师正确解读计算思维，合理组织教学内容。教师先要从计算思维的角度重新理解与认识教学内容，灵活运用多种教学方法传授知识，在教学过程中自然导入各知识点蕴含的计算思维；同时还需将教学内容与不同专业背景相结合，重点讲解计算机在各专业领域的应用以及解决各专业问题的方法和思想，以实例阐述计算科学的普适思维，让学生更深入地认识和理解本专业中计算机的应用；不再将计算机的教学局限于一种工具的使用学习，而是学会一种思维方式，一种用计算机视角看待问题、分析问题的方式。

三是教学内容"思维化"。大学计算机教育，不仅要适应时代需求，追求技术的前沿性，还需要调节组织方式与教学内容，着重培养学生使用计算思维的方式来提设问题、分析问题，将问题转换成计算机能解决的问题。在教学内容的组织上,需要梳理出各知识点涉及的计算思维,设置思考点,引导学生用计算思想对问题进行分析、抽象、建模、转换。如讲数据表示时,介绍由0、1引出的思维,进而转换为生活中两种状态产生的现象问题及相应的求解思想。讲计算机网络时,介绍由协议引出的思维,进而转换到信息交流的规则映射。这种基于知识点的思维连贯起来,就是可见的、可实现的思维,也是问题求解的思路。知识"思维化"能更好地培养学生的创造性思维,但将思维转换成能力仍然是一个长期的过程,需要进行大量的训练。

计算思维无处不在,处处可用,将它作为解决问题的思路,有效地融入计算机教学的每一堂课中,在保障教学效果的同时,培养学生的计算思维能力,这是一个长期的过程,需要计算机教育者不断的探索与实践。

参考文献

[1] 龚沛曾,杨志强.大学计算机基础教学中的计算思维培养 [J].中国大学教学,2012(5).

[2] 李廉.以计算思维培养为导向深化大学计算机课程改革 [J].中国大学教学,2013(4).

[3] 周以真.计算思维 [J].中国计算机学会通讯,2007,3(11).

[4] 战德臣,聂兰顺.计算思维与大学计算机课程改革的基本思路 [J].中国大学教学,2013(2).

[5] 陈国良,董荣胜.计算思维与大学计算机基础教育 [J].中国大学教学,2011(1).

[6] 董荣胜,古天龙.计算思维与计算机方法论 [J].计算机科学,2000(1).

[7] 朱鸣华,赵铭伟,赵晶,林鸿飞.计算机基础教学中计算思维能力培养的探讨 [J].中国大学教学,2012(3).

[8] 高娇.基于游戏化教学的计算思维培养研究 [D].西安:陕西师范大学,2014.

现代大学制度视野下应用型本科建设体系初探

——以旧金山艺术学院为例

江俊男 ①

（海口经济学院　传媒学院）

摘　要　加强高校应用型本科体系建设是培养现代高校人才的基本要求。现代高等院校人才培养方向很多趋于书本学术型，而缺少实践能力教育观。应用型本科体系建设应当坚持学术为本原则和创新原则，建立健全课程体系与考评制度、质量监控与评估系统、人才激励系统、基础设施技术与支持系统。本文以美国旧金山艺术学院为例，论述了现代院校在发展应用型本科方面可以进行的有益探索。

关键词　应用型本科；高校；教育质量；旧金山艺术学院；人才培养

应用型人才培养是我国高等教育事业改革和发展的趋势方向，提高应用实践体系建设是目前高等学校工作的核心任务和重要问题。全球对于高等教育的研究也非常丰富，1987年英国在《高等教育——应付新的挑战》中提及："高等教育质量主要靠高等院校在维护与提高标准上所做的贡献，外界不能直接提高质量，也不能使高等院校提高质量。"[1] 跟美国的本科教育相比，中国的高校教育非常重视对于学术史料的讲述，而实践性课程由于种种原因却很难开展。因此，如何构建符合现代大学应用型本科的高校教育体系，值得我们深入研究。

一、加速转变本科教育思想，以思想为行动方向

中国现代大学制度，以中国儒家思想文化为积淀。从发展变化的角度看，随着现代国际交流的日趋频繁、全球文化交流的日益丰富，改革高等学校培养理念和办学制度也成为这个时代教育事业发展的必然要求。转变教育思想，是当今应用型本科教育发展的必然要求。从体制层面考察，大学制度是外部管理体制

---

① 作者简介：江俊男，1990年生，海口经济学院传媒学院教师，主要研究方向为电影制作。

与内部治理体制的统一体。转变教育思想理念,也要重新改革内外管理体制,融合国际高校办学范式,确定大学制度的基本定位与顶层设计。在当今中国,大学面向社会,依法自主办学,实行民主管理。刘延东同志在教育部直属高校工作咨询委员会第二十次全体会议上指出:"要建设中国特色现代大学制度,形成新型的高校内部治理关系。要在坚持和完善党委领导下的校长负责制的基础上,探索高校理事会制度和内部治理结构改革,建立高校自我发展、自我管理、自我激励、自我约束相结合的管理和运行机制。"[2] 因此,一要充分认识应用技术型本科教育思想大讨论的重要性和必要性,二要做好组织发动,三要加强组织领导。各部门、单位领导小组要明确职责,做好路线图、计划表,扎实推动应用技术型本科教育思想大讨论深入开展、取得实效,根据当今人才市场竞争态势,充分尊重人的主体价值和利益诉求,实现应用型本科转型的现实发展。

二、创新创业实践方向的转变

在各行各业日趋走向体制化、规范化的今天,创新对于人才培养尤为重要,应调整人才培养思维模式,更多地培养人才的创新精神和创新能力。

同时,创新与创业作为高校培养人才的发展方向应该兼容并蓄地看待;提高学生的专业素质及职业精神,同时树立创业思维,在合理的社会规则中寻求新事业动机;达到培养目标与社会需要的一致。学校应注意不要只倾向于理论上的创新创业教学,而更应该将创新创业实践课程设立在人才培养计划之中,避免纸上谈兵。

(一)明确办学特色风格

旧金山艺术学院,是美国境内唯一一家纯艺办学的艺术院校,学校非常小型。学校的校训是"We are not the artists for the rich"(非商业艺术家)。所以从课程设立上,旧金山艺术学院成为一个具有独特艺术风格的艺术院校。旧金山艺术学院从 BFA 扎实的根基课程到 MFA 进阶的创意运用课程一路贯穿,电影制作课程中的所有理论和观点均带有强烈的本校风格,师资与配备也强调最先进的艺术理念。旧金山艺术学院和国内的高校一样采用学分制,但不同的是和普通学期制的课程分开,所以已经工作的艺术家同样拥有机会进行教学、研究或者进修,这使得学校拥有强大的艺术教学后援团体。上课时间为每年暑假、寒假,师资则包括了一些社会一线的艺术大师等。学校有明确的办学目标、较为完善的应用型教育体系。

（二）高校创新创业教育质量保障体系的基本框架

旧金山艺术学院运用其强大的师资体系及公关资源定期举办画展、摄影展、学生微电影放映，并邀请当地著名的艺术家、拍卖家、评论家、策展家等前来评鉴，学生可与其进行合作交流，沟通探讨。很多学生在校期间创作的艺术作品成为开拓自己事业的试金石，并成功完成创新创业的第一步。学生开办画室，举办电影拍卖、表演活动，将学校变成自己的艺术创作工作室，而社会上更多的艺术家、收藏家也把学校当成自己艺术研究的重要资源。

（三）照本宣科变能力拓展

现今，学生对于创新创业教育的认可度不够也成为高校创新创业教育前行的一大难题，这应归咎于教育本身的照本宣科而非能力拓展。学校与政府加大了对于创新创业项目的活动基金支持，但却没有提供整条创新产业链的引导与开发的帮助，学生只能按照项目要求照本宣科或勉强以论文或文章形式草草收场。创业中心也只是狭隘地理解了创新创业教育理念，学生专业知识并不深厚，创新创业项目涉及面往往过于广泛，实践性、技术性要求非常高，需要更多的一线工作经验与社会实践，而这更需要学校提供更多的能力拓展训练而非仅仅的照本宣科的教学书本。能力拓展的缺失导致学生无处着手，而失去信念。

旧金山艺术学院着重为学生提供更多的艺术生产的创作空间，整个学校都是艺术展览区域，城堡式建筑风格、中世纪哥特建筑理念以及教学用具的提供都为学生实践提供基础设施的满足。学校的长廊定期由油画专业学生进行设计绘制，学校各处都有电影专业的学生作为拍摄现场进行拍摄，咖啡厅在每周末都是艺术讲座百家争鸣的活动场地，学校的天台更成为拍卖者竞拍的场所，地下室储藏着各种艺术作品成为最宝贵的艺术宝库，学生往往在学校就已经拥有了很多社会资源与机会。

三、学科体系的构建与实践评价制度的确立

专业人才的职业培养应分三个方向面，即专业技术能力、实践操作能力、职业道德。随着中国现代大学建设日趋饱和，许多专业的就业日趋饱和，而理论知识也无法紧跟行业要求，所以学科体系的改革也成为应用型本科建设的重点。

（一）应用型学科课程建构保证人才的专业水平

合理调整学科布局，为学校特色专业建设服务。地方大学应根据本校特点，进行合理规划，与其他院校相同或相似学科进行错位发展，实现同类专业不同方向的培养目标。结合当地社会服务的需求与区域经济发展的特点，调整办学思路。

随着各行各业技术研究发展迅速，许多旧专业、旧方向已成为红牌专业，在人才市场竞争日趋激烈的今天，高校应该研究如何结合社会资源及自身优势建设应用型学科专业，确定方向，整合教学资源配置。当前中国高校的学科建设也有了一定的进展。例如，北京市支持部分大学进行地方高水平大学建设，例如，为培养高素质创新人才，政府给予了北京工业大学、首都师范大学、首都经贸大学和首都医科大学很多扶持基金；北京工商大学、北方工业大学、北京服装学院等12所大学，政府定位其主要培养应用型人才，这些大学根据目标和自身发展方向的不同进行了学科改革。

旧金山艺术学院的应用学科建设，主要集中在成绩考评中，即学生的成绩完全由作品决定。在研究生两年学制中，第一年的学期末安排中期考评，学生需提供一年中所创作的作品由导师进行考评，考评合格者可继续第二年的学业，若不合格，则必须重修。第二，在课程安排上，每学期学生都必须选择一门批判课作为必修课，在这门课程中，学生每学期至少完成一部作品，在每周的课上与导师及同学讨论创作中的进程、改进等。第三，在课外活动中，学校运用资源每周邀请社会艺术专家举办讲座，学生可进行沟通交流，甚至获得机会与资源。

（二）借鉴国外同类型院校应用型学科专业建设经验

早在50年前，很多发达国家便已经开展了应用型学科专业的建设，所以迄今很多发达国家的大学的专业硕士研究生培养体系已经较为成功。例如，英国、法国、澳大利亚等国对应用型学科专业发展和创新等方面的理论化研究，建构了应用型学科专业建设的理论体系。在这些国家，这些方面的理论化研究有力地支持了高校人才培养体系建设，并完善了应用型学科专业的课程体系，获得大量研究成果。我国地方大学在建设应用型学科专业过程中，若能将发达国家应用型学科专业建设经验和成果融入我国高校建设之中，如组织学术交流、借鉴办学模式、合作办学、邀请专家等方式，将为我国地方大学的应用型高校建设添砖加瓦。

从这个角度讲，我国大学同国外大学的合作也并非凤毛麟角。许多地方大学已经与国外先进大学展开合作，进行合作办学，"2＋2"的模式已经在很多大学开展,这种模式获得了学生、家长及政府的支持。同时,随着政府扶持力量的增加以及社会认可度的增强,我国地方大学的应用型学科专业体系建设有了更大的发展空间、更旺盛的生命力。

旧金山艺术学院的学科建设特色明显,开设的专业多样,同时招收各国的学生。在不同国家、学生之间的讨论及合作中,学校具有更多的文化撞击与灵感。学生可根据兴趣独立选择每学期课程,不受其专业限制,同时在期末考评、毕业考评中亦可依照自己意愿选择作品形式,不受专业限制。这满足了学生跳跃性思维的培养,也更符合艺术作品创作的特性,尊重灵感,尊重学生的个人意愿,以激励学生创作。

四、应用型大学教师专业发展的路径与机制建设

应用型高校转型发展中的师资队伍建设也是一项非常重要的工作,教师专业发展的机制构建与路径选择是高校建设的发展动力与后劲。由于对应用与实践课程教育理解不够透彻、学校对教师培养培训模式的缺乏以及教师评价机制不完善等存在一些问题,需要学校需要通过政策机制改变教师认识,并建立政策宣传平台,研发教师职称晋升深层改革机制,增加教师队伍培训机制,以促进教师专业水平的发展。

(一)教师的专业知识结构

专业知识是对高校教师的基本要求。而进行应用型人才培养的教师则需要更加宽广、实用、新颖的知识定位,能够掌握最先锋及实用的实践技能,所以应用型本科院校的教师不仅要有系统的专业理论知识、丰富且动态的行业讯息,更要有丰富的行业一线工作经验。对于教师门槛的设立,则成为教师体系建设的第一关。曾经,高校中对于教师教育能力、科研能力的要求是重中之重;而当今,作为高校应用型教师,实践能力和创新能力则成为教师队伍建设的基础要求,也是实现应用型本科建设的基本条件。

(二)政府的推动机制

首先,基于应用型本科院校的发展目标,政府应从政策上确立应用型本科院校教师的长期发展规划。规划的制定不仅为教师发展提供了方向,也为应用型人才的培养提供了保证。同时,将教师专业发展制度化,做到有法可依,方能确保长效机制的形成。

其次是扶持创建教师与社会相关行业部门互动的平台。政府要以平台建设来建立有利于应用型本科院校与社会相关行业互动的大环境,在政府主导下,以明确的制度安排和政策设计推进学校与社会相关行业在人、物、信息及情感上的交融,从而实现实质性的融合、协调与发展。例如,继续加强和改进产学研合作关系,将相关行业部门作为专业教师发展实践技能的实践基地,使教师通过观摩、咨询、商讨等方式增强实践技能。

再次是增加经费投入,切实提高教师的物质待遇,解决广大普通教师的后顾之忧,如在工资、住房及就医方面。鉴于中国的国情和体制实际,政府在相关方面必须扮演核心角色并承担主要责任和义务,提升教师的社会地位以及生活福利。

五、余论

综上所述,建设应用型本科院校需要关注学科建设、政府扶持以及教师队伍素质提升等方面。任何方面都绝非孤立和短期的项目作业,而应是教师、学校和政府三者统筹协调的系统工程。三者既要立足中国实际,又要有前瞻性的眼光,自主自发、上下联动地切实根据应用型本科的办学教学特点结合起来,方能更好地满足我国经济社会转型发展的人才需要。

参考文献

[1] 朱健,罗建文. 论高等学校教育质量内部保障体系的构建 [J]. 教学研究,2008(2).

[2] 刘延东. 破解高等教育深层矛盾关键在深化体制改革 [EB/OL]. http://www.chinanews.com.cn/edu/2010/09-13/2530231.shtml,2010-9-13.

[3] 顾明远. 教育大辞典 [M]. 上海:上海教育出版社,1998.

应用型本科高校教师发展对策研究

王常华　周　益①

（海口经济学院　工商管理学院）

摘　要　近年来,随着我国高等教育的快速发展,社会对人才需求出现了应用型、职业型、复合型的新要求。而应用型人才的培养符合当前社会对毕业生的实际要求,也是我国经济新常态下人才分类培养的目标。所以,本文在全面认识应用型高校的基础上,分析应用型本科高校教师发展条件和存在的问题,提出应用型本科高校教师发展的几点建议。

关键词　应用型;本科;高校;教师发展

《国家中长期教育改革和发展规划纲要（2010—2020 年）》中,提出促进高校办出特色,建立高校分类体系,实行分类管理。国务院印发的《国家教育事业发展"十三五"规划》（以下简称《规划》）强调,在优化教育结构方面,优化教育资源配置结构,统筹规划学校布局,推进区域、城乡教育协调发展。推进高等教育分类发展,推动具备条件的普通本科高校向应用型转变。海南省政府出台了《海南省统筹推进高水平大学和一流学科建设实施方案》,要实现国家提出的应用型本科高校发展定位及目标,目前已确定三所高校做试点建设准备。应用型本科高校建设的关键是师资队伍发展,这对政府、学校和教师都是全新课题。所以,只有全面认识应用型本科高校的培养目标和要求,转换传统教师的思想和应用技能,才能满足应用型本科高校发展的需要,才能为推动海南教育国际化和国际旅游岛建设积极贡献力量。

一、应用型本科高校的内涵

地方本科高校转型发展是近年来国家关于高等教育的一项重大战略部署,

---

① 作者简介:王常华,1979 年生,副教授,海口经济学院工商管理学院副院长,海南大学国交院副教授,北京大学访问学者,研究方向为服务贸易、电商经济。周益,1979 年生,海口经济学院工商管理学院讲师,研究方向为管理经济。

研究地方本科高校应用型人才的培养,对促进地方本科高校适应经济社会转型、服务地方经济发展、提高自身办学质量、培养应用型人才和凝练高校的办学特色等方面具有十分重要的意义。

应用型本科高校的内涵是教师拥有扎实的应用技能,学生毕业后具备熟练的应用操作能力,学校和企业深度合作。应用型本科高校教师是主体,也是人才培养的关键要素。应用型本科高校的建设重点是教师思想的转变、教师应用能力的掌握和技能的提升、实践教学实习基地的建设、校企的深度融合,创造"工厂在校园,课堂在工厂"的格局,这样才能实现学生应用能力的锻炼和提升。当然,作为海南应用型本科高校的人才培养,要紧密与海南省政府所提出的十二大重点产业紧密结合,又要与职业技术教育区别开来,这对教师提出了全新的要求。

二、应用型本科高校教师现状及问题

应用型本科高校建设的要求,主要体现在应用和能力这两个方面。应用型本科院校的特点是,遵循服务地方的原则,以本科教育为主,以培养服务于社会所需人才为导向,突出产学研相结合的办学模式,以应用型专业教育为基础,培养应用型高级专门人才的院校。良好的师资是学校发展的关键,高等教育的发展水平、人才培养的质量和学校的可持续发展在很大程度上取决于师资队伍的综合能力。以海南为例,目前本科高校只有7所,近一半的高校是在专科的基础上升格为本科院校,还兼顾着专科层次的人才培养,相应的教师队伍中也存在专科的痕迹。这些刚升格为本科的高校虽然具有硕士研究生学历以上教师人数占教师总数的比例达到了国家普通高等学校本科办学条件指标,但教师队伍整体的学历层次偏低,具有博士学位的教师比例更低,而具有本科学历的教师数量过大。

(一)专任教师教学任务重,学历层次相对偏低

教师队伍的整体学历结构不合理,学校的整体素质水平有待提高。从师生比看,学院的师生比在某个时期达到了国家规定的标准,但在大众教育的大环境下,学生增长速度过快,学院受到地域及待遇等方面的影响,教师的流动性也较大,所以教师的教学工作量一直比较重,专任教师总量不足的问题一直比较突出。

(二)高层次人才"来也匆匆,去也匆匆"

升格院校与高层次大学相比,在没有优越的发展政策和优厚待遇的前提下,

是很难引进高层次人才的,学术带头人更是空白,整体的专业教师团队也比较薄弱。由于待遇不高,高职称、高学历教师引进比较难,即便是引进教师也是昙花一现,整体的师资队伍长期不稳,他们获得一定职称后常以此为跳板流入满意的高校。

(三)师资结构不合理

近年来,越来越多的高校对教师的需求大幅增长,在高层次人才难引进的背景下,只能引入年轻的硕士研究生,虽然能暂时留住,但年轻教师教学经验和水平不高,中年教师数量少,教授、副教授比例较低,师资结构严重不合理,这也造成了教学质量不高、高层次教育和学校发展较慢的现状。

(四)"重科研评比"影响较大

重视科研评比是一种全球化的现象,同时也是一种个人行为。教师在职称评聘、晋升、奖励等方面都是以论文发表、项目申报和经费多少等作为衡量的标准,这就必然导致对科研的重视,而其他非科研项目很难受到教师的重视。

所以,除了以上因素之外,本科高校的部分教师还处在学历提升和知识扩充的理论提升期,在思想上还没有完全做好向应用能力提升的转型准备,在时间上还停留在"学生时代",在应用技术能力上还比较薄弱,仍处在理论和实践的摸索阶段。对于教师来说,掌握学科知识只是初级阶段,要通过学科研究达到高层次水平,将理论转化为实践能力提升和行业应用技能,还需要解决很多问题。

三、对应用型本科教师发展的建议

应用型本科高校的发展离不开教师,教师队伍的质量水平又决定着高校的发展。所以,要想促进应用型本科高校的发展,提升应用型教师队伍建设,就必须从政府和企业、学校和个人三个方面着手为教师发展提供政策支持和福利保障。

(一)政府和企业是重点

1.教师借助政府政策,明确学科定位

在应用型本科建设中,政府也要高度重视,引导高等学校在分类管理的基础上,确定好高校的办学定位和教师发展方向。尤其对教师转型发展,政府也要积极引导,主动承担或安排适当的岗位提升教师应用能力,或通过政府资源引导行业或企业组织主动接受教师挂职,完善教师实践中的相关聘任制度和工作评价

晋升机制。政府要高度重视应用型高校的建设与发展,要将应用型教师队伍的建设与发展上升到高校和区域经济社会合作的高度,由政府牵头建立教师发展组织管理体系,规范管理。

2. 鼓励"双师"教师,完善职称制度

在传统教师发展中,不管是从学校角度还是从教师个人角度都重点关注科研情况。而在应用型本科高校发展的今天,无疑要改变重科研轻实践的现状,更多地从"双师型"教师的能力培养上下功夫。在"双师型"教师的职称方面也要进行改革,对教师到企业挂职实践,政府要给予相应的认可和评价,改变现有职称评聘办法和评聘标准,给予高校合理的职称评聘自主权,使高校人才培养的使命真正得到落实,通过制度的办法,调动教师课堂教学积极性和主动性。

3. 教师参与学校联盟,协同合作转型

以政府为主导成立专门的应用型学校联盟,为应用型师资队伍的建设和师资交流搭建一个更为合理的平台,在平台内,以教师待遇不变为前提,教师可以进行相互交流,实现联盟高校内部师资自由流动。

4. 管理者参与培养方案,共建教学团队并开发课程

企业的人力资源要与教师合作,参与到高校的人才培养方案制定中,实现应用型学科教学团队的建设。而这个团队是由教师和企业管理者所组成的课程开发研究团队,不管是在理论方面还是在实践应用方面都是最强的,以实现教师技能提升和管理者理论更新为目标,达到应用型学科建设及应用型课程开发的目标。

5. 建立校企合作认定机制,完善企业导师竞聘程序

教师在企业挂职需要政策制度予以认可,企业管理者或技术工人可作为高校的学生导师,对于企业导师在高校的认定、竞聘也需要制度给予保障。校企合作即学校与企业以共赢为目的展开合作,企业拥有先进的设备条件和丰富的行业资源,企业的技术人员具有丰富的生产经验,企业还具有学生参与生产的环境气氛,通过与企业合作,学校能够明确社会和经济发展所需要的人才要求。高校根据社会需求制定合乎需要的人才培养目标,企业的技术人员参与到人才培养的过程中,补充学校"双师"结构,落实师资培养的目标。高校理论教师科学研究水平高,学生思想活跃,创新意识比较强,能够利用企业的平台进行创新,研发新产品,提高企业的经济效益,因此有效实现校企合作的教师团队能够实现高校应用型人才培养目标,保证高校能够持续发展,提高企业的经济效益,增强企业

与高校合作的热情和深度。

（二）学校配合是主体

高校教师的发展必须与高校的办学定位相一致，地方高校向应用型本科高校转型发展，对高校教师发展提出了新的要求。

1. 转变观念，改变思维

教师是应用型本科高校发展的关键，通过学科建设加强专业师资力量，培养和造就一支高素质、高水平、有特色的应用型师资队伍是应用型本科高校的一项系统工程。只有大力加强引进和培养学科带头人、"双师型"教师队伍、青年教师队伍、新专业教师队伍，应用型本科高校才能实现提高人才培养质量和自身综合实力提升的目标。

2. 统一思想，提高认识

组织教师召开系列研讨会，开展关于高校转型发展、教师队伍转型发展、高校综合改革等的研讨与交流，更新观念，把大家的思想统一到培养高素质应用型人才上来，统一到有效推进应用本科的转型发展上来。同时，设立转型发展研究项目，组织优秀教师从各个层面、不同角度深入开展双能型教师队伍建设标准。组织学习和研讨，实现教师队伍认识转型；开展分层分类培训，提高教师教学水平；创新双能型教师培养模式，提高教师产学研合作能力。

3. 以能力为导向，引导教师进入行业挂职锻炼

作为学生应用技能的培养，教师首先要熟练且掌握一定的应用技能。但目前高校教师大多都是从学校到学校，对行业或企业的实际工作岗位技能比较欠缺，同时对企业或行业资源掌握较少，这就需要学校出面，以能力为导向，引导教师走出校园进入企业或行业挂职锻炼，以实现教师应用能力提升的目标。

4. 依据市场需求，保障教师现有待遇

在应用型高校建设的大背景下，会有一部分教师进入企业挂职锻炼，但作为学校要保证教师在学校的工资待遇不变或上浮。甚至在企业兼职岗位时可以考虑给予一定课时减免，或者一定工作量减少的照顾，对于挂职锻炼的教师可以在职位及职称晋升时优先考虑，这样教师才会主动承接应用型发展的任务。

5. 衔接职业标准，科学完善课程及教学体系

应用型高校的建设，需要每一位教职员工的参与，学校统筹安排，要求每位教师选定一个行业或职业，在取得相应的职业资格后，熟悉其岗位的职业标准。

只有教师熟练掌握了相应的职业标准,才能对学生进行应用能力的培养。

所以,政府和高校要优化教师的成长环境,改善教师生存和发展环境,不断提高应用型教师队伍的待遇,加强对青年教师的职业指导和规划,培育教师成为"精神贵族"和"社会精英"。

(三)教师个人是关键

1. 转变观念,努力适应新趋势

我国高等教育快速发展时期,教师应先认识到应用型高校是未来发展的大趋势,教师要转变思想和观念,从过去传统课堂讲授的教学方法和传统人才培养模式中走出来,以培养具有更符合社会经济发展需要的高层次人才为己任。教师要将自身的理论知识应用到行业企业中,实现自身扎实理论的价值。

2. 积极应对,主动进入企业行业

对于高等学校向应用型高校发展的转变,相信会有一部分教师会反对,这也是人之常情。作为高校教师要学会在任何环境中成长的本领,否则就很难在学生中树立威信。传统教师向应用型转变,教师要积极应对,尤其是中青年教师要积极主动要求进入企业或行业挂职锻炼,从教师个人角度而言,这是一笔不小的财富,也是另外一种技能的锻炼。

3. 做好教学方法改革准备

提高应用型本科教学和人才培养质量,师资队伍是关键。提高师资队伍整体水平,实现师资队伍的全面转型是关键,只有稳定的师资队伍才能保持学校自身的健康、快速、可持续发展。教师要充分做好教学方法改革准备,首先是转变对学生的考核方式,要积极探索考核方式改革,构建以能力为导向的学生学习评价体系;其次是转变教学方法,大力开展教学方法改革,引导教师积极实行启发式、讨论式、开放式、情景式、探究式、案例教学、现场教学、项目教学等多样化的教学模式和方法,注重学生综合素质的养成和创新精神、实践能力的培养。

4. 教师充当课程改革"深水区"的探索者

对人才培养模式来说,一直以来在本科高校中都没有太大差异。但是,作为应用型本科高校就要有所改变,专业建设要与地方区域经济发展需求紧密结合,打破传统的课程体系,甚至是专业界限。首先做好专业模块化改革准备,然后再实施课程模块化建设,精心设计应用型能力培养的方法和手段,要真正进入教学改革和应用型学科建设的"深水区",努力构建"通识教育课程+专业基础课+

专业核心课程＋专业方向模块＋跨专业任选课程"的课程体系,积极鼓励并支持师资渠道拓宽,培养"双师双能型"混合教师队伍,在教师队伍中企业导师要占到 1/3,这样才是理论知识适用、专业知识会用、专业技能有用的最优师资队伍体系。

所以,作为应用型本科高校而言,在应用型专业建设及办学层次上要明确其定位和目标,在人才培养中要明确学生能力目标,教师明确其自身转型发展的方向,稳定优化的师资队伍。只有这样,才能又快又好地实现高校向应用型转变的目标,在短期内实现高校服务与地方经济社会的同步发展。

参考文献

[1] 陈亮,王光雄. 论地方本科高校转型背景下的教师专业发展路径优化 [J]. 教师教育研究,2015,27(6).

[2] 杨雄珍,吴郭泉,黄文炎. 转型期应用型本科高校教师发展探思 [J]. 常熟理工学院学报(教育科学),2015(6).

[3] 王坤. 论地方本科高校转型对教师专业发展的影响 [J]. 教师教育研究,2016,28(4).

[4] 李松丽. 应用型本科高校教师队伍的建设与发展 [J]. 黑龙江高教研究,2016(6).

[5] 班丽丽. 新建应用型本科院校教师专业化发展研究 [D]. 保定:河北师范大学,2014.

高校马克思主义学院建设的
姓"马"信"马"传"马"拥"马"问题探讨

刘望道 ①

（海口经济学院　马克思主义学院）

摘　要　高校的哲学社会科学工作者是我国哲学社会科学"五路大军"之一，以思想政治理论课教师为主体。习近平在全国高校思想政治工作会议上指出，做好高校思想政治工作，要用好课堂教学这个主渠道。本文就马院姓"马"、教师信"马"、教学传"马"、学生拥"马"等问题，就高校马克思主义学院建设谈谈自己的初步认识。

关键词　高校；马克思主义学院建设；马院姓"马"；教师信"马"；教学传"马"；学生拥"马"

高校的哲学社会科学工作者是我国哲学社会科学"五路大军"之一，以思想政治理论课教师为主体。习近平在全国高校思想政治工作会议上指出，做好高校思想政治工作，要用好课堂教学这个主渠道。目前，在全国高校中，成立马克思主义学院（简称"马院"）的有一定数量。马院姓"马"、教师信"马"、教学传"马"、学生拥"马"等，是高校马克思主义学院建设中需要解决的问题。本文就高校马克思主义学院建设的以上问题，谈谈自己的初步认识。

一、马院姓"马"

据中华人民共和国教育部信息，截至 2016 年 5 月 30 日，全国高等学校共计 2879 所，其中，普通高等学校 2595 所（含独立学院 266 所），成人高等学校 284 所。[1] 目前，目前全国前百强高校中建立马院的已超七成，其他高校成立马院的也不少。海南本科高校如海南大学、海南师范大学、海南医学院、海南热带海洋

---

① 作者简介：刘望道，1949 年生，海口经济学院马克思主义学院教授，研究方向为思想政治教育。

学院、海口经济学院、三亚学院等都建立了马克思主义学院。高校建立马院,亮出了姓"马"的旗帜,喊出了"在马信马、在马学马、在马研马、在马讲马、在马用马"等口号。[2] 坚持马院姓"马",是高校马克思主义学院建设要解决的首要问题。

坚持马院姓"马",源于马克思主义的科学性。恩格斯《在马克思墓前的讲话》中指出马克思一生的伟大贡献和"两个发现"。在人类社会的发展趋势中,马克思主义揭示了尚处于上升期的资本主义发生、发展以及必然为社会主义所替代的规律性,为人类社会发展进步指明了方向。

坚持马院姓"马",是由社会主义中国的主流意识形态所决定的。《共产党宣言》指出,任何一个时代的统治思想始终都不过是统治阶级的思想。在任何社会,统治阶级的思想是处于统治地位的思想或社会的主流思想,中外皆同。坚持马院姓"马",应该理直气壮地宣传马克思列宁主义、毛泽东思想、邓小平理论、"三个代表"重要思想、科学发展观和习近平总书记系列重要讲话精神,使中国主流意识形态及其核心价值观深入人心。

坚持马院姓"马",是中国高校办学原则的突出体现。《中华人民共和国高等教育法》第一章总则中的第三条规定,国家坚持以马克思列宁主义、毛泽东思想、邓小平理论为指导,遵循宪法确定的基本原则,发展社会主义的高等教育事业。高校要坚持以马克思主义为指导办学,要坚持社会主义方向,把立德育人放在首位。

二、教师信"马"

一些地方在学习贯彻习近平总书记在哲学社会科学工作座谈会上重要讲话精神时,提出坚持"在马言马""在马信马""信马用马",姓"马"容易信"马"难。[3] 高校思想政治理论课教师是马院建设和思想政治理论课教学与研究的主体,在教学一线对引导学生信"马"产生的作用和影响最为直接。教师信"马"问题,对建设合格马院非常重要。姓"马"和信"马",虽然只有一字之差,缩短其中的距离需要付出不懈的努力,可谓任重道远。

调查表明,在教师信"马"问题上,总的态势差强人意。根据有关调查,在高校青年教师马克思主义信仰教育存在不足,部分高校青年教师对马克思主义信仰存在认知偏差。对于所教学科与马克思主义相关的高校青年教师中,有21.43%的教师选择"对马克思主义非常了解",78.57%的教师选择"有所了解,但不全面"。在所教课程属于非马克思主义理论相关学科的青年教师中,对马克思主义非常了解的教师仅有 9.68％，79.03％的青年教师是"有所了解但不全面"，11.29％的青年教师"不大了解和几乎不了解"。即使是与马克思主义学科打交道的大部分思想政治教育理论课青年教师也不敢轻易说自己对马克思主义非常了解，从事非马克思主义理论相关课程的教师对马克思主义的接触和理解，可能仅限于读书期间获得的只字片言。[4]

解决教师信"马"问题，要在真学真懂真信上努力。要认真学习老一辈无产阶级革命家对马克思主义的坚强信仰。刘少奇在《论共产党员的修养》中指出，万里长征对共产党员是一次严重的锻炼，绝大多数党员都得到了很大的进步，但对于个别党员的影响却是相反的。有的害怕了，有的甚至企图退却甚至逃跑了。其中原因，归结为革命者在革命斗争中的主观努力和修养，而对马克思主义信仰和共产主义理想的修养是其中的重中之重。邓小平的女儿邓榕曾经问父亲是怎样走过长征路的？邓小平回答了三个字：跟着走！如果没有坚定的信仰，怎能走出漫漫长征路？！

要以同行为榜样，在相信、传播和研究马克思主义时锲而不舍。大连舰艇学院方永刚教授说，"没有科学信仰的人是不幸的人，我的信仰就是马克思主义"。[5] "理论传播最讲究心口如一。要让别人信你讲的东西，首先要发自内心地信自己说的每一句话。"[6]

要与非"马"和反"马"的倾向和思潮进行坚决的斗争。近年来，由于国际社会思想文化多元化，对马克思主义在中国的指导地位带来的冲击不可忽视。对这些不理性、不客观的看法，需要彻底澄清。

三、教学传"马"

韩愈在《师说》中的"传道授业解惑"一说脍炙人口，传道传授的是道德观念，与我们现在所说的思想理论教育类似。高校马院教师在教学中传"马"，不仅要在传道中体现，而且要贯穿在授业解惑中。

习近平指出，发挥我国哲学社会科学的作用，要注意加强话语体系建设。在一些高校，对马克思主义理论存在有理说不出、说了传不开的现象。有关调查表明，一些大学生对思想政治理论课学习兴趣不高的原因中，排列顺序依次是：课程内容枯燥乏味，占46％；教学内容与社会现实脱节，占20％；认为对自己以后找工作用处不大，占18％；教学的吸引力不太理想，占16％。这些因素相互交织，对学生的学习兴趣产生了影响。[7]

教学传"马"，首先要有好的教材。教材是教学之本。如果认真研究高校思想政治教育的教材,发现其中仍然有一些需要改进的地方。例如,在四门主要课程的系统教材中,有对关键概念的提法不统一的,有新版教材与旧版教材的衔接不到位的,等等。这需要对教材做进一步修改和完善。

教学传"马",在教学中要靠真理本身的逻辑力量,用马克思主义理论的可信性征服学生。教师要通过不断学习增强马克思主义理论修养,加厚理论功底。要做到把握教材、消化教材,对教材融会贯通。对理论本身逻辑力量的感悟,需要多次、反复、不厌其烦地对学生进行灌输,这是教学传"马"要具备的基本功。

教学传"马",还要在教学中运用多种方法和多种手段,增强马克思主义理论的生动性和吸引力。许多教师为增强课堂教学效果进行了不懈努力,做过多种尝试,可谓煞费苦心。在教学中运用多种方法和多种手段,可以从众多出版物的畅销中得到一些启示。例如,对马克思主义进行系统宣讲的理论普及读物《马克思靠谱》,把受众定位于"80后""90后",内容新,形式潮,为读者还原了一个真实的、多彩的、依然"活"着的马克思,对马克思主义的时代化、中国化、大众化问题进行了可贵的探索和传播的创新。这启发我们,在教学传"马"时要说教,但不全是说教,要使马克思主义形象化、通俗化、故事化,便于大学生接受。同时,教学中运用多种方法和多种手段时,可以因人因时视情应用、交叉应用。

四、学生拥"马"

在大学思想政治理论教育的"三进"中,在中宣部和教育部的指导和统筹下,进教材已经做到,进课堂也基本解决,而最为重要的是进学生头脑。

调查表明,在学生拥"马"问题上,大多数学者认为大学生的信仰主流是积极、健康、向上的,大部分学生对马克思主义充满信心,坚信共产主义理想能够实现,并能主动以社会主义核心价值体系指导自己进行人生规划思考。但是还有少部分学生在信仰方面存在危机,没有选择信仰马克思主义,或是对马克思主义理论不信任,在信仰方面存在困惑、迷茫和动摇等现象。[8] 在某学院对 1100 多名在校大学生进行的问卷调查中,关于学生对课堂学习之外其他渠道涉及思想政治理论相关内容的关注程度,虽然很关注或关注的占 61%,但偶尔关注的占 35%,从不关注的占 4%。学生在课堂教学中,只是听听而已的占 25%,做其他的事的占 6%。处于应付状况的占 31%。[9] 这些都值得我们深思。

许多大学生对马克思主义的学习,尚处于被动和应付状况,只是"要我学",不得不学;不是"我要学"。他们的认识大多停留在为数不多的判断、概念和范畴中，对马克思主义理论的认识并不全面、更不深刻。1982 年，第四军医大学空军医学系三年级学生张华为救不慎落入化粪池的 69 岁老农而牺牲，引发全国"人生价值如何衡量"的大讨论，人们由此了解了张华。张华离开部队入学时，带的小木箱内装满了《共产党宣言》《毛泽东选集》《党的基本知识问答》《政治经济学基础》及青年思想修养方面的书籍。上学后，他用津贴费又新添了不少政治书籍。看现在，像张华那样入学时带上马克思主义著作，上学后自费购买政治书籍，长期坚持学习革命理论的大学生又有多少呢？

据统计，全国本科院校几乎都设立了哲学社会科学学科，文科生也占了在校学生的很大比例。这些学生是我国哲学社会科学的后备军，如果在学生阶段没有学会正确的世界观、方法论，没有打下扎实的知识基础，将来就难以担当重任。高校哲学社会科学有重要的育人功能，要面向全体学生，帮助学生形成正确的世界观、人生观、价值观，提高道德修养和精神境界，养成科学思维习惯，促进身心和人格健康发展。

做到学生拥"马"，要分层次进行。对非马克思主义专业的大学生，要教学马克思主义的基本原理，使他们掌握马克思主义的基本常识，能够运用马克思主义的立场、观点和方法，对各种非马克思主义的思潮和观点有一定的鉴别能力。对文科特别是马克思主义专业的大学生，在使他们掌握马克思主义的基本原理和基本常识的基础上，还要使他们拓宽和延深马克思主义理论的广度和深度。他们中的许多人是未来马克思主义理论教育和研究的传播者，在大学期间对知识的储备，将为他们以后的职业生涯奠定坚实的基础。

参考文献

[1] 中华人民共和国教育部. 2016 年全国高等学校名单 [EB/OL]. http://www. moe. gov. cn/srcsite/A03/moe_634/201606/t20160603_248263. html, 2016-06-03.

[2] 武汉大学马克思主义学院. 坚持马院姓"马"[J]. 求是，2016(11).

[3] 徐守盛. 在全省学习贯彻习近平总书记在哲学社会科学工作座谈会上重要讲话精神工作会议上的讲话 [EB/OL]. http://www. hunan. gov. cn, 2016-7-18.

[4] 张霞，邓淑华. 高校青年教师马克思主义信仰教育的现实审视 [J]. 学校党建与思想教育，2016(1).

［5］ 陈万军,白瑞雪,郭嘉,王金海．海军大连舰艇学院教授方永刚的生命之约
［N］．人民日报,2007-04-03（06）．

［6］ 李选清,司彦文,武天敏,钱晓虎．与大连舰艇学院方永刚教授病榻一席谈
［EB/OL］．http://cpc. people. com. cn/GB/64093/64387/5578430. html,2007-
4-7.

［7］ 陈玉书,刘望道,等．加强和改进大学生思想政治理论课调研报告［A］//
科学化视野下创新高校思想政治教育［C］．北京:中国文史出版社,2015
（5）．

［8］ 陈云云,卫璐琳．当代大学生马克思主义信仰研究综述［J］,宁波大学学报
（教育科学版）,2015（4）．

［9］ 陈玉书,刘望道,等．加强和改进大学生思想政治理论课调研报告［A］//
科学化视野下创新高校思想政治教育［C］．北京:中国文史出版社,2015
（5）．

基于海南经济社会特点的高职创业教育实践研究

——以海南职业技术学院为例

王云惠[①]　王立紫　沈振国

（海南职业技术学院　教务处）

摘　要　创业教育是高等职业院校的重要教育工作,而目前各高等职业院校的创业教育中还存在一些普遍性的问题。要解决这些问题,必须根据区域经济发展对人才培养的需求,把握创业教育策略,构建融校园创业环境、创业课程设置、教师队伍建设、创业实践活动于一体的创业教育工作体系,用优秀创业案例引导,进行全面的、系统的教育实践和研究,形成高等职业院校创业教育特色,从而提高学生适应区域经济发展的创业综合能力。

关键词　区域经济;高职;创业教育;实践研究

海南省人民政府 2015 年 5 月发布的《关于大力推进大众创业万众创新的实施意见》提出:海南到 2020 年,基本形成"资源集聚、载体多元、服务专业、特色鲜明"的创业创新体系,形成一批服务体系完善、发展成效明显的众创空间,建成一批服务集聚度高、辐射能力强的科技企业孵化器和电子商务示范基地,涌现出一批创新创业企业,凝聚一批创新创业人才,全省创业创新型服务机构超过 100家,孵化具有较强创新能力的科技企业 500 家以上,并且要求:普通高等学校、职业学校、技工院校开设具有行业特点、与创业创新密切相关的专业课程,建设一批创业创新教育实践平台和实训基地。基于海南省的经济特点,省内高等职业院校在贯彻落实《国务院关于大力推进大众创业万众创新若干政策措施的意见》(国发〔2015〕32 号)和省政府文件精神的工作中,都切实可行地开展了适合本校实际的有效的创业教育工作。海南职业技术学院(简称"海职院")近年来根据海

---

① 作者简介:王云惠,1968 年生,副教授,海南职业技术学院教务处处长,研究方向为教育管理。

南省的经济特点和本校专业人才培养工作之实际情况，积极探索学生创业教育，毕业生自主创业取得显著成绩。据第三方权威数据机构调查形成的《海南职业技术学院 2015 届毕业生培养质量评价报告》中表明：海职院该届毕业生自主创业比例为 7.9%，与本校 2014 届毕业生创业比例 8%基本持平，比全国示范性高等职业院校 2015 届创业比例 3.8%高出 4.1 个百分点。海职院对学生实施创业教育的工作值得借鉴。

一、根据海南经济发展特点对创业人才的要求，把握好高职创业教育策略

海南省国民经济和社会发展第十三个五年（2016—2020 年）规划纲要中提出：海南省在"十三五"期间，立足生态环境、经济特区、国际旅游岛"三大优势"，着力深化体制机制改革、着力优化空间布局和经济结构、着力建设全国生态文明示范区、着力打造"一带一路"倡议支点；落实"互联网＋"战略，实施"国际旅游岛＋"计划，促进一、二、三产业深度融合、跨界发展。省政府推行的"绿色的低碳的产业"是海南第一、二产业发展的原则，着力打造和致力发展以现代服务业为主的第三产业，这是海南经济和社会发展的新特点。因此，海南省在经济结构转型和发展方式转变的关键时期，努力改变对传统资源的依赖，走创新驱动之道路，促进基于经济社会发展方向下的投资，从而推进海南持续发展是必然的选择。在海南产业转型升级中，现有的企业要持续创新发展，新的企业要蓬勃兴起，都需要一大批商业敏感性强、能够开发商机、勇于开拓新市场新产业的创业型人才。我们深知具有创新改造能力和创业开拓能力的人才是推动地方经济发展的主要力量和直接的动力源泉。《2015 年海南省地区经济发展简析》指出：海南省产业结构进一步调整，服务业占比逐步提高。例如，2015 年海口市服务业占GDP 比重仍为全省各市县最高水平，达到 75.7%。现代服务业已经成为海南区域经济发展的引领产业。海南省政府确定了在"十三五"期间以现代服务业为着力点，促进区域经济转型升级，全面推进全省经济和社会良性发展的策略是英明的。在海南省这样的经济和社会发展新形势下，对创业型人才培养模式进行改革创新，切实为本省产业经济发展提供人才支持的重任落在高等院校身上是毋庸置疑的。各院校都在努力将人才培养、科学研究与社会服务协同起来，构建创业实践教育体系，倡导符合地区产业结构转型需求的实践型创业教育教学模式。例如，海职院近年来实施"宽知识口径、强技能应用、重综合能力"的创业型人才培

养方式的教育实践,结合海南国际旅游岛建设和地区经济发展的特点,把现有的32个人才培养专业归口为旅游服务类、热带农业类、商务与财经类、信息技术类、工业与能源类五大类行业,着力于结合行业类别对创业人才的要求,对全体学生开展创业意识培育、创业知识学习和创业实践指导等的创业教育,通过校内创业资源整合加强创业项目孵化,有机地把创业机会导向、创业技术服务等应用于创业引导之中,体现高职办学特色,为海南省区域经济发展、产业转型升级和企业技术创新提供发展型、复合型的创业人才。

二、针对海南大学生创业存在的问题,有效地实施创业教育

《海南省大学生创业现状调查》(2014)表明:海南省高校对大学生在校期间树立创业意识、提高创业素质与能力和营造校园创业氛围等方面的工作有待加强。这就使学生的自主创业面临主要问题:一是创业经验不足,投资风险大;二是创业资金和人脉缺乏,创业起步艰难;三是个人创业素质与能力的提升存在问题。

在实施创业教育工作上,综观海南各高等职业院校近年来的情况,虽然各具特色,都是以提升学生创业素养和创业能力为本位的教育发展路径实施,但总体来看,收效不如人意。面对这一现实情况,笔者认为各高等职业院校创业教育当前亟须做好三件工作。

第一是提升创业教育的专业化水平。反思学校现有的创业教育工作,大致如下:① 各院校还较重视开展各式各样的"创业教育活动",诸如"听讲座""组织创业设计比赛",等等,但只是少数学生参加,而不是面向多数学生开展创业教育。② 在开设创业教育课程上,各校都在公共必修课模块中开设了大学生创业基础等课程,但是内容设置单一,缺乏多样性、系统性与层次性,特别是缺少必要的创业实践过程教学。学生只是听理论,没有接触创业实际过程指导,这直接影响了创业教育的实际效果。③ 致力于把创业教育渗透于相关课程的教学之中。创新或创业教育的主战场在学校的主渠道是课堂,学科课程、活动课程、环境课程、实践课程均为创业教育的主要途径。学生创业者需要敏锐的洞察力,善于观察市场动态和捕捉稍纵即逝的商业机会,寻找到成长性较好、有创业发展前途的行业,这些都是要从课堂上学到的。将创业教育与专业课教学紧密结合是深化创业教育的新举措,积极探索具有创业特征的实践教学模式,可以深化高职教育实践教学的内涵。但是,专业教学要起到创业引导的作用还需更多的努力。

④ 结合地区经济发展特点建立创业教育体系。有的学校尝试建立了创业教育体系，但只停留在形式上，没有与本地区的经济发展相结合。创业教育缺少当地环境的有力支撑，效果欠佳。⑤ 在高职教育大环境上，适合各专业特点的创业教育实践项目没有立项进行研究，能够体现对特定创业领域有深入研究的科研文章偏少，对专业领域有深入理解的创业教育师资欠缺，大学生创业实践薄弱。这些现实情况，归结起来就是创业教育专业化水平不高的原因。

第二是各高等职业院校需要打造一个创业教育资源能在流动中创造价值的创业实践教育体系。有关研究表明，资源的资本化是创业实践活动的本质特征，流动性是维持这一特征的基本前提，没有资源的流动便不会有资本化行为，创业实践教育只能是闭门造车，收效甚低。因此，各高等职业院校建立创造价值的创业实践教育体系所需的创业教育资源是非常必要的。

第三是学校要构建一个适合创业教育需求的实践教育环境。当前，学校创业教育服务仍然局限于学生创业意识的启蒙与创意孵化阶段，还难以满足更大范围对创业实践教育服务的需求，至少是难以满足项目进入实操阶段的教育服务需求。创业对教育服务的需求有着自身的规律，与岗位技能人才培养对教育服务的需求是不同的。因此，这就需要政府、学校、社会共同构建一个适合创业教育需求的实践教育环境，从而助力于学校的创业教育。

三、构建适合海南地区经济特点的高职学生创业教育工作体系

创业教育是使受教育者能够在社会经济、文化、政治领域内进行行为创新，开辟或拓展新的发展空间，并为他人和社会提供机遇的探索性行为的教育活动。这是一个融合营造良好的校园创业环境氛围、设置和开展相应的创业课程教学、打造创业指导团队、开展系列创业实践活动于一体的系统工程，需要经过长期不懈的努力，才能开创出学生创业的一片新天地。高等职业院校的创业教育要从培养学生创业意识和素质、增长创业知识和实践能力着手，科学设置课程、打造创业指导团队、开展相应的创业活动等做起，指导学生通过创业实践，促进专业能力和创业能力的结合与转化，为创业人才培养融入各专业的人才培养过程创造基础条件，促进技术应用和技术转化，增强智力成果为区域经济转型升级而服务的能力，推动高职创业教育的改革发展。

（一）营造氛围，培养学生创业意识

高等职业院校的创业教育离不开良好的校园创业文化氛围。要使学生从进

入学校那一天起,就受到这种创业观念的教育和创业文化的熏陶,逐步树立富有信心的创业意识。通过校园网站、宣传橱窗、创业讲座、创业沙龙、创业明星、校友创业历程展播等各种形式营造校园创业氛围,烘托校园创业文化。并且结合专业教育,渗透创业感知风险和价值理念,努力打造"行动、分享、创新"的校园企业文化氛围,培养学生的创业洞察力、行动力和沟通力等能力。例如,2015年,海职院在营造良好校园创业文化氛围的同时,发动老师指导学生参与2015年海南省创业大赛,7个团队经过刻苦训练和精心准备,晋级省级大赛复赛,在全校形成研究创新、重视创业、以创业带动就业的浓厚氛围,增强了有余力、家庭背景条件允许的学生的创业意识,有的学生在校期间就尝试了创业活动,并取得较好的效果。

(二)设置课程,提高学生创业能力

创业教育课程内容包括了创业观念教育、创业素质教育、创业基础知识教育和创业实践活动等。在公共必修课中开设的基础性创业教育课程主要侧重于创业观念和创业素质的教育。创业观念教育主要从转变传统的就业型教育观念入手,分清创业和就业是两种不同的处事态度,明确创业和就业做事主体需要两种不同的素质。就业型的教育是传统地帮助学生掌握需要入职的知识和能力。创业型的教育则侧重在帮助学生以原有的知识为基础,以掌握的学习技能为工具,去获取新知识,创新地提高职业能力,即学会学习,使学生的自主创业心理品质得到训练和培养,从而提高创业素质。教师的教学要通过形式多样的创业活动使学生及早树立创业意识,培养学生在顺境中自觉锻炼吃苦耐劳和在逆境中能够承受挫折的能力。只有使学生知晓创业的艰辛,把握创业机遇,才能成为具有较强创业能力的人才,才能承受日后更大的社会压力和挑战。海职院从每届新生的入学教育做起,大学一年级起就开始注意培养学生的创业精神和创业意识,通过安排一系列活动来培养学生的创业观念。例如,专业教师在进行入学教育的专业教育专项工作中,把介绍本专业自主创业前景和发展类型纳入其内容;进入正常的专业教学后,分期分批地邀请本专业部分自主创业成功的优秀毕业生回校给学弟、学妹们现身说法,如开讲座、座谈交流。这种教育形式的次数随着学生年级的升高而增多,最终目的是促进学生毕业以后能够大胆地走向多彩缤纷的社会,开创属于自己的事业。另一方面,海职院还根据海南省地域和生源所在地的经济基础、资源优势、地理位置、技术条件和社会环境等因素,结合学校相应专业的特点,有针对性地开展一些创业实践指导活动。例如,依据面向城市服务领

域及商品流转方向和面向农村的种植、养殖及农资与农副产品流转方向,指导学生选择能充分发挥自身专业技能优势的行业。对应于前者的有旅游类、商务类、信息技术类专业群的学生,可立意于海南国际旅游岛背景下的饮食服务、商务服务等行业;对应于后者的有热带农业类、财经管理类专业群的学生,可立意于海南"生态的绿色的旅游岛"建设背景下的种养业。

(三)建立团队,指导学生创业实践

一个人的创业综合能力是由专业能力、方法能力和社会能力构成的。专业能力是创业的前提,主要体现为职业岗位必备的从业能力、社会知识及法律法规的运用能力、接受理解新技术的能力等;方法能力是创业的基础,它是指创业者在创业过程中所需要的工作方法,主要体现为信息的接受和处理能力、捕捉市场机遇的能力、分析与决策的能力、联想迁移和创造能力、确定企业布局的能力、发现和使用人才的能力、理财能力、控制和调节能力等;社会能力是创业的核心,是指创业过程中所需要的行为能力,主要体现为人际交往能力、谈判能力、企业形象策划能力、合作能力、自我约束能力、适应变化和承受挫折的能力等。要培养学生的创业综合能力,开展一系列的创业能力教育和训练,就得建设一支创业综合能力水平较强的教师队伍,这是学校实施创业教育的必要条件。为进一步深化学校创新创业教育改革,实施教师创新创业教育能力提升计划,加强创新创业教育师资队伍建设,提升教师创新创业教育教学能力,海职院多次组织专业教师参加多期"全国职业核心能力礼仪指导师培训班""全国职业核心能力创新创业指导师培训班",大力提升教师指导创新创业工作的能力。2016 年选派四名老师参加第十期创业咨询师国家职业资格认证(二级)试点培训。目前,海职院已经按照行业类别初步建立了由专业教师、行业专家、优秀创业校友等组成的创业教学团队,为专业教学和创业教育解决师资问题。还在政策上倾斜,吸引各专业老师投身创业教育,更好地激励教师为社会服务,为师资队伍服务能力培养开辟新的路径,激发教师创业教育动力。

(四)面向学生,开展系列教育活动

海职院团委和创业就业中心面向全体学生,每年都分期分批地举行一些创业教育活动。

(1)组织创业知识系列专题培训讲座。创业知识是一个由多项内容组成的综合体,涉及工商、法律、税务、财务、营销、环保、保险、管理等领域的知识。举办

这样的创业专题讲座，帮助学生了解与创业相关的知识，从而提高创业意识。此外，还开设法律、财务、营销、税务、环保、管理等系列专题讲座，全面系统地向学生介绍与创业相关的知识。

（2）组织开展创业案例教育报告或座谈会，开阔学生创业视野。创业案例教育是指导开展创业实践的有效素材。创业案例能够体现成功创业者的创业方法、创业过程和创业规律，非常有效地展示出创业者的创业精神。特别是来自校友学长的创业案例，能更有效地吸引在校学生。这些典型的创业案例对启发学生的创业思路，拓宽创业视野，教育效果非常直观、生动。每次创业案例教育活动结束，学生们都围在学长们身边交流得十分热烈。

（3）组织多种形式的创业模拟活动，培养学生的创业技能。学生创业技能的培养，必须通过亲身的体验或实践才能取得良好的效果。海职院根据各种专业特点及具有各种特长学生的特点，组织一些特定的创业情景模拟实践，从而提高学生的创业技能，例如，一次公共活动的设计与组织、一种商品促销活动的策划与创意、一项种养实践过程的模拟、一个沙龙的组织与管理，等等。还进行一些"实战"，比如让物流专业学生经营承包校内的快递店铺，让商务类专业学生开展小型商品现场交易，让计算机信息类专业的学生经营电商店铺等活动，均有效地使学生得以学以致用，创业技能也由此得以培养。

（五）政策扶持，激励学生创业热情

创业教育是对教育对象进行创业意识和创业能力的教育，应该极力鼓励和引导他们在国家产业政策的指导下，主动参与市场竞争，自主兴办或经营各种类型的经济实体。高等职业院校要透彻地把握国家创业政策，对学生给予积极引导，宣传国家创业扶持政策，激励学生创业。例如，海职院建立了允许学生保留学籍休学创业的机制，完善学分积累和转换管理制度，鼓励学生申请离校创业。还将学生参加的各种创新创业活动，按照活动成果转换成素质教育学分，抵充选修课程学习任务。

四、适合地区经济特点的自主创业案例给予我们的启示

案例一：旅游产业是海南的重点产业。海职院2014级烹调工艺与营养专业学生黎香成，根据海南重点产业要求，利用大学三年级的毕业综合实习期，发挥自己特长，回到家乡的城区创业。2016年6月他与朋友合股创办五指山雨林人家饮食文化发展有限公司和三亚雨林黎家饮食文化发展有限公司，经营餐饮服

务、火锅饮食、中西快餐、食品加工及销售、食品加工技术咨询及转让、餐饮人才培训等业务。两公司现有员工 18 人，月营业利润 7 万多元。

案例二：平凡的服务实现不平凡的创业梦。2013 级电子商务专业学生程照倩，在一年级时，凭着一腔热情加入大学生电子商务服务中心做兼职，通过自己的勤奋努力及大胆尝试，很快接管大学生电子商务服务中心，并与志同道合的同学迅速组建了一支创业团队，带领班级十几位同学一起开网店——"橙心诚意"。团队线上线下成功销售澄迈福橙和各类海南特产上万元。经过实践她深知创业不仅需要热情，还需要更多的资源和阅历，于是就积极参加各类兼职和创业活动。她所在的团队参加 2014 年"创青春"全国大学生创业大赛，荣获海南省第二名，全国银奖，是公益赛组别中全国唯一的高等职业院校代表，和重点大学的高才生同台竞技。在电子商务迅猛发展的今天，物流配送是一个创业机遇，她由此萌发了对校园物流的关注，很快在做网店的同时实现物流配送。在专业老师的指导下，她带领的"橙心诚意"（别名"九尾猫"）创业团队开始第二次创业。她寻求 2011 级电子商务毕业生周治孝学长的帮助，将团队细分为网店运营部和物流部，成立海职院天猫小邮局。目前，小邮局已经与多家快递公司合作，既加强了学校对快递的有序管理，提高了快递公司派收件的效率，又为家庭贫困学生提供了勤工助学和创业实践的平台。她的团队坚持每天做好每个交易，派送好每一个快递包裹，用最饱满的热情去实现他们不平凡的创业梦。

案例三：绿色生态岛建设是海南省社会发展的特点。根据这一特点，海职院早期毕业的畜牧兽医专业学生赖道兴，利用自己的技术和经验于 2009 年在海口创建海南赖氏百乐高牧业科技服务有限公司，利用 500 万元资金，专注于养殖生产、疫苗销售和兽医技术服务。该公司与多家大型养殖公司进行技术合作，于 2011 年通过 GSp 认证，成为省级专业技术服务公司。秉承"创新引领行业发展，质量支撑公司生存，科技创造价值，公司回报社会"的企业宗旨，他组建起以资深行家领衔的专业技术为主体的养殖生产、销售、服务团队，秉承"创新、创造、创业"的精神，奉行"诚信、进取、严谨、务实"的态度，2012 年企业被评为海南省级专业服务站，2013 年被海南省农业厅信息中心指定为"产品追溯码"试点单位。公司以高品质的产品和用心服务、爱心服务的态度，赢得了广大用户的信赖，树立了良好的企业形象，创造了良好的社会效益与经济效益。

以上案例给我们的启示：创业教育是高等职业院校不可缺少的教育工作内容。以专业技能为切入点，有规划、有步骤地对学生开展创业教育活动，培养学生树立创业意识，提高创业能力，促成学生顺利走上自主创业之路，是提高职业院校办学效益的重要举措。因此,创业教育不但需要政府、社会和学校的高度重视,也需要教师、学生与家长的积极参与,在教学实施和教学研究中奋发图强,才能结出丰硕的成果。

参考文献

[1] 海南省国民经济和社会发展第十三个五年(2016—2020年)规划纲要.

[2] 海南省人民政府关于进一步做好新形势下就业创业工作的实施意见.

[3] 范启标.海南省大学生创业现状调查[J].中国统计,2015(7).

[4] 蒋晓旭,郭雪梅.面向区域经济搞好高职学生创业教育[J].中国高教研究,2016(5).

[5] 张艳红.湖南高等职业院校创业教育与区域经济协调发展研究[J].教育探讨,2015(7).

工程监理专业学生创新能力的培养

马艳华　曹筱琼 ①

（海南职业技术学院　工业与信息技术学院）

摘　要　高职专业建设以培养高素质、高技能、可持续发展的人才为目标,对于提高现代监理人才的培养水平,有效降低建筑工程项目安全事故的发生及提高在建工程质量,进行创新项目监管模式改革创新人才培养具有必然性。本文从课题研究背景和意义出发,分析了当前相关的国内外研究现状,提出了高等职业院校监理行业存在的问题,并针对问题提出了相应的工程监理专业学生的创新能力培养策略。

关键词　高等职业院校;监理专业;创新能力培养

一、研究的背景及意义

随着经济的全球化发展,建筑工程项目建设也如火如荼;我国的项目监管方式也进入了多元化管理模式,在业主、监理、承包商这个不等边三角形中,监理处于独立第三监督方,按照国际公认的工程管理模式并接受业主委托按合同进行监督工作。[1]依法享有对合同目标工程项目的质量、进度、费用、安全等过程实施全过程监管的权力,同时又可以对工程项目合同、信息等方面进行管理以及其他组织和协调工作。所以,我国建筑工程项目管理的成功与否和工程监理有着密切的联系。但随着我国建筑市场全面开放,建筑相关企业面临着新的挑战和新的发展机遇,市场竞争主体与市场服务需求内容的变化,使工程监理与建筑工程项目全过程管理创新优化必定成为现实。

高等职业教育必须选择去适应社会需求。加强监理专业学生的创新能力建设,进一步提升内涵,提高人才培养质量成为高等职业教育发展的关键命题,这关系到高等职业教育的发展和毕业生的就业前途。

---

① 作者简介:马艳华,1976年生,海南职业技术学院工业与信息技术学院讲师,研究方向为工程监理专业学生的创新能力培养。曹筱琼,1968年生,海南职业技术学院工业与信息技术学院讲师,高级工程师、注册监理工程师。

二、国内外监理研究现状

高等职业教育的专业建设不同于本科的学科建设，从职业科学的角度看，高等职业教育的专业建设具有职业属性。因此，对监理专业学生的教育，还应该关注国内外监理研究现状。

（一）国外项目管理研究现状

国外在项目管理方面的研究历史悠久。许多国家已经具备非常先进的建筑工程项目管理经验，如英国、印度、澳大利亚等国家均制定了本国的项目管理模式和认证体系。

Estacthe 和 Davis 研究了工程项目腐败应该分析项目参与各方管理风险行为的表现形式，认为监理工作必须严格认真才能防止腐败产生。[2]

美国项目管理专家大卫·克策兰教授等人主编的《项目管理手册》全面定义了项目管理的内容，强调工程项目管理系统规划、动态管理、注重信息技术与协调人的科学组织管理问题。[3]

（二）国内项目管理研究现状

我国的项目管理研究随着经济的发展也取得了较大的项目管理效果，但没有上升到管理科学的高度。我国开始逐步从国外引进并应用项目管理科学理论并进行了广泛的研究创新活动。

王宁认为我国对项目管理系统研究与创新较晚，改革开放后，鲁布革水电站是我国工程建设项目监理开始的标志[4]；成虎、陈群则提出借鉴和创新完善监理模式是近阶段工程项目管理的特点。[5]

三、高等职业院校工程监理专业培养创新人才机制

高职高专工程监理专业旨在为建设行业培养生产施工及工程监理两用，具备工程进度、质量、投资运行、合同管理的综合监督管理能力，掌握土木工程施工组织设计等基本理论和技能的应用型工程技术人才。其培养规格主要表现在知识、能力和素质结构三个方面。

（一）工程监理专业毕业生的创新知识结构

工程监理是监理工程师接受业主的委托，对业主和承包商签订的设计合同、施工合同的实施进行全过程的监督和管理。[6] 目前，高职高专主要培养具备土

木工程监理工作所需基本理论和专业技术知识,具备较强创新动手能力、综合协调能力,在土木工程建设一线从事施工现场监理工作的应用型技术人才。工程监理专业知识结构包括专业基础知识、专业主干知识两大部分。

(二)工程监理专业毕业生的创新能力结构

工程监理专业毕业生的创新能力结构,是指工程监理毕业生应具有的各种能力及其组成,主要体现为以专业知识和技能为基础的工程监督管理方面的能力,包括扎实的专业基础知识、丰富的工程管理能力和较强的组织协调能力。[7]其能力结构的获得,除培养对象的个性素质、基础素质之外,更主要的决定因素是高等职业院校创新人才培养模式的选择。

(三)工程监理专业毕业生的创新素质结构

工程监理专业毕业生的创新素质结构,是指工程监理专业毕业生应具有的思想素质、专业素质、文化素质和身心素质。作为工程监理专业的学生,应具有良好的职业道德、较强的事业心和责任感;善于与他人合作,具备良好的沟通协作能力;做到既精通工程专业与管理又熟悉国际惯例和法规,既具现代竞争意识、积极开拓创新能力又具敏感的观察能力、灵活的反应能力及良好的自我控制能力。

四、高职工程监理专业发展现状

目前国内开设工程监理专业的高职高专院校为数不多,有关方面的研究还处于起步阶段,尚未形成一套完整而成熟的理论体系,就当前监理专业的人才培养模式而言主要存在如下问题。

(一)目标创新定位缺乏长远考虑

由于当前我国大部分工程监理单位从事的都是施工阶段监理,无论是理念上还是实际做法中,还不是以能力为本位,因而各高等职业院校也多以施工阶段监理为目标制定人才培养方案,使得学生适应面较窄,缺乏发展后劲儿,对目标创新定位缺乏长远考虑。

(二)课程体系设置不够合理

当前各高等职业院校监理专业的课程设置仍然未能摆脱以学科理论为中心的弊病,课程结构基本上是本科的压缩版,缺乏高职特色;此外,由于监理专业多数脱胎于各校原有的建筑工程专业,因而在课程设置上多是以工程技术为主干课程,对于监理必需的实战经验、前卫思路及相关高级软件的使用课程则开设较少,使学生的创新知识结构不合理。

(三)专业教学有待改革完善

20世纪80年代,美国著名发展心理学家、哈佛大学教授霍华德·加德纳博士提出多元智能理论,多年来该理论在欧美国家和亚洲许多国家的教育中广泛应用。霍华德·加德纳博士指出人类的智能是多元化而非单一的,主要是由语言智能、数学逻辑智能、空间智能、身体运动智能、音乐智能、人际智能、自我认知智能、自然认知智能八项组成,每个人都拥有不同的智能优势组合。[7] 高等职业院校的学生并不是高考的失败者,每个学生都有自己的特长,高职教育的专业建设就是要建立这样一种有针对性的教育服务,让每个学生都成才。但是当前我国高等职业院校在教学内容上,多数存在着滞后性,脱离实际。在教学过程中,创新教学学时明显偏少,且与理论教学相互割裂,极大地影响了学生对所学内容的理解和应用。

五、高等职业院校工程监理专业创新人才培养策略

(一)确立创新教学在高职教育中的主体地位

高职教育的培养目标是培养面向生产第一线的现场技术人员,即基础较扎实、适用面较宽、业务创新能力强、综合素质高的应用型技术人才。围绕职业创新能力构建的教学体系应当成为高职教育的主体和立教之本。

工程创新是提高学生综合素质的重要一环,而学校教育与工程创新紧密结合的同时,还要构建相对独立的创新教学体系。在工程监理专业的培养方案中,应设立实习实训系列课程和集中创新教学环节,并将各课程的创新内容与实习实训系列课程和集中创新教学环节有机结合起来,形成创新能力培养教学体系。

(二)创新教学的目标应以技术应用能力为中心

高职高专工程监理专业的目标是培养具备土木工程监理工作所需基本理论和专业技术知识,具备较强创新动手能力和综合协调能力,在土木工程生产一线从事施工现场监理工作的技能型人才。因此,其人才培养应当为学生搭建一些操作性强的监理技能模块,在知识构建上以够用和实用为原则,以使学生掌握工程监理职业技能和技术要求的知识为依据,并以培养学生具有扎实的工程监理

职业技能、专深的监理岗位业务知识、较强的技术再现能力为目标。

工程监理专业的创新教学改革应强调专业技能的训练。高职学生在很长时间跨度内,比较严重地脱离了社会创新、生产创新和工程创新。这就需要营造一个良好的工程实际或仿真环境予以弥补。在工程创新教学中,学生能接触各种施工现场。这是一种理论与实际相结合的主动学习,真正达到了增加专业知识、提高创新能力的目的。[9]工程素质必须将知识与社会创新和工程实际紧密结合才能培养和生成。

(三)构建工程监理专业能力培养教学体系的设想

高职教育是以高等技术应用型人才为培养目标,创新教学内容体系按基本技能、专业技能和综合技能三大模块构建,岗位和岗位群的技术能力需求是构建创新教学体系的主要依据。[10]因此,创新教学体系的构建应使学生具有较系统的监理知识,有较娴熟的预算技能,通晓各类建筑工程的施工过程,具备较快适应工程预算与监理岗位需要的实际工作能力,要求学生在毕业时除获得毕业证书外,还要获得与本专业岗位相适应的岗位资格证书。

首先,以技术应用能力为主体设计创新教学计划,确定技术应用能力的创新教学目标,并在课时安排、教学内容、教学方法上进行大力度的改革。理论课与创新课的比例接近,专业创新教学学时不少于总学时的一半,保证学生有足够的时间进行创新能力训练;在创新教学内容上,形成包括基本技能、专业技能和综合能力训练课程的创新教学体系;在训练方法上,学生能通过多种教学形式把技术应用与职业素质训导有机结合,接受仿真或真实的创新训练。

其次,教学体系设计应体现职业素质教育,以能力为本位,按照职业岗位群所需要的能力或能力要素来设置课程,建设"课堂学习+创新深化"的职业素质教育课程体系;以校内实训基地为重要载体,突出职业技能训练和职业素质训导两大中心任务,把职业素质教育贯穿到理论教学、创新教学环节和日常生活中,不仅进行职业技能训练,而且更强调职业素质训练。

再次,实行严格的"双证制",要求毕业生在获得学历证书的同时,还必须取得相应的职业资格证,职业资格证书不应以工种操作资格证书为主,而应形成工种操作资格证书、职业岗位资格证书(如施工员、预算员等)、注册职业资格证书(如二级建造师)相配合的职业资格证书体系。[11]职业资格证书的训练内容和考试要求列入教学计划和课程内容之中,将其作为学生毕业资格的必备条件之一。

（四）构建新型的人才培养教学模式

职业实用是创新教学课程开发的原则,创新课程的制定和教学内容体系的改革是高职创新教学改革的关键。在创新课程和教学内容的选择上,要体现职业理论为职业能力培养服务的原则,职业技能培养应体现综合性、实用性、先进性的原则。应以创新活动为主线,设计创新课程,整合创新教学内容,使学生通过专业技术和综合创新的学习活动,形成职业能力。

创新教学应充分重视新技术、新软件、新设备的应用和使用。增加与生产实际联系密切的综合性、设计性、创新性的实验项目。让学生进入实际工程,结合新图纸,用新型软件例如 BIM 软件演示 3D 实景,展现材料、外观、规格等直观素材,既有材料数据,也有全局数据,能为培养监理素质提供多方面的支持。另外,鉴于激光经纬准直仪在高层建筑、道路及管道施工中被广泛应用,应开设新型仪器的创新应用项目。

六、总结

高等职业院校的专业创新人才建设是一个复杂的系统性的工程,需要整体性的设计,需要运用系统性的策略支持。它以培养高素质创新型人才为整体目标,包含专业教学管理在内的多项核心要素,各要素之间相互依存、相互渗透,并且相互转化,同时受到人才市场等外部环境影响而动态发展。[12] 当今,区域经济和产业的升级调整,对高等职业院校的专业创新人才建设提出了新的要求。

专业创新人才建设作为高等职业院校内涵建设的子系统,其目的是立足于社会、经济、科技发展状态和社会技术岗位变化,在创新人才培养方案的统领下,通过人才培养模式创新、课程体系创新、教学团队建设、教学条件改善和教学管理改革多方协同,培养社会各工作岗位所需要的高素质创新型人才,为地方经济发展提供服务。

参考文献

[1] 李海.建筑工程业主方项目管理模式优化选择研究 [D]. 浙江:浙江大学, 2010.

[2] 转引自 Anbang Qi, Hailong Chen. Research on China Construction Project Management Paradigms Change and Development in the Last 30 Years[J]. Procedia-Social and Behavioral Sciences, 2014.

［3］ 转引自 Atul Auti, Martin Skitmore. Construction Project Management in India［J］. International Journal of Construction Management.2008.

［4］ 王宁. 浅谈工程监理投标文件的编制与创新［J］. 科技创新导报, 2011（18）.

［5］ 成虎, 陈群. 监理工程师索赔处理问题的研究［J］. 建筑经济, 1999（10）.

［6］ 陆俊. 探究电力工程监理招标投标［J］. 贵州电力技术, 2014（07）.

［7］ 水利部关于对工程建设监理工程质量检测规范［J］. 水利建设与管理, 2015（11）.

［8］ 转引自成曦. 工程监理与工程项目管理问题及解决方式研究［J］. 工程技术研究, 2016（08）.

［9］ 刘京涛. 工程监理在公路工程施工质量和安全控制中的作用［J］. 交通界, 2016（31）.

［10］ 李春艳. 浅谈城市道路工程监理存在的问题及对策［J］. 现代国企研究, 2016（20）.

［11］ 陆洋, 陆福春, 陆红优. 施工安全在建筑工程监理中的保证［J］. 科技资讯, 2015（22）.

［12］ 张艳艳, 张蕊. 建设项目隐蔽工程环境监理要点解析——以高风险行业为例［J］. 环境与发展, 2014（03）.

"双创"背景下高职人才社会竞争力评价体系构建

马忠良 ①

（海南职业技术学院　商学院）

摘 要　"大众创业、万众创新"的社会发展背景下,高等职业院校在教育工作过程中,正逐步提升对创新创业教育的认识,"双创"教育已然成为高职教育战略发展的重要基础。当前,进行"双创"人才的培养符合国家、地方政府、学生自身以及高等职业院校的基本发展需要。因此,高等职业院校应综合当前"双创"战略人才培养条件,构建高职人才社会竞争力评价体系,以促进人才总体竞争力的有效提升。

关键词　"双创"战略;高职人才;创新能力;评价体系;社会竞争力

一、引言

2015 年《政府工作报告》提出,我国要着力推动"大众创业、万众创新"[1] 工作,提升社会总体创业水平和创新能力,促进国家经济长期、有效且持续发展。同年 10 月,李克强总理表示,高职教育需要将创新创业教育与当前人才综合能力发展相结合,增强学生的创业创新意识,提高学生群体的创业能力,并为"大众创业、万众创新"工作的开展提供新土壤,更为社会经济发展、社会文化内涵丰富注入新活力。而从高职教育发展角度来说,为适应"大众创业、万众创新"的教育要求,高等职业院校需要从人才评价体系构建和调整出发,切实利用好人才培养过程特别是实践教学过程的评价和改革以及对人才社会工作跟踪评价等,促进人才社会竞争力的真正提高,为我国社会主义事业的建设和发展提供后备力量。

---

① 作者简介:马忠良,1980 年生,海南职业技术学院商学院讲师,经济师,研究方向为人力资源管理、职业教育。

二、"双创"人才社会竞争力评价体系构建的现实意义

(一)适应国家发展需要

党的十八大报告表示,"大众创业、万众创新"战略能够提升社会总体发展活力,激发大众参与社会创新的激情,为我国社会新时期的发展提供更强劲的动力,能够为国民经济在"互联网+"的高速发展中提供人才支持。报告中所提出的鼓励多渠道就业、加强职业技术能力的培训,正是当前强化社会总体创新能力,以创业带动就业、缓解社会就业压力的根本要求。另外,国家中长期发展规划也表示,在高校教育工作中,需要着重培养意志坚定、信念执着、品行端正、技术能力过硬、创新能力突出的人才。[1] 在此要求下,构建高等职业院校人才社会竞争力评价体系,符合国家经济、政治等的发展需要。

(二)符合地方发展要求

高等职业院校的办学工作通常与地方产业发展相互联系,进行"双创"人才培养,通过为用人单位输送创新型人才,服务于地方产业的发展,促进地方产业升级。从农业发展角度出发,"双创"战略能够帮助学生认识我国农业发展的现实,帮助其了解掌握新型农业的发展,促进我国农业经济水平提升,进而促进"三农"经济发展。[2] 从区域经济均衡发展角度出发,"双创"战略能够促进高等职业院校与社会产业的联系,促进高等职业院校专业结构的调整,进而为一些中小企业的发展提供技术人才,提高中小企业的技术创新能力和管理水平,促进地方中小企业集聚力量的生成,为区域经济协调、健康发展提供动力支持。

(三)满足学生提升需要

教育部统计的毕业生就业数据显示,近年来高校毕业生数量呈现不断增加态势。2015 年高等教育毕业人数达到 749 万人,2016 年增加至 765 万人,2017年预计不低于 795 万人。社会各行业人才发展基本平衡的条件下,毕业人数的不断增多加大了学生就业压力。因此,从社会人才合理分配、人才能力有效发挥角度来看,在高等职业院校中依照"双创"战略进行人才培养,构建合理化人才评价体系,一定程度上能够帮助学生形成自主发展意识,形成完善的自我价值观认识,满足学生个体发展需要。

(四)促进高等职业院校发展

高等职业院校为提高教育水平和知名度,需要不断分析当前社会需要,明确

社会人才基本发展需求,进而把握教育发展的新方向。"大众创业、万众创新"的"双创"教育理念,明确指出高等职业院校的发展需要从人才创新创业能力出发,进行人才创新意识和能力的挖掘培养。而这一教育理念促成的人才评价体系的转变,也能够打破高职教育重理论、轻实践的教育传统,真正形成以学生为主导、重视学生个性发展、重视社会实践的教育方法,为高等职业院校发展谋求新思路、新办法,以促进高等职业院校发展。

三、高等职业院校"双创"人才社会竞争力评价体系构建条件

(一)有利条件

1. 对象优势明显

高等职业院校的学生与普通高校本科学生相比,虽然学习基础差一些,对于课堂理论内容的专注力不足,但通常兴趣广泛,且思维较为活跃,能够积极参与实践活动,同时对自身感兴趣的内容具有强烈的探知欲望。另外,高等职业院校的学生在学习过程中,由于受教育形式的影响,其更注重自身动手操作能力的提升以及专业思维模式的形成,就业理念也能够贴合自身实际和社会发展要求。学生本身注重实践能力的特点以及务实的专业态度为"大众创业、万众创新"的教育展开提供了人才基础。

2. 教学平台多样

高职教育过程中,通过建立多样的实验室,为学生参与动手实践提供了条件。校内外实训基地的建设,让学生能够在模拟现实工作场景的过程中,了解课堂所学内容的具体操作方法,形成其对未来就业现实的具体认识。学校与企业、其他科研组织形成的产学研合作项目也为学生参与项目实践过程,提前体会创业乐趣提供条件。学校建立创业基地的模式,鼓励诸如市场营销或者电子商务专业学生进行创业,一定程度上也促进了"大众创业、万众创新"教育工作的贯彻落实。

3. 教学体系实践性突出

在高等职业院校教育工作中,通过从基础教学实践、专业技能实践以及综合能力实践三方面入手,将学生学习过程中的实验、见习、毕业设计、实习、创业等不同过程相互联系,构成统一的实践性教学体系。高职教育还通过较大比重课时的创业课程和第二课堂教育以及各类创业比赛等帮助学生不断丰富创业知识,培养创业经验。[3]

4. 采用特色化"双师型"教育结构

高等职业院校"双师型"教师队伍是高职教育特点之一。校内专业教师利用课余时间赴企业参加挂职锻炼或让教师多涉猎行业的专业技术,取得除教师职称外的中级以上职业资格或职称证书,或从企业引进技术能手参加教学方法的培训后,均可被认定为"双师型"教师。有些学校允许教师社会兼职,鼓励教师进行创业实践,这类"双师型"教师更符合"双创"战略下的高职教育教学的需要。"双师型"教师有一定的理论积累,具备教学能力,且社会经验丰富,动手能力强,掌握生产一线技术技能,对培养学生的创新创业能力有着积极的促进作用。

(二)不利条件

1. 办学体系封闭

高等职业院校办学体系较为封闭主要表现在:一是校内实训的整体教学过程无法与学生毕业之后面临的就业实际相对接,导致实训整体质量不高。[2] 二是实训教学内容无法与实际的社会生产相对接,进而影响学校内部专业教学设置,导致整体专业发展无法及时跟进产业要求。三是学校期末考试与学生"双创"能力评价方面缺乏对接,无法及时掌握学生当前真实能力水平,导致学校无法自主调整。四是学生与企业之间无法实现对接,因此学生在毕业之后无法按照企业和社会标准及时调适自我角色,导致其社会适应不良。[3] 封闭性的办学体系,最终导致学生进行创新创业的动力不足,对社会现实问题认识较少,风险意识不强,使整体"双创"战略实施形式化严重,水平较低且重复现象明显。

2. 人才培养模式传统

高职教育兼具"高等教育"和"职业教育"的双重职责,由于来自本科教育办学空间的挤压,多数高等职业院校向"职业教育"倾斜更多,忽略了"高等教育"的特性,这显然成为高职教育发展的限制性因素。职业化教育发展倾向则侧重于对学生职业技能的培养,而对学生的长期发展能力、专业知识学习能力等的培养不够重视。这种单一化的发展模式使得学生基础知识薄弱,技术经验不够牢靠,不利于"双创"教育的开展。

3. 教育吸引力不足

传统的高职教育模式中,高职教育的毕业生由于理论知识和技术无法兼顾,因此对用人单位吸引力较低,总体就业率不高,进而影响高等职业院校的声誉,导致其学生吸引力较低。另外,社会观念中固守的思想认为高职教育比本科教育低一个档次,优秀的学生或有一技之长的学生,宁可进"末流"本科,不愿入一流高职专科。

四、"双创"背景下高职人才社会竞争力评价体系构建方式

(一)评价维度

1. 实训评价,培养学生创新意识

实训评价,主要通过实训基地建设来实现。实训基地建设过程中,学校本身需要根据专业需求和创新创业教学需求,按照学生的实习、就业、创业需要,建立仿真化模拟场地,让学生在开放、共享的场地学习中,全面了解创业项目的开展过程和创业所需要的基本技能等。

2. 竞赛评价,提供学生创新平台

以竞赛为手段的人才社会竞争力评价方式构建,主要通过竞赛训练平台搭建以及学生创新创业训练计划实施的方式实现。[3] 在教学过程中,首先根据"点、线、面"的设计原则引导学生了解创新实践项目和创业活动,同时利用国家级、省级、市级等的创新创业大赛,鼓励学生参与其中。其次,利用创新创业训练,并借助项目或者课题等的研究,为学生后期创业实践打下基础。

3. 实习评价,加强学生实践能力培养

实习评价的方式,能够让学生在实践过程中具体了解项目的不同阶段的展开情况、创业项目的具体操作方式等,进而形成基础创业经验。实习过程中,学校可以与企业合作,采用企业教师带队的方式,引导学生参与企业项目测试,累积项目经验。当然,也可以利用产学研合作的方式,建立校企技术研发中心,并借此展开校内实训,以便培养更多具备"双创"精神的人才。[4]

4. 社会实践评价,提升学生综合能力

社会实践评价,主要通过学生暑期或者其他参与的社会实践活动,培养学生的创业意识和思维。比如通过鼓励学生参与留守儿童问题、农村环境保护问题等的探索,帮助学生形成问题探索的主动意识。另外,通过团队组织形式的创新、学生社会实践考核方式的创新等,鼓励学生利用自身知识解决调查中遇到的各类问题,进而促进其总体创业思维的锻炼。还可以通过学生社团开展营利性专业服务项目。有条件的专业可以由毕业生带动在校生成立营利性企业,参与社会劳动,提前步入社会,提升综合能力。

5. 毕业生跟踪评价,促进学生的长期发展

建立毕业生长期跟踪服务和评价机构,很好地建立毕业生与各专业教师的互动机制。让走出去的毕业生在成长发展的道路上,遇到任何困惑与难题时,仍然能像在学校一样得到来自母校的支持与关心。甚至,当毕业生在事业发展中遇到难以突破的疑难杂症时,机构要能像医生一样组织各专业教师会诊,以帮助解决问题。

对于毕业生的跟踪评价,主要评价指标有:发明专利数、研究成果数、企业骨干提升速度、高职高薪人数、各种劳模奖数量、创业数量及创业产值等。亦可借鉴或委托第三方机构给予科学公平的毕业生跟踪评价,比如第三方教育数据咨询等。

(二)构建高职人才社会竞争力评价体系

构建完整的高职人才社会竞争力评价体系,不仅要有评价维度,还要有组织机构和制度保障,关键要保证评价体系的整体性、科学性以及评价维度与结果的相关性。通过调查分析,确定影响学生创新创业的因素及评价的维度和权重,形成最终量化的评价结果。在确立评价维度时,可先从结果性可量化的指标入手,再反推到体现社会竞争力的过程及基础能力培养指标。高职人才社会竞争力结果性可量化指标有发明专利数、研究成果数、各种劳模奖数量、创业人数及创业产值、企业骨干高管提升速度、高职高薪人数等。高职人才培养过程指标有实训课时数、竞赛获奖、实习留用人数、优秀实习生数、社会实践成绩等。能体现高职人才社会竞争力大小的基础能力培养指标有文学艺术类课程开出率、专家讲座数量、社团活动及人数、基础知识的储备等。具体指标的提取,需进一步做广泛的调查分析、相关性检验。核心指标辅以制度保障,形成标准化的高职人才社会竞争力评价体系。

(三)社会竞争力评价体系检验

高职人才社会竞争力评价体系的科学性与合理性需要进行检验,以确保这种评价体系有助于高职人才社会竞争力提升。对评价体系检验可从两个方面进行。一是依据评价体系在学生中建立实验组与对照组,收集相关数据,采用相关性分析,同时对评价指标进行信度、效度、区分度分析等进行检验。二是开展反向验证,对高等职业院校近十年内做出突出成绩的优秀毕业生进行调查分析,对以上维度和指标数据收集归纳,运用层次分析法,进行反向相关性分析。

五、结语

高职人才社会竞争力与高职毕业生就业竞争力不同,前者不仅包含毕业生就业竞争力,更重要的是要体现高职人才在社会工作中体现出的对社会持续性的贡献及贡献大小。从"大众创业、万众创新"的角度出发,从高职教育的发展背景出发,帮助学生深入体会"双创"战略对于自身发展的现实意义,进而帮助其明确适应"双创"教育,主动提高自身实践操作能力、理论创新能力,并促进学生的职业适应能力和职业发展能力的提高,为我国建设发展提供大批优秀人才。当然,从高职教育工作出发,进行"双创"战略背景下人才社会竞争力评价体系的构建,寻求人才培养的新路径,也能够打破原有高职教育的僵化思维,提升高职教育能力,为职业教育的发展、一线劳动者能力转型提供原动力。

参考文献

[1] 李克强. 政府工作报告 [N]. 人民日报,2016-03-18(1).

[2] 赵兰杰,吕晓鑫. 高等职业院校"双创型"人才培养策略 [J]. 教育与职业,2010(30).

[3] 王键. 职业院校学生创业教程 [M]. 海口:海南出版社,2012.

[4] 马忠良,王安兴,符聪. 新加坡高等职业院校师资队伍建设的经验与启示 [J]. 高等职业教育,2016(5).

高等职业院校教学工作诊断与改进刍议

严丽丽① 丰春光 郭英英 史君萍

（海南软件职业技术学院 教务处）

摘 要 分析高等职业院校开展教学工作诊断与改进（简称"诊改"）工作的背景，提出明确诊改的三大目标任务是诊改取得成功的前提，把握诊改六个重要环节是诊改取得成效的关键等观点，并就诊改工作中可能遇到的三个难点分别进行了说明。

关键词 高等职业院校；教学工作；诊断与改进

一、背景分析

2015 年，教育部印发《教育部办公厅关于建立职业院校教学工作诊断与改进制度的通知》（教职成厅〔2015〕2 号）、《高等职业院校内部质量保证体系诊断与改进指导方案（试行）》（教职成司函〔2015〕168 号）等系列诊断与改进相关文件，将高等职业教育的"规模、结构、质量、效益"作为衡量教育发展成效的主要方面，并要求高等职业院校全面建设内部质量保证体系，在学校、专业、课程、师资、学生等不同层面建立起完整且相对独立的质量目标、质量标准、质量制度，并形成教学工作诊断改进工作机制。教育部还借以"试点院校先行先试，在取得试点经验的基础上全面推开"的政策，力图通过诊改，培植高等职业院校的内生力量，实现教育质量自我保证。目前，高等职业院校自主发展的理念已被越来越多的高等职业院校所共识，但"教学诊改工作如何着手""诊改如何取得成效"等问题仍处于探索之中。下面，笔者以基层教学管理者的角度，谈谈个人对诊改工作的浅显思考。

二、明确诊改目标任务，是诊改取得成效的前提

《高等职业院校内部质量保证体系诊断与改进指导方案（试行）》中明确指

---

① 作者简介：严丽丽，1970 年生，教授，海南软件职业技术学院教务处副处长兼质量监控中心（高职研究所）副主任（主持工作），研究方向为高职教育。

出三大诊改目标任务,各高等职业院校要在建立教学工作诊断与改进制度基础上,构建网络化、全覆盖、具有较强预警功能和激励作用的内部质量保证体系,实现教学管理水平和人才培养质量的持续提升。

(一)完善职业院校内部质量保证体系

根据教育部文件精神,诊改工作需要高等职业院校从学校、专业、课程、教师、学生五个层面建立完整且相对独立的自我质量保证机制,强化高等职业院校各层级管理系统间的质量依存关系,形成全要素网络化的内部质量保证体系。这是诊改的核心任务。

(二)提升职业院校教学管理信息化水平

高等职业院校要加快提升教育教学管理信息化水平。强化人才培养工作状态数据在诊改工作中的基础作用,促进高等职业院校进一步加强人才培养工作状态数据管理系统的建设与应用,完善预警功能,提升高等职业院校教学运行管理信息化水平,为教育行政部门决策提供参考。此任务是为诊改提供技术和手段。

(三)树立现代质量文化

通过开展高等职业院校内部质量保证体系诊改,提升高等职业院校质量意识,完善质量标准体系,不断提升标准内涵,促进全员、全过程、全方位育人。此任务是诊改取得成功的基石。

俗话说:"方向比行动更重要",各高等职业院校在开展诊改工作时,必须明确以上三个诊改目标和任务,方能使诊改不偏离轨道,确保诊改工作的正确方向。

三、把握诊改的重要环节,是诊改工作取得成效的关键

(一)研读各级诊改文件内涵,积极转变观念

各高等职业院校应组织人员仔细研读教育部、地方政府下发的涉及诊改的各类文件内容,研究诊改的内涵和实质。开展各种形式的培训和宣传,转变全校师生员工固有的评估观念,让大家明确此轮诊改与以往评估的差异,充分体会到诊改工作的开展,是当前我国高等职业院校应对社会需求转变的适应性和内在发展的主动性不足,依靠自上而下、周期性、层级式管理为基本架构的人才培养质量管理方式难以为继,迫切需要改变依托外力的行政指令式评估考核这一客

观现实的背景下而开展的,诊改的目的是促进高等职业院校建立诊改制度,树立高职教育质量意识和质量文化,明确高等职业院校应作为教育质量保证主体(第一责任人),通过不断完善内部质量保证制度体系和运行机制,达到不断提高人才培养质量这一终极目标。在此环节中,各高等职业院校校级领导的重视程度将起关键作用,教育部倡议各高等职业院校的诊改工作应由党委书记或院长负责。

(二)构建校园质量文化

诊改是以提高利益相关方对人才培养工作的满意度为最终目标。这一目标实质是通过提高人才培养质量而实现的。因此,各高等职业院校需要在全院师生员工中进行宣传。在校园文化建设中,着力建设现代校园质量文化,保证教育质量的一致性和必然性,可以分三步走:首先,明确质量概念和质量标准(如教学标准、专业标准、课程标准、师资标准、学生发展标准等);其次,全院上下认同质量的重要性、质量标准的正确性,并且自觉参与质量维护和提高;最后,进行质量构建,即构建创造和维护质量的能力,力争人人主动参与质量的创造、维护、提升。通过营造学校质量文化氛围,使全体师生员工认同教育质量的价值,并自觉融入质量主体的行动中。在此环节中,高等职业院校须打破以下两种倾向:偏重"教"的质量,轻视甚至忽略指导学生对自身"学"的质量意识的树立;仅有教务处、教学系部、质控部门聚焦教学质量问题,其他部门忽视后勤服务保障等质量问题。高等职业院校办学质量提升需全员参与,质量的持续提升仅靠院校管理者单方面的积极性是不够的,只有全体教职员工的积极性被广泛调动起来,才能确保教育教学质量持续提升。

(三)构建和完善质量保证体系

质量保证体系的构建是个复杂的工程,各高等职业院校最好能成立院校内部质量保证体系研究团队,以学生成长成才为学校质量保证体系的中心,按照教育质量生成过程,构建网络化、全覆盖、具有较强预警功能和激励作用的院校内部质量保证体系框架,并在此框架的指导下,以课题的形式对学校、专业、课程、教师、学生五个层面分别开展研究,按照教育部下发的诊改方案中的"决策指挥、资源建设、服务支持、质量生成、监督控制"的工作思路,对每个层面的建设规划、质量制度与标准、质量控制点、质量诊断指标、过程监控等进行系统性的建设,进而形成全要素、网络化的管理体系。在此环节,理顺五个层面之间的工作机制、责任任务及其内在联系是保障院校内部质量保证体系顺利、有序运行的前提。

（四）制定和完善适应诊改工作的管理制度

各高等职业院校在实施诊改过程中，通过校内、校外调研，制定好制度，才能保证诊改沿着正确的轨道良性运转。目前，还有不少高等职业院校依然将诊改视为教育行政部门在新形势下推出的新评估，总是以迎评的思路进行诊改，亟须通过制度建设消除这些不当行为，确保诊改能按既定的方向进行。此外，教学诊改是高等职业院校履行质量自我保证的新举措，工作如何开展，诊断如何着手，学校及其相关部门怎样履行好自己的工作职责，这些问题都需要有一套制度来予以明确、规范和保证。因此，各高等职业院校在推进诊改工作的同时，要结合院校自身办学定位、发展目标，制定和完善适应诊改工作的质量标准、质量管理制度，以文件的形式发放，并加强质量标准的宣传工作，使质量标准深入人心，做到诊改活动有标准参照、有制度保障。此环节须在院校内部质量保证体系及框架指导下，以学校、专业、课程、教师、学生五个层面为诊断项目，同时结合院校自身所处的发展阶段，在全校范围内建立健全全员、全程、全方位的质量管理体制机制等相关制度，以使诊改工作顺利实施。

（五）诊改工作要以人才培养数据为支撑

各高等职业院校要以教育信息化建设水平的不断提升为契机，尽快建立校内人才培养状态数据采集与分析平台，采集、分析质量形成过程中的各种状态数据，通过实时的质量分析、反馈，形成网络化、立体化、全覆盖并具有较强预警功能的内部质量保证信息化系统，使院校诊改时用数据说话，完整体现运行过程数据，客观判断，消除经验主义。通过查看平台上留存的过程数据，可针对性地改进存在的问题。此环节构建的数据平台，实质亦为院校校情综合分析与决策平台。

（六）诊改工作要突出"真"和"改"

诊改工作不能脱离院校自身的发展规划，当前，各院校都处在"十三五"发展规划时期，诊改的一切计划都应与"十三五"发展规划步调协调，这就要求诊改计划要具有可行性，确保计划既符合时代要求和发展趋势，又切合高等职业院校资源实际和发展焦点，具有实现的可能；同时，要做好高等职业院校日常工作计划的诊断融入工作，树立诊改与日常教学管理一体化的理念，在规划制定过程中，有意识地将诊断项目、诊断要素、诊断点融入规划，使诊断要素的工作要求、诊断点的物化体现为规划的主要内容，避免诊改与学校教学管理"两张皮"的现象,使诊断与常规的教学管理融为一体,以常态参与,以求真务实的态度采集和管理数据,数据不能造假,真实呈现教学质量,体现诊改的真实性。

有学者把诊改比喻为"体检",笔者认为比喻成"刮骨疗毒"更为贴切。诊改包含"诊"和"改"两部分。"诊"的目的是发现差距,找出问题,为"改"奠定基础;"改"的目的是通过对隐藏于成功或问题背后的规律性的东西进行有效改进,促进高等职业院校人才培养质量的不断提高,并且体现"诊"的价值和意义。因此,各院高职校在诊改过程中不能遮遮掩掩,必须直面问题,抱有"刮骨疗毒"的决心推进此项工作。

四、诊改的难点

(一)诊改方案的制定

此轮诊改工作,各院校需要在教育部、省级诊改方案的基础上结合院校自身实际,将众多相互交错的目标和任务按诊改既定要求(五纵五横、质量改进螺旋递进原则)进行理顺、整合、统筹,构建具有院校自身特色的质量保证体系,的确是个不小的课题,难度较大,需要各高等职业院校组建研究团队进行认真研究,方能形成院校自身的质量保证体系和诊改方案。

(二)学生层面的诊改

学生层面的诊改也是学校质量保证的一个落脚点,而且是专业、课程、师资发展在人才培养上的一个体现。学生在诊改体系中,需要形成每年的个人发展计划。我们知道,随着中高职衔接教育的开展,目前各高等职业院校间及高等职业院校内部学生个体差异比较大,学生个人发展规划的制定需要外部辅助。此外,学生自我发展的过程中,对照个人发展计划是否完成、完成到什么程度、如何纠正等问题都需要外部的监测和督促。这是一项庞大的工程,难点和规模不容小觑。

(三)诊改内生动力的生成

虽说诊改是高等职业院校内部质量保障的要求,但是目前诊改的动力依然是外生的而非内生的。校园质量文化,也应该是由内生动力所推动形成的,高等职业院校应该如何建立催生诊改及质量保证体系的内生动力的生成机制,也是一个现实的难题。

五、小结

当前,各高等职业院校要落实诊改工作,难度不小,因为涉及每位师生员工工作和学习方式以及习惯的改变。如果只靠少数人的努力,又缺少相应的机制保证,没有现代信息技术的支撑,诊改就只能停留在嘴上和纸上。[1] 全面质量管理需要高等职业院校迎难而上,拿出十足的勇气、胆识和担当,更需要能力、创新和勇往直前的魄力,方能突破难题,并在今后的诊改工作中取得效益,以谋求院校自身的生存和发展。

参考文献

[1] 杨应崧. 诊改,不是加给学校的"紧箍咒". 中国教育报,2016-07-05.

职业教育企业实践指导教师的角色定位和要求

——以三亚城市职业学院第三学期实践活动为例

陈佩颖 [①]

（三亚城市职业学院　旅游管理系）

摘　要　学生进行企业实践学习是当今职业教育教学中必不可少的部分,作为学生企业实践学习活动的组织者,在校专业教师作为企业实践指导教师的角色尤其重要。该指导教师的角色定位如何,需要具备哪些能力,是企业实践学习活动能够达到预期效果的重要因素。本文以三亚城市职业学院第三学期学生企业实践学习活动为例,总结出在校专业教师作为企业实践指导教师的角色定位和能力要求。

关键词　职业教育;实践学习;教师角色;能力要求

一、职业教育学生企业实践指导教师角色定位的必要性

如今在职业教育体系中,企业实践学习活动是必不可少的一个环节。《中华人民共和国职业教育法》第二十三条指出:"职业学校、职业培训机构实施职业教育应当实行产教结合,为本地区经济建设服务,与企业密切联系,培养实用人才和熟练劳动者。职业学校、职业培训机构可以举办与职业教育有关的企业或者实习场所。"《国务院关于大力发展职业教育的决定》中也强调"加强职业院校学生实践能力和职业技能的培养","大力推行工学结合、校企合作的培养模式"。即职业教育讲究工学融合,所以学生需要到企业中进行实践学习。三亚城市职业学院也积极响应国家号召,以"旺工淡学""工学交替"的培养模式,结合海南三亚旅游淡旺季的特点,开辟第三学期实践教学活动,也就是在每年的 12 月份至次年 3 月份,将在校学生分流到各个合作企业真实岗位上进行实践学习。

社会需要高素质的劳动者,呼唤高质量的职业教育,而高质量的职业教育离

---

① 作者简介:陈佩颖,1990 年生,三亚城市职业学院旅游管理系助教,研究方向为旅游管理。

不开高素质的师资队伍。建立一支教学经验丰富、技术熟练的实践教学指导教师队伍已成为各高等职业院校的共识。[1] 学生进行企业实践学习，在校专业教师也会随学生从学校走向企业，成为实践指导教师。那么在师资建设中，企业实践指导教师的角色如何定位，需要具备哪些能力，成为职业教育中需要明确的问题。

二、目前职业教育学生企业实践指导教师的角色问题

（一）身份模糊

从教师角度看，常年的学习经历固化了其身份定位，作为一名教育者，教学环境在学校，教学方式为授课，学生学习由教师进行主导。当学生走出校门，走向企业进行实践学习活动的时候，传统的教师职能却发生了改变：学生学习环境在企业，学习方式为实践操作，并且学生跟着企业管理模式走，学生信息的获取来自各个方面，教师角色被弱化。当角色发生转变时，指导教师应该被摆在实践活动中的何种位置？这使教师产生迷茫感，导致身份模糊。

（二）能力欠缺

职业教育教师队伍能力发展存在的突出问题有：教师综合能力素质总体不高，尚不能满足职业教育培养高质量技能型人才的需要；教师能力结构不平衡，教师核心能力不突出；教师团队同质性有余，互补性不足，未能形成有效的合力。综上所述，如今各大职业院校提倡引入"双师型"人才，但实际上真正具备"双师"素质的人才仍然较少。[2] 教师欠缺相应的专业技能，甚至对企业环境一无所知，当学生进入企业进行实践学习活动时，教师不能给予有效的指导，实践指导教师形同虚设。

三、职业教育学生企业实践指导教师的角色定位

（一）组织者

1.活动设计

学生进行企业实践学习活动，虽然实践场所是在企业，但是学生的安排方案设计却是在教师这一方。在实践活动开始之前，指导教师需要将整个实践活动流程形成方案。方案中需要涉及实践目的、实践时间、人员分配、实践流程、实践过程中需要提交的材料以及成果等内容。同时，指导教师还需要根据工作岗位的特点，形成相应的工作岗位任务书、指导书，以供学生在实践过程中能够理论

联系实际,达到知识与技能的融会贯通。

2.评估指导

第一,学生进行企业实践学习活动,是否产生效果,来自有效评估,而指导教师就是评估主体之一。作为评估人,指导教师主要关注的是书面作业的完成情况,还有学生个人综合能力的成长情况。进行评估的频率应该是短期阶段性进行,这样有助于持续性鼓励学生完成实践,同时也能够让学生及时了解自己实践过程中的成长和偏差。第二,学生走进企业工作岗位,技术技能方面的指导主要来自企业师傅,那么学校指导教师的显性教育弱化,转而应关注隐性方面的发展,包括学生由校园走向企业后心理方面的变化、在工作岗位的为人处事方式等方面。三亚城市职业学院第三学期企业实践活动中,指导教师每两周进行一次短期评估,主要是书面作业和岗位工作能力两个方面,同时每日通过网络进行沟通联系,每周到企业进行当面交流,了解学生,开展指导活动。

3.总结和开发

第一,学习的进步离不开不断总结。指导教师应该发挥总结能力,在实践活动过程中,写好实践日志,持续性总结实践活动的情况,最终形成整个实践活动的成果,以便下一阶段的更正和利用。第二,实践指导教师不仅需要关注正在合作的实践学习企业,还应该尽可能多去开发新的合作企业,一来满足学生实践学习的多样性、专业性,二来为了将来开展实践活动有更多的企业进行择优选择。三亚城市职业学院企业实践指导教师在每年度带队指导过程中,都会对学生所在企业进行评估,同时根据当地情况,不断联系、考察更多的合作企业。

(二)学习者

学生进行企业实践学习活动时,指导教师也应该以一名学习者的角色参与其中。原因在于,一是行业发展以及技能要求迭代更新,在校教师平时闭门造车会跟不上变化的脚步,趁着学生进行企业实践,与学生一起成长,填补教师在实际经验方面的空缺。二是能够给学生起到榜样的作用,学生在没有社会经历的时候走上工作岗位,心里难免产生孤独感,指导教师身体力行参与实践,能够带给学生激励作用。比如,酒店管理专业的教师,学生在酒店实践学习的时候,教师应该尽可能跟随,学习相关客房服务、餐饮服务等技能,同时了解目前酒店的管理模式、人才需求,甚至对所在酒店客源的了解都是实践指导教师应该要有的知识储备。

（三）协调者

1. 控制作用

职业院校学生进行企业实践学习活动,由于没有完全离开学校,还具有学生的身份,虽然在企业岗位工作,但是教师还是他们核心的领导人物,所以,实践指导教师需要对所带学生团队进行管理,控制团队的发展方向。指导教师需要做到:一是为学生解决他们解决不了的问题,这里需要把握程度,不能成为替学生做事的角色,程度把握不到位,反而达不到锻炼学生的目的。二是放手让学生自我管理,指导教师抓方向,选拔学生领头人,负责具体事务的实施,学生团队之间有榜样,可以激发学生的主观能动性。三亚城市职业学院在开展第三学期实践活动中,鼓励倡导"学长带头制",在每个实践企业分配相应的学长,通过这些有经验学长的领导和示范作用,鼓励和促进整个实践团队的实践氛围。

2. 沟通作用

学生进入企业进行实践学习活动,面对的除了教师和学生,还包括来自企业和社会等多方面的角色。比如,在酒店进行实践学习的学生,不仅要面对酒店内部的同事关系,还要面对外部社会上形形色色的客人。各方面角色能够协调好,良好的沟通必不可少:一是沟通的及时性,当有问题产生,指导教师能够第一时间找到问题当事人,进行沟通疏导,则能够避免更严重问题的产生;二是沟通的有效性,指导教师要能够找到问题的症结,探索问题的解决方法,使沟通转化成为有效的行动,将实践过程中的阻碍清除,保证实践活动顺利进行。

四、职业教育学生企业实践指导教师能力要求

（一）专业技能

实践教学指导教师应具备熟练的实际操作能力、全面的专业知识、良好的教学能力。[1] 这是职业教育的特点决定的,教师具有一定的专业技能,才能在学生心中树立权威。同时,企业实践指导教师还要具备一定的职业前瞻性,才能在学生有职业迷茫时,答疑解惑。

（二）管理能力

传统教师只需具备扎实的专业知识,能够完成课堂授课任务就能合格。但是随着教育的发展,教师的功能也越来越多样化。在学生进行企业实践学习过程中,指导教师离开校园,身份由课堂主导者转变成为团队的管理者,这时对教

师的管理能力也提出了新的要求。

（三）社交能力

课堂教学主要存在两大主体：学生和教师，信息的传递比较单一。但是在学生企业实践活动中，涉及多方面的主体，包括来自企业和社会上的各种关系。指导教师的工作不能只局限在学校里、学生中；而是需要走出校门，协调学生实践学习活动中的关系，积极联系企业，解决多方面的问题，因而，企业实践指导教师必须要有良好的社会交往能力才能胜任这个角色。

五、结论

职业教育教师既要有扎实的教学基本功，也要拥有实践指导的能力，这是目前职业教育环境提出的要求。企业实践指导教师能力的高低影响着学生企业实践的最终效果。面对这样的挑战，在校专业教师应该积极提升，在实际工作中完善企业实践指导教师所需要的能力，胜任角色要求，推动学生企业实践学习活动的开展。

参考文献

[1] 刘冶陶. 高等职业院校实践指导教师队伍建设初探 [J]. 教育与职业，2008（14）.

[2] 史枫，白斌. 职业教育教师队伍能力发展中的问题与影响因素分析 [J]. 教育与职业，2010（17）.

"说课"能有效提升高等职业院校青年教师教学能力

王秀兰 ①

（海南工商职业学院　建筑工程学院）

摘　要　高等职业院校教师队伍的水平,决定着高等职业教育的教学质量、办学水平和办学特色,决定着高等职业技术人才的培养质量,也反映学校的综合实力。因此,培养和建立一支高素质的高等职业院校教师队伍是发展和办好高职教育的关键。青年教师已经成为高等职业院校教学第一线的生力军、主力军。那么,如何加快青年教师的整体素质和教学能力的提升?教学实践表明,"说课"是快速提升高等职业院校青年教师教学能力和水平的有效手段。

关键词　高等职业教育;青年教师;教育质量;教学能力;说课

目前,高等职业教育蓬勃发展,为社会输送了大批高技能人才。而在我国2020年实现小康社会建设目标的大环境下,企业对人才规格的要求也越来越高,全面提高高等职业教育教学质量,提升青年教师的教学能力和水平,是社会发展的需要,也是高职教育自身发展的客观要求。

一、高等职业院校存在的主要问题

随着高等职业院校办学规模和招生数量的扩大,教师队伍的来源渠道单一的问题日益凸显,无论本科生还是硕士研究生大多数是从高校应届毕业直接来校任教,导致承担专业基础课和专业技能课的多数教师实践能力、动手能力、实训能力、现场教学能力比较弱。教师多数处于超负荷工作状态,很难有机会和足够的时间到企业或生产一线锻炼提高自己。

此外,高等职业院校存在的比较普遍的问题:一是青年教师已经成为教学第

---

① 作者简介:王秀兰,1954年生,教授,海南工商职业学院建筑工程学院院长,研究方向为土木建筑工程。

一线的生力军、主力军，他们在教学工作中发挥了积极的作用；但也导致教师队伍的结构不够合理，且"双师型"教师数量较少。二是计算机多媒体技术越来越多地被引入了教育教学过程，高等职业院校课堂教学普遍采用多媒体教学技术手段，并已呈现出前所未有的勃勃生机。越来越多的教师特别是青年教师对制作和使用课件表现出极大的热情，这也是高等职业院校教学方法和教学手段改革的成果之一。但问题是一些青年教师对多媒体设备产生了严重的依赖性，课前不做充分的备课，课上很少与学生交流互动，课件质量不高，文字多如教材的剪切版，一旦没有了多媒体（如设备出现故障）就茫然不知所措。

针对这些现实问题，高等职业院校迫切需要加强教师队伍的建设，加强青年教师综合素质的培养，加大教学改革的力度，加快青年教师教学能力和教学水平的提升。

二、通过"说课"，可以有效提升青年教师的教学能力

高等职业院校师资队伍的水平，决定着高等职业教育的教学质量、办学水平和办学特色，决定着高等职业技术人才的培养质量，也反映学校的综合实力。因此，培养和建立一支高素质的高等职业院校教师队伍，是发展和办好高职教育的关键。

不可否认，青年教师确实是教学第一线的骨干力量、主力军，但青年教师扎堆现象，教师年龄结构不合理问题也日益凸显。那么，如何尽快提升青年教师的整体素质和教学能力成为当务之急。具体措施是两手抓：抓青年教师教学能力，抓教育教学质量和抓教师队伍的建设。

（1）抓教师基本功训练。

（2）开展"说课"及"说课竞赛"活动。

（3）俗话说"一个好汉三个帮，一个篱笆三根桩"，充分发挥老教师传、帮、带作用，在老中青教师之间展开"说课"活动，新老教师之间相互听课，教研室老师之间也要相互听课，相互评课交流经验。

（4）举办教学方法改革研讨专题讲座。

（5）鼓励、支持青年教师利用假期参加培训以及到企业挂职锻炼。教学实践表明，"说课"是快速提升高等职业院校青年教师教学能力和水平的有效手段。

（一）"说课"的作用和内涵

"说课"是 20 世纪 80 年代后期随着教学改革的深入而产生的有着教育科研

性质的教研活动。由于"说课"可操作性强、实效高，很快就被广大教育工作者所接受，形成了一套完整的"说课"理论。教学实践证明，"说课"不仅有效调动了广大教师投身教学改革、学习教育理论、深入教学研究的积极性，而且已成为快速提升教师教学能力的一种有效手段。开展"说课"活动在提高教师素质、促进教师适应当代社会发展需要和提高课堂教学的质量方面，都发挥了积极作用。

"说课"的内涵是教师面向领导、专家和同行们口头表述所授课程的教学思路和理论根据，全面陈述教学设计的过程。关键要说清楚"教什么""怎么教""为什么这样教""教的效果如何"几个问题。说课教师不仅要把教学方案说出来，还要将教学方案里隐性的教学设计思想、教育理念的具体依据说出来。

（二）"说课"的内容程序

1. 说教学任务

要根据教学大纲或课程标准，明确课程的地位、作用及教材的特点，说清楚"为什么教"。

2. 说教材与教学内容

要根据教材和课程标准，捕捉知识点，阐述主要内容和结构，确定教学的重点和难点。

3. 说教学对象

由于教学活动是"教与学"同时进行，教师要仔细考虑采用适宜的教学方法，唤起学生的求知欲望，阐述学习的起点，即学生学习新知识所需要的基础知识和必要的技能，还要充分考虑学生的认知水平、学习特点和个性化差异，因材施教。

4. 说教学目标

根据教学内容和教学对象，阐述认知、操作以及情感等领域应达到的思想、知识、技能、操作训练的目标。通过说教学内容、教学对象和教学目标，明确"教什么"。

5. 说教学方案

说教学思路和教学的策略，明确"怎么教"的问题。

6. 说考核评价

学生自评，小组互评，教师评价、总结。

（三）"说课"可以提高青年教师掌握大纲、驾驭教材的能力

"说课"首先要明确"教什么""怎么教"的问题。青年教师必须认真阅读课程教学大纲，专研、分析和诊断教材，弄清教材内容的重点与难点，充分掌握教材后才能帮助学生建构最佳的认知结构，准确制定教学目标和教学计划是教学设计的基础。确定教学目标有助于教师明确"教什么""怎么教""为什么这样教"，课后教师要检验学生"学得怎么样"。此外，"说课"揭示教学内容的知识点与技能之间的关系，教师真正掌握对教材内容的分析和处理，才能最终驾驭教材，运用自如，这是一项富有研究性、创造性的工作，为后续教学奠定基础。

（四）"说课"能促进青年教师教育教学创新

"说课"和"说课竞赛"促使青年教师深度挖掘自己潜能，在 15 分钟内将课程的教学设计说得无比精彩。"说课"的魅力在于将教育思想、教学理念、教学实践融为一体，把教学的一些关键环节如备课、上课、评课有机地结合在一起。"说课"反映的是教师最主要的教学认识、教学设计、教学环节和教学策略的一些思考，它所做的高度概括是最集中、最简略、最关键、最本质的一种教学提炼。因此"说课"对教师的触动是极大的，引起教师的思考深度是独特的。它有利于引起和促进教师对教学过程进行比较系统的深层次的反思，有利于激发教师课堂教学创新的积极性。

青年教师要牢固树立正确的人生观、价值观和教学观，不断提升自己。应鼓励青年教师积极去企业挂职锻炼，提升自身的实践教学能力。

（五）"说课"促进教师更加尊重和重视学生，弘扬高尚师德

课程的基本出发点是以提高学生的基本素质为目的，以学生为主体，尊重学生，注重开发学生的潜能，加强素质教育。课前了解学生的个性发展、心理、人格需求，以确定教法、认知、情感及能力目标。上课时重视目标要求，重点突出，与学生交流互动，充分调动学生的学习积极性。课后评课并邀请学生参加，听学生谈感受提建议，体现了以学生为主体，抓住了教学活动的关键，有利于调整施教方案，提高教学的质量效果。

三、结束语

通过开展"说课"及"说课"竞赛活动，全体教师积极参与，促进了教学改革和教学方法改革，大家热情洋溢、比学赶帮、相互促进，彰显了教师积极向上的

精神面貌,增强了教师团队的凝聚力,教师的创新意识、教学能力和整体素质明显提升。"说课"活动要形成制度化和规范化继续开展,并大力加强师资队伍的建设,积极引进富有实践经验的企业人才充实到教师队伍,鼓励青年教师自我成长,支持青年教师去企业锻炼,努力提升自身的实践教学能力。

参考文献

[1] 王毅,卢崇高,季跃动. 高等职业教育——理论探索与实践 [M]. 南京:东南大学出版社,2005.

[2] 高素霞. 浅析青年教师说课能力的培养 [J]. 中国校外教育,2012(2).

[3] 中华人民共和国教育部高等教育司. 教学相长 [M]. 北京:高等教育出版社,2004.

饭店职业技能比赛资源转化的探索

张红艳 [①]

（海南工商职业学院　旅游艺术学院）

摘　要　职业技能比赛是反映职业水平的重要参考,国家也一直重视职业技能比赛。职业院校应大力转化技能比赛的资源,对人才培养模式、教学内容、教学方法进行改革和创新,以职业技能比赛为抓手,深化产教结合,促进校企一体化建设,把企业文化和职业要求融入人才培养和教学过程中去,培养高素质的职业人才。

关键词　中餐;技能比赛;资源转化

职业技能比赛一直是职业学校教学的常规活动,2008 年教育部发起了全国性的技能比赛活动。根据知网搜索,对技能比赛的专项研究从 2005 年开始出现,黄理耀最早对校内的职业技能比赛进行评述,认为此比赛有利于学生综合素质的提升。[1]2005～2009 年,相关的论文零星出现,主要论述职业技能比赛对教学改革、实践教学、创新能力的促进。2009 年后该类研究逐年增多,主要归于对比赛的体会总结、比赛对教学和人才培养的促进、赛项改革、比赛与校企合作关系、比赛对职业教育发展的影响力研究等方面,其中对比赛资源转化问题的讨论不多。比赛资源转化就是将比赛环节、竞赛样题、评分标准,评委点评,优秀选手、指导教师访谈等内容转化为满足职教需求、契合课程标准的共享性职业教育教学资源。

一、技能比赛与教学相融合

随着社会经济的发展和酒店业人才缺口的扩大,酒店职业教育越来越受到关注,相关专业技能比赛有全国旅游院校技能比赛和全国职业院校技能比赛。其中,全国职业院校中的中餐主题宴会设计比赛开始于 2012 年,比赛以宴会设计为

---

① 作者简介:张红艳,1976 年生,研究方向为旅游管理。

背景,考核学生策划、操作、演讲等内容。赛事并非一成不变,每年根据实际情况调整赛项和规格。职业院校积极响应国家号召参与比赛,为了拿到好名次,学校投入大量资金,教师投入大量时间精力,从挑选参赛学生到技能练习,再到主题确定、英语培训、演讲练习等,极少数学生通过比赛获得了大量的训练,在技能、抗压能力、毅力、英语表达、演讲等方面得到了显著提高。而其他大部分学生不仅没有从比赛中获得益处,反倒因为教师专注于少量比赛选手而被降低了教学效果。[2]通过技能比赛促进教学不能是少部分人的技能大提升,而应是技能资源的转化和扩大。要利用各种方法和途径展现比赛资源,把技能比赛融入平时的教学中,把比赛的设施设备、比赛的内容、考核的方法作为日常教学的参考和补充,优化教学内容,改革教学方法和手段,创新教学过程,多样化地评价学生;同时非比赛指导老师也能学习和利用各项资源,让所有师生都能成为技能大赛的受益者。

二、调整人才培养目标,贴近企业需求

理论与实践并举是职业教育的特点,酒店专业教学不仅要贯彻这一方针,而且要注重实践,广泛开展技能大赛,增进校企合作,突出职业特点,这是职业教育发展的必然趋向,是以就业为导向理念的具体体现。技能比赛不仅是对单项技能的测试,还必须体现对职业人才综合素质的要求。山东省职业院校技能比赛在2012年就对赛项进行了整合,将单人竞赛改为团队比赛,全国比赛在2016年跟进。整合后的赛项去除了餐饮理论知识考核环节,增加了中餐宴会接待方案策划环节。这个改变,强调了服务系统性的考查,而之前的赛项则是单独的各项技能的测试。新赛制的策划案还需要制定突发事件的应急预案,并考量方案的可行性、操作设计是否符合饭店业的质量标准、对业务的熟悉程度以及面对突发事件的灵活应对能力等。这个巨大的改变反映出技能比赛突出了对学生职业素养的关注,而职业素养正是服务行业人才长远发展的必要能力。[3]显然,中餐技能比赛赛制的改变体现了职业素养培育的重要性,学校专业人才培养方案应紧跟职业的需求调整方向。因此,酒店管理专业要以技能大赛为契机,确立"能力本位、需求导向"的人才培养理念,进一步明晰人才培养定位,调整传统的技能型人才定位,培养符合岗位需求、技能熟练、理论扎实、职业态度良好且具备在酒店行业可持续发展能力的高素质技能型人才。[4]

三、完善专业人才培养方案,优化课程设置

全国职业院校技能比赛是政府、学校和企业共同搭建的检验人才培养的平台,学校的人才培养方案应充分利用这个平台,如酒店管理专业就能借鉴中餐比赛来优化培养方案。中餐主题宴会设计比赛围绕三方面展开:一是职业形象展示,学生需要着职业装展示良好的仪容仪表和肢体语言;二是现场操作,包括宴会主题艺术品制作、摆台、餐巾折花、点单斟酒等,同时讲解主题创意,说明菜单设计;三是选手现场抽签,选手对他人的主题创意进行点评。另外还有英语口语测试,包括餐饮服务的中英互译和情景对话。2016 年开始,个人赛改制为团体赛,并增加策划环节,考核现场服务。各项比赛考核的知识、技能和素质目标汇总如表 1 所示。

表 1　中餐技能比赛与专业人才培养方案课程设置对应表

比赛项目	知识要点	操作技能	素质要求	相关课程
方案制作,主题说明书、菜单制作	应用文写作,活动策划,计算机基础知识	掌握应用文写作技巧,能熟练地实用办公软件	具备团队合作精神、创新能力、专业严谨的语言组织能力、快速反应的行政能力	计算机基础应用文写作宴会策划
仪容仪表展示	酒店仪容仪表要求	站、走的演示	理解酒店从业者整洁卫生、大方得体、亲切友好的标准,具有职业认同与自豪感	规范礼仪服务礼仪形体训练
英语口语	综合英语基础	能熟练使用英语接待和服务客人	理解酒店职业发展的语言需求	综合英语酒店实用英语(听说)
台面主题制作插花	美学,饮食文化,成本控制	能快速制作主题中心作品	具备一定的审美能力,熟悉中国饮食文化,理解饭店业环保、节能的理念,具有创新能力	旅游美学民俗文化艺术赏析饭店财务
中餐摆台	职业标准	能熟练规范、安全卫生地操作	理解专业与苦练的联系,认同坚持不懈的酒店业精神	餐饮技能实训
席间服务	酒水知识,服务知识	操作熟练、规范、美观与实用	熟练应对服务过程,能解决突发问题	餐饮服务与管理酒品与饮料

比赛项目	知识要点	操作技能	素质要求	相关课程
主题讲解与互评主题	饮食文化,美学	能演讲,有良好的肢体语言	具备创新能力、应变能力,能与顾客有效沟通	演讲与口才 人际关系与沟通交流
整体比赛			具备团队合作精神、抗压能力、心理调节能力	饭店服务心理

另外,学生现场的发挥极大地影响比赛结果,平常训练中看不出来的心理素质能在比赛期间全面反映出来,因此还必须有心理指导教程。从表1中可以看出,中餐职业技能比赛能很好地反映餐饮企业的人才需求,现代酒店不仅需要具备知识、沟通、外语、操作技能的人才,还需要具备心态积极、坚持不懈、热情好客、反应灵敏和团队合作的职业素质。酒店专业的人才培养方案可以根据中餐比赛进行适当调整,既满足了对技能比赛的需求,培养方向也利于学生的职业发展。

四、改革教学模式,创新教学过程

技能大赛的目的是强化学生职业技能训练,加大实践教学的比重,突出职业能力的培养,实现理论与实践教学的一体化,贴近生产实际和企业要求,体现"做中学、做中教"的职教特色。[5] 职业院校大量常规的理论教学只会让学生心生厌倦,然而酒店的一线岗位操作技能要求不高,低技能的循环操作同样也会让学生失去兴趣。如何把饭店的经营理念、企业文化、技术需求融入教学过程中是一个关键的问题。技能比赛的规程和评价标准体现了这一诉求,只有转变教学过程的侧重点,改变培养模式,才能培养出合格的人才。酒店专业的课堂教学应结合企业的经营流程,校企合作是最好的模式,校企共商列出最紧缺的岗位,将岗位工作转化成学习任务,形成项目教学模块,课堂通过实操、角色扮演、案例教学、市场调研、团队合作等教学方式,积极开展情境学习;教学中融入企业的文化宣传,到企业实地考察,见习顶岗,让学生看到什么是酒店企业,理解什么是服务,理解酒店专业人才的特征,激发他们对酒店行业的兴趣和职业自豪感,从而增强课堂教学效果。

酒店管理可开展的实训课程很多,餐饮、房务、前厅和酒水等相关课程都有丰富的实践项目,应借鉴中餐技能赛项设立的变化发展路径,改革教学模式,对教学内容进行整合。传统专业实践教学偏重技能的训练,比如餐饮摆台、口布叠花、斟酒、铺床等,这些训练是酒店行业综合职业能力的基础,必须坚持。简单技能的实践之后,教师在教学中就应整合"沟通、解决问题、设计方案"等较高要求的内容,加上理论知识的学习,整体的教学内容变为"理论、技能、综合素质"一体。如餐饮教学中的口布叠花,原先就是简单技能训练,采用"教师演示,学生观看,学生练习,教师评价"的教学过程。参考职业比赛的赛项设计,可以将这个项目延伸为"教师演示,学生观看,学生练习,讲述花型,设计适用环境,教师点评"。这样的教学过程将学生的注意力分配到技能和素质两方面,更符合企业的人才需求,对个人的发展也更有益。

五、全方位评价,重视职业质素提升

中餐技能比赛的考核方式也很有借鉴意义。不同于学生,酒店在职员工的技能比赛更注重现场操作,比试熟练、规范,这个倾向在全国职业院校技能比赛的初始几年是有体现的,评价注重测量尺度,比谁最先完成。随着赛项的不断完善,组委会逐渐制定出对学生群体更合理的赛项和评价。如接待方案创意考察了选手的专业素质,能体现学生的创新能力,这是教育界普遍认同的、全民急需的职业能力,在总体比分中占到了30%。现场操作测试包括仪容仪表、主题设计、中餐主题宴会摆台、席间服务,考查学生操作的熟练性、规范性,是中餐主题宴会设计比赛的核心,是职业技能的集中展现,占分45%,为所有赛项中比例最高的。语言沟通和协调能力是酒店业乃至社会生存的基础技能,通过现场互评来考核;英语口语表达能力是职业上升的辅助条件,两块语言能力合计占分比为25%。见表2。

表2　中餐技能比赛考核评分表

比赛环节	考核目标	总分占比
创意设计测试	专业素质	30%
现场操作测试	熟练性、规范性	45%
现场互评	沟通与交流	10%
英语水平测试	英语表达能力	15%

理论和素养水平测试同时融入比赛,这样的安排充分考虑了岗位职责和目标任务解决,以理实一体的比赛方式考核选手,评价选手的理论和素养水平以及操作技能的掌握程度。技能比赛的评分系统合理、全面地评价了学生的知识、技能和综合素质,可以将这个方法用到更多具体课程的评价中去。

六、结语

李克强总理在政府工作报告中提到,要"培育精益求精的工匠精神"。各行各业都需要"工匠精神",酒店业也是如此。在现实条件下,职业学校教师训练学生快速地摆台和铺床是相对简单的工作,而培养忠诚、专业的酒店从业者才是教师应面对的重要的课题。一个优秀的酒店从业者追求极致的精神是指其把酒店当作自己的家,把客人当作自己的亲朋好友,用经营生活的态度来经营自己的职业。职业技能比赛作为全国性的活动提升了技能工作的社会关注度,酒店类比赛也体现了行业的需求。教师应利用这个契机,积极转化比赛资源,将比赛贯穿于教学和学生整个学习经历中,从而培养出优秀的酒店业人才。

参考文献

[1] 黄理耀. 开展实验技能大赛 提高学生动手能力和综合素质 [J]. 高校实验室工作研究, 2005(3).

[2] 魏芬. 技能大赛深化教学改革的几个问题探讨——以"中餐主题宴会设计"赛项为例 [J]. 遵义师范学院学报, 2013(6).

[3] 赵迁远, 谢旻. 借技能大赛助推酒店管理专业教学改革 [J]. 青岛职业学院学报, 2013(5).

[4] 祝晔. 基于技能大赛的高职酒店管理专业教学改革创新研究 [J]. 南京工业职业技术学院学报, 2015, 15(1).

[5] 陈辉. 把大赛效应"放大"到教学中 [N]. 中国教育报, 2012-3-28(5).

基于微信公众平台的高职"应用数学"翻转教学实训情况的问卷调查分析

——以海南工商职业学院为例

夏 英[①]

（海南工商职业学院　公共课部）

摘　要　本文对基于微信公众平台的高职"应用数学"翻转教学实训情况的问卷调查结果进行了分析,提出了高职数学实训教学改革的思路与措施。

关键词　微信公众平台;翻转教学;高职数学实训;问卷星

为准确了解基于微信公众平台（HGS 数学组）的翻转教学实训改革的现状,获得在校生对翻转教学实训改革的认识,海南工商职业学院数学教研室对参与翻转教学实训改革的学生进行问卷调查。反馈回来的信息将客观评价目前教学实训改革的现状,有利于明确翻转教学实训改革的方向,有利于后期实训改革思路的调整与改进。

本文通过在问卷星中设置问卷,以所有授课班级为单位,对所有本学期体验基于微信公众号的翻转教学实训改革的大专生进行全面调查。根据调查数据的分析,本文从实训教学内容和实训教学方法改进两个方面对翻转教学改革提出了四点建议。

一、调查对象与调查方法

（一）调查对象

为了保证调查结果的全面性与真实性,通过转发问卷至所有授课班级群,利用课堂 5 分钟时间,限时要求所有学生完成问卷。涉及的专业有:工程造价专业、

---

① 作者简介:夏英,1975 年生,海南工商职业学院公共课部讲师,研究方向为运筹与优化研究。

电气专业、计算机专业、移动技术专业,共计学生291人。

(二)调查方法

为了获得更详细、真实的信息,并且避免潜在的引导,本次调查采用了开放式调查。问卷调查内容包括三个大项,分别是:考核与组队方式、翻转教学实训任务的实施与完成情况、微信公众平台的使用情况与翻转教学实训课改进方向。

电子版调查问卷发放后,共收到有效答卷274份,回收率为94.16%。全文在数据统计分析中,计算结果保留两位数字。

二、调查数据结果

(一)考核与组队方式

通过一个学期基于微信公众平台(HGS数学组)的实训教学尝试,有69.71%的学生赞成组队实训并分阶段考核,对于传统的闭卷、开卷方式支持率分别为4.38%、25.91%,不足三成。

有47.45%的学生支持以宿舍为单位组队,有43.07%的支持学生自由组合,有9.49%的学生支持教师指定分配。

(二)翻转教学实训任务的实施与完成情况

(1)实训任务参与完成人数调查选项中,填写"全部参与"选项的占46.72%,填写"4～5人"选项的占33.94%,填写"2～3人"选项的占18.61%,填写"1人"选项的占0.73%。

(2)每次实训任务完成时间选项调查中,24.09%的学生完成任务用时4小时以上,24.82%的学生完成任务用时2～4小时,35.4%的学生完成任务用时1～2小时,15.69%的学生完成任务用时不到1小时。

(3)翻转课堂实训教学环节,教师为实现教学目的采用的方法:36.5%的学生选择"任务驱动法",26.64%的学生选择"翻转课堂教学",74.82%的学生选择"学生组队练习",62.77%的学生选择"案例教学法",34.67%的学生选择"上机实训",53.28%的学生选择"与教师线上(微信、qq)、线下互动",6.57%的学生选择"其他"。

(4)实训教学过程中,教师采用辅助实施教学的路径:36.5%的学生选择"多媒体教学+板书",70.44%的学生选择"黑板+粉笔",86.5%的学生选择

"打开手机微信公众号,在线观看美篇案例",34.31%的学生选择"打印部分教学案例讲义",14.6%的学生选择"其他"。

(5)基于翻转教学实训课的开设与实施实现的技能培养:41.24%的学生选择"计算能力",58.39%的学生选择"逻辑思维能力",64.96%的学生选择"团队合作能力",55.47%的学生选择"解决实际问题的能力",48.18%的学生选择"信息收集与处理能力",32.12%的学生选择"创新能力",50.36%的学生选择"动手实操能力",8.76%的学生选择"其他"。

(6)实训任务完成的主要困难:49.27%的学生选择"实训课在普通教室上,很多实操技能得不到教师的当面指导",60.58%的学生选择"数学知识薄弱,无法理解实训任务目的和完成任务的知识要领",41.24%的学生选择"自己没有电脑,图书馆电脑配置太低且受时间的限制",54.01%的学生选择"自身信息素养薄弱",30.66%的学生选择"组员缺少,组员间凝聚力不够"。

(7)克服目前学院教学硬件不足及其他实际困难,学生完成实训任务的方法:66.79%的学生选择"与教师线上(微信、qq)、线下互动",61.68%的学生选择"请教其他组成员",22.63%的学生选择"泡图书馆、蹭电脑",46.35%的学生选择"网上查询相关实训任务的帖子",59.49%的学生选择"自主查看 HGS 数学组微信平台上的相关美篇做技术指导"。

(三)微信公众平台的使用情况与翻转教学实训课改进方向

(1)微信公众号 HGS 数学组的推出,它是:63.5%的学生选择"微课教学的一个良好平台",56.2%的学生选择"海工商学子交流数学知识的平台",55.84%的学生选择"学子参与实训实践并展示自己智慧的平台",55.11%的学生选择"是教师实现不断创新教学案例和设置实训任务互动的平台",48.18%的学生选择"是学生完成实训任务,寻求技术指导的平台"。

(2)实训课实践教学过程中存在的不足:72.63%的学生选择"缺乏多媒体教室实施实训教学",54.01%的学生选择"实训课课时开设不够",53.65%的学生选择"实训案例不够丰富、有趣",43.8%的学生选择"实训案例设计知识面窄,与专业结合不够密切"。

(3)实训课时量的建议:56.2%的学生选择"每周 2 个课时",26.28%的学生选择"每半月 2 个课时",13.5%的学生选择"每月 2 个课时",4.01%的学生选择"临时申请"。

(4)哪些数学知识在学生所学专业中起到了基础和桥梁的作用:49.64%

的学生选择"函数与极限",32.48％的学生选择"一元函数的导数与微分",45.99％的学生选择"导数的应用(最值、单调性)",26.28％的学生选择"线性代数",52.55％的学生选择"统计基础",56.93％的学生选择"简单逻辑",17.52％的学生选择"其他"。

三、调查结果分析

(一)教学设施与实训课时量存在的不足

从问卷调查的结果来看,72.63％的学生觉得实训任务难以完成的主要困难在于实训课在普通教室上,很多实操技能得不到教师的当面指导。54.01％的学生选择"实训课课时开设不够"。

(二)教师在翻转实训教学环节存在的不足

从问卷调查的结果来看,53.65％的学生选择"实训案例不够丰富、有趣",43.08％的学生选择"实训案例设计知识面窄,与专业结合不够密切"。

(三)学生信息素养存在明显欠缺

从问卷调查的结果来看,60.58％的学生选择"数学知识薄弱,无法理解实训任务目的和完成任务的知识要领",41.24％的学生选择"自己没有电脑,图书馆电脑配置太低且受时间的限制",54.01％的学生选择"自身信息素养薄弱"。

四、调查结果的启示

(一)授课条件的改善

尽管学院硬件条件受到一定限制,但也应适当提供一些学生上机实训的机会。教师也要开动脑筋,有效利用手机,借助微信公众平台(HGS数学组)、QQ等方式互动,来传递实训技能与要领,将移动技术与传统教学方式有机结合,使教学效果更好,使翻转实训课堂更受学生喜欢。

(二)组队方式的改革

原以宿舍为单位进行实训训练的方式存在一定局限性,因为人数为6人,任务分配下去后,部分学生会偷懒不参与,总是负责的几个同学在全程做题,再者会失去与其他宿舍同学交流合作的机会。建议分组时,以3人为一组,并打破以宿舍为单位的规则,让学生自由组合。

（三）授课内容的改革

传统的"应用数学"就是学微积分,其中不定积分与定积分板块在日常生活中实用性不太大。应该结合学生学习的需要和日常生活的实际,有目的、有选择性地组织教学内容。在学生原有的基础上确定授课内容的深度与广度,把握好"必须、够用"四个字。不要片面强调知识的完整性和系统性,要让学生能够学以致用。需要老师加大开发设计新教学案例的力度,结合生活中的热点现象,展开有益的数学讨论和思考。

（四）实训次数与上机要求的改革

随着改革的推进与实践,会得到一些有益的探索体验,也会发现一些存在的问题。建议根据教学内容适当调整实训内容,保留效果好的实训任务,并拓宽其发散思路,引导学生用数学思维深入探讨生活的更多环节。适当增加一到两次实训次数,开设一些原来没开发的实训任务。配合教务处允许一半数学课在多媒体环境进行教学,对于上机任务与实训要求早期规划设计好,方便学生按照教学指令进行高质量的实施。

参考文献

[1] 周清清,夏茹. 安徽省高校图书馆微信公众平台现状调查与分析 [J]. 大学图书情报学刊,2016(34).

[2] 石彩华. 基于微信公众平台的高职翻转课堂教学模式应用研究 [J]. 软件导刊·教育技术,2015(11).

[3] 徐肖丽,轩敏强. 关于高职学生高等数学教与学中若干问题的调查与分析 [J]. 职校论坛,2011(9).

[4] 万青松,陈晓江. 高职财经类专业的数学需求调研分析及改革对策 [J]. 教育与职业,2014(21).

[5] 盛晓玲,毛大会. 《基于通识教育背景下高职数学教与学调查问卷》分析总结 [J]. 教育教学论坛,2014(35).

区位商视角下海南高职专业群对接优势产业群研究

李曾遥[①]

（海南工商职业学院　经济管理学院）

摘　要　本文一方面通过对海南三大产业总体结构分析以及内部结构的区位商计算与比较，得出海南省第一、三产业具有比较优势，特别是林业、渔业、批发零售业、交通运输邮政仓储业、住宿餐饮业、建筑业、房地产等子类产业属于优势产业的结论；另一方面依据7类优势产业，分析目前海南相对应的专业群建设，得出教育环境发展落后及专业设置相似度高的结论。由此提出三点建议，以期促进海南对外区域产业发展及人才培养的进一步提升及优化。

关键词　区位商；海南；高职专业群；优势产业

一、引言

海南省"十三五"规划公布了12类特色产业，对未来一段时期的产业发展与调整提出了要求，这一举措势必对目前三大产业格局产生影响，合理的产业发展与结构调整关系着海南经济的复苏与繁荣，经济的增长又关系着民众的就业及对经济发展走势的预判，从而影响未来高等职业院校招生政策，招生人数的多寡又影响着专业设置，使得一部分不适应产业发展的、招不到生源的专业被淘汰，另一部分产业对口、生源较好的专业迅速扩大容量，增加专业方向。而本次研究正好对应这一实情。

就目前来看，随着区域分工的加剧，地区产业结构调整逐步演变成产业结构优化，海南省自建省以来产业结构调整变化为：1988～1992年的"一三二"产业格局，1993～2009年（2007年除外）的"三一二"产业格局，2007年、2010～2015年的"三二一"产业格局。与此同时，海南经济发展总量较低，从中国GDP占比上来看，2015年比1988年仅仅增长了0.04%，2015年GDP总量在

---

① 作者简介：李曾遥，1983年生，海南工商职业学院经济管理学院讲师，研究方向产业经济。

全国31个省市自治区排名第28名,非农产值占GDP比重为76.89%,低于全国水平91%。可见,产业结构调整对海南在中国的经济地位推动有限。

二、区位商方法分析

区位商理论是分析地区竞争力、优势产业的定量分析方法,被很多学者应用研究,如赵彤(2009)[1]、李小彤和郭文(2012)[2]、曹嘉辉(2014)[3]等运用此理论对地方或区域进行论证,对区域产业论证有一定指导意义。

所谓区位商是指一个地区特定部门的产值在该地区总产值中所占的比重与全国该部门产值在全国总产值中所占比重方面的比率。如果区位商大于1,说明该产业是地区的专业化部门,专业程度超过全国水平,该产业在这一地区能够发挥集聚效应,具有竞争优势,这一产业不仅能够完全满足本地区的经济发展需要,还能够向外输出产业效能,带来经济发展动力。如果区位商小于1,则认为该产业低于全国水平,处于竞争劣势,这一产业不仅不能完全满足地区经济发展,还必须从外部输入产业效能,可以考虑对这一产业改造或者淘汰。

三、基于区位商的海南优势产业实证分析

本文从两个层面对海南产业进行实证分析,一是选择形成国家战略国际旅游岛后2009～2015年的三大产业结构数据,利用区位商理论分析这7年的动态发展趋势,找出优势产业;二是对三大产业结构内部进行区位商计算,形成统计结果,找出三大产业中各优势子类产业。

(一)海南产业结构总体分析

海南省2015年GDP比2009年增加了2056.2亿,同比增加124.9%,三大产业比例由2009年的28.1:26.9:45逐渐转变为2015年的23.1:23.6:53.3,可见,海南省在总量、结构比例上都有长足改变。那么笔者再依据区位商公式及2009～2015年统计公报数据对海南省三大产业结构区位商进行计算,测量其优势产业,结果见表1。

表1　2009～2015年海南省三大产业区位商表

	2009年	2010年	2011年	2012年	2013年	2014年	2015年
第一产业	2.65	2.58	2.59	2.47	2.40	2.52	2.57
第二产业	0.57	0.59	0.61	0.62	0.63	0.59	0.58
第三产业	1.06	1.07	1.05	1.05	1.16	1.08	1.06

数据来源:根据2009～2015年国家和海南省统计公报数据整理计算。

1. 第一产业属于优势最强的产业

从总体来看（表1），海南的第一产业的区位商都大于2，说明第一产业专业化程度高于全国水平，处于比较优势的地位，不仅能够满足本省需求，还可以供应省外，说明海南第一产业有着极大优势。从变动趋势看，第一产业区位商优势是目前三大产业中最大的，但是我们也应该看到，第一产业的区位商优势在2010～2013年是持续下降的，2014年才开始上涨，但到2015年为止，仍然低于2009年，和第一产业在2009年占GDP比例28.1%到2015年的23.1%相应证。

2. 第二产业属于弱势产业

从总体来看（表1），第二产业的区位商小于1，说明专业化程度低于全国水平，处于比较劣势的地位，这与海南第二产业比较落后，工业不发达相对应。从变动趋势看，第二产业区位商2009～2013年逐年增加，但增长缓慢，但是从2014年开始下降。

3. 第三产业属于优势产业

从总体来看（表1），第三产业的区位商也是大于1，可见海南第三产业不仅能满足本省人民的需求，还可以供应外部市场，而从前面第三产业在2009年占比45%增加到2015年53.3%，以及近年来海南旅游业的兴旺，都可以印证第三产业的优势凸显，但与第一产业比较，第三产业也仅仅较有优势，要保持并且提升这一优势，必须提升第三产业的服务质量。从变动趋势看，第三产业区位商变动不大，2009年和2015年区位商持平，并无变化。

（二）海南省内部产业结构分析

根据以上可知海南省三大产业中第一、三产业属于优势产业，第二产业属于劣势产业，但还需要对各产业内部各行业进一步分析，找出各产业子类优势产业，见表2。

表2 2015年海南省部分行业区位商表

第一产业	农业	林业		牧业	渔业
区位商	0.86	1.81		0.64	2.41
第二产业	工业			建筑业	
区位商	0.66			2.69	
第三产业	批发零售业	交通运输邮政仓储业	住宿餐饮业	金融业	房地产	其他
区位商	1.16	1.08	2.50	0.74	1.27	0.79

数据来源：根据2016年中国统计年鉴数据整理计算。

1. 第一产业内部结构分析

农业区位商小于 1，说明海南省农业并不占优，在全国农业产品竞争中属于输入产品。林业区位商大于 1，说明海南省林业产品生产占优，具有生产优势，属于输出产品，其中，橡胶和椰子产量都占到中国产量的一半以上。牧业区位商小于 1，海南陆地面积全国最小，又属于亚热带区域，不适宜发展畜牧业。渔业区位商大于 2，占优比例较高，这得益于海南拥有较大的海域面积，说明海南竞争力强，具有规模效应。

2. 第二产业内部结构分析

海南省第二产业发展处于劣势，在内部行业中表现为工业区位商都小于 1，处于劣势，缺乏竞争力；但是建筑业区位商大于 2，说明具有竞争力，具备规模效应。

3. 第三产业内部结构分析

海南省第三产业中住宿餐饮业的区位商最高，超过了 2，具有极强的竞争力和规模效应，这和近年来海南迅速增长的旅游业密切相关。另外，房地产业、批发零售业、交通运输邮政仓储业的区位商都超过了 1，具备一定的竞争力，这说明海南在城市吸引力及物流运输方面具备优势。而海南金融业区位商小于 1，说明海南在资金往来业务方面并不具备竞争力，很可能会阻碍企业发展脚步，限制企业发展规模，造成企业的外流。

四、海南高职专业群对接优势产业的现状研究

确认优势产业有助于提高对专业设置及建立专业群的认识，目前海南省第一、三产业属于优势产业，其中 12 个子类产业中有 7 个子类产业属于优势产业，依据这 7 类优势产业，与海南 10 所高等职业院校专业设置比较，探寻人才需求差距。

（一）海南人才培养环境分析

海南"十三五"规划制定发展的 12 类特色产业包括物流、互联网、医疗、医药、低碳制造高新技术教育等，要实现特色产业的腾飞，关键是人才培养，所以对海南自身创新技术的发展环境进行了解就很有必要。从市场基础来看，2015 年海南省城镇化率比全国水平低 1%，全年城镇居民人均可支配收入比全国水平低 2987 元，较低的可支配收入导致市场需求的疲软。从人才储备来看，2014 年海南有高等学校 17 所，数量占全国高校总数的 0.67%，专任教师总量占全国总数的 0.58%，其中高职专任教师人数占全国总数的 0.68%，2015 年普通高校在校

学生占全国总数的 0.79%，2013 年财政性教育经费投入占全国的 0.75%，无论是学校数量还是教师、学生占比都不足 1%。从创新氛围来看，2015 年海南省专利申请约占全国的 0.11%，获得专利授权占全国的 0.12%，海南是一个发明创造较贫乏的地区。由上所述，海南城镇化、人均收益、高职以上人才数量、发明创造数量等指标都很落后，如果不能迅速改变这种落后的教育发展环境，那么优势产业也将随着时间推移而消失。

（二）高等职业院校专业设置对接优势产业现状

本文依据 7 类优势产业以及《普通高职高专专业目录》，统计部分高校专业设置情况，结果见表 3。

表 3　高等职业院校专业设置比较

优势产业	开设类似专业的学校	学校数量
林业	海南职业技术学院	1
渔业	无	0
批发零售业	海南职业技术学院、三亚城市职业学院、海南科技职业学院、三亚航空旅游职业学院、海南经贸职业学院、海南软件技术学院、三亚理工职业学院、海南工商职业学院	8
交通运输邮政仓储业	海南职业技术学院、三亚城市职业学院、海南科技职业学院、三亚航空旅游职业学院、海南经贸职业学院、海南政法职业学院、三亚理工职业学院、海南工商职业学院	8
住宿餐饮业	海南职业技术学院、三亚城市职业学院、海南科技职业学院、三亚航空旅游职业学院、海南经贸职业学院、海南外国语学院、海南软件技术学院、三亚理工职业学院、海南工商职业学院	9
建筑业、房地产业	海南职业技术学院、三亚城市职业学院、海南科技职业学院、三亚航空旅游职业学院、三亚理工职业学院、海南工商职业学院	6

数据来源：根据海南各高等职业院校网站整理。

从表 3 可以看出，10 所高等职业院校设置专业与 7 类优势产业相对应的有 6 类，渔业对接的学校专业没有，全省渔业人才需求只能靠海南大学等本科院校及外部人才引进才能满足。林业对接的专业学校只有 1 所学校，而且专业设置较少。其他 4 类，即住宿餐饮业、批发零售业、交通运输邮政仓储业、房地产业专业设置较多且集中，专业对接的产业子类及专业设置方向较丰富，但是一些细分专业呈现重复、招生规模小、竞争激烈、人才需求饱和的状态，同时缺乏特色专业群，和全国其他地区设置相似度太高，所以这些学校与其考虑如何细分专业，不如考虑合并一些细分专业,转向同是优势产业的林业和渔业。

五、海南高职专业对接优势产业群的对策研究

(一)打造特色热带林业和海洋渔业对接专业群

海南第一产业优势明显,区位商大于2,这一方面说明海南第一产业前景广阔,不仅能满足自己的需要,还能输出到外部产生竞争力,所以应该大力发展第一产业。另一方面,通过对第一产业进行行业细分管理,第一产业中林业和渔业区位商优势明显,包括如橡胶、椰子、海产品等行业区位商都远远高于1,对这些产品的生产我们应该进行大力扶持,增加产业效益,如海南椰子产量占到中国的90%以上,可是并不能满足国内市场需求,每年我国还需要大量从越南等地进口椰子,而海南省的椰子也存在着产业老化、椰树品种不优良、产量低等问题。这说明海南部分优势行业还有极大的开发潜力。而通过前面研究发现,高等职业院校在专业设置中对这两个产业认识不足,产业对接的专业设置很少,仅有1所学校设置了林业相关专业,高职在优势产业对接方面做得很不够,应该极力发展富有海南特色的林业和渔业对接专业群。

(二)做精而强的旅游业与房地产业的对接专业群

区位商结果显示,住宿餐饮和房地产都属于优势明显的行业,是海南省竞争力和对外吸引力较强的行业,政府应该大力支持。第一,努力规范旅游产业,形成游玩吃住的产业链,改变旅游产业的单一、灰色区域等缺点,特别是做精、做回头客的旅游,做强海洋旅游、航天旅游,兴建多功能旅游设施,美化、亮化、细化旅游景点。第二,大力开发房地产业,不仅要开发岛上陆地房地产,还要结合旅游项目开发卫星岛屿房地产、海底房地产,放大海南的环境优势和海洋优势,吸引外来人口定居,形成人口优势。对于这两块产业对接,高等职业院校都设置了旅游专业、餐饮、酒店专业等,对产业面做到了表面覆盖,但是在产业种类、地方特色方面做得还不够。

(三)形成区域合作下的物流集散地的对接专业群

海南地理位置优越,周边可合作区域较多,以泛珠地区的9省第三产业为例,计算2014年泛珠9省区位商,海南为1.06,广东为1.01,其他7省小于1,因而海南应该大力推动第三产业。区域合作离不开物流产业,进一步计算泛珠地区9省与物流产业相关的产业,其中海南交通运输邮政仓储区位商1.09,排名第6,批

发零售行业区位商 1. 13,排名第 2,从全国范围看,海南交通运输邮政仓储、批发零售行业区位商大于 1,属于具有优势的产业,可是从区域合作角度看,海南物流产业发展并不乐观,在泛珠区域并不具备绝对优势,远远低于贵州(2. 14)等省,所以产业潜力还未开发,相对应的专业群设置有待进一步开发,如港口物流,做强海口港、洋浦港、三亚港、八所港,以航天卫星城为中心,海口、三亚、博鳌为侧翼,做大航空物流。同时针对以小企业为主的批发零售集群及产业园的对接专业,兴建各类大型仓库等仓储设施的专业群等。

参考文献

[1]　赵彤. 基于区位商的江苏产业结构实证分析 [J]. 经济师,2009(12).

[2]　李小玉、郭文. 区位商视角下的江西省产业结构研究 [J]. 企业研究,2012(4).

[3]　曹嘉辉. 基于区位商的贫困山区物流需求分析——以万源市为例 [J]. 西部经济管理论坛,2014(1).

海南省高等职业院校专业设置现状分析及思考①

王木桃②

（三亚理工职业学院　教务处）

摘　要　通过对海南省 2017 年的招生专业备案表进行分析,指出海南省高等职业院校专业设置的现状及存在的主要问题,结合海南省十二大重点产业的发展,对高职专业设置的问题进行思考。

关键词　海南省;高等职业院校;专业设置;十二大重点产业

高等职业教育作为一个复合型的教育类型,有着双重属性,其既是高等教育的一个重要组成部分,同时也是职业教育的一个重要组成部分。近年来在国家的重点关注及有效引导下,高等职业教育得到了迅猛的发展,在高等教育由精英教育向大众化教育过渡的进程中,发挥着极为重要的不可替代的作用。

高等职业教育与普通高等教育最本质的区别在于培养目标的不同,而不同的培养目标则必须要通过不同的培养方式来实现。高职教育注重培养学生的动手能力。如何确保学生的动手能力适应企业行业的实际需求?这便要求高职教育的专业设置必须切实有效对接行业企业岗位需求,必须具有鲜明的针对性和灵活性,随时根据社会需求进行有效的调整,确保供需不脱节;但又要适当规范,不宜使得专业的设置及调整具有随意性。因此,加强对高等职业教育专业设置的管理和规范,将有利实现高等职业院校人才培养与海南省重点产业发展的对接,为海南省重点产业发展提供对口人才输出保障,确保海南高等职业教育健康稳步发展。

一、海南高等职业院校专业设置的现状

全国职业院校专业设置管理与公共信息服务平台的信息显示,2017 年海南

---

① 基金项目:海南省高等学校教育教学改革研究资助项目(项目编号 Hnjg2017-94)。

② 作者简介:王木桃,1981 年生,三亚理工职业学院教务处副处长,主要从事高等职业教育管理与研究工作。

省共有 16 所举办高等职业教育的院校。开设的专业涉及 17 个大类,共 169 个专业,专业布点数达 390 个。

(一)从专业大类看

教育与体育、财经商贸、文化艺术和电子信息大类专业规模居前四,从专业布点数来看,主要集中在教育与体育、财经商贸、文化艺术和电子信息大类,这四大类共有专业 86 个,占全部专业数的 50.88%,专业布点数 220 个,占全部专业布点数的 56.41%,详见表 1。

表 1　海南省 2017 年高职教育专业大类设置情况

专业大类	专业数	专业布点数	专业类	专业数	专业布点数
能源动力与材料大类	1	1	公安与司法大类	10	10
生物与化工大类	1	1	装备制造大类	11	23
轻工纺织大类	2	2	交通运输大类	12	25
新闻传播大类	3	3	医药卫生大类	12	15
农林牧渔大类	4	5	电子信息大类	16	42
食品药品与粮食大类	5	9	文化艺术大类	19	38
公共管理与服务大类	5	9	财经商贸大类	20	69
旅游大类	7	43	教育与体育大类	31	71
土木建筑大类	10	24	合计	169	390

(二)从具体专业看

布点数最多的是会计、酒店管理和旅游管理专业。从表 2 可见,专业布点数排前 10 位的专业共布点 107 个,占全部专业布点数的 27.44%。

表 2　海南省 2017 年高职教育布点较多专业设置情况

专业代码	专业名称	开设专业数	占比
630302	会计	15	3.85%
640105	酒店管理	15	3.85%
640101	旅游管理	14	3.59%
630801	电子商务	10	2.56%
610202	计算机网络技术	9	2.31%

续表

专业代码	专业名称	开设专业数	占比
630701	市场营销	8	2.05%
640202	烹调工艺与营养	8	2.05%
560702	汽车检测与维修技术	7	1.79%
630301	财务管理	7	1.79%
630903	物流管理	7	1.79%
610201	计算机应用技术	7	1.79%
小计		107	27.44%

（三）从产业匹配度看

海南省十二大重点发展产业基本有与其相对应的专业设置,尤其是与旅游产业、会展业、现代金融服务业及互联网产业等重点产业相关的专业设置紧密度高,专业设置点多。而部分如油气开发及加工产业链延伸、热带特色高效农业和农村发展等重点产业专业对接度相对较低。另有部分专业设置在重点产业范畴外。详见表3。

表3 海南省2017年高职教育专业设置与十二大重点产业匹配情况

专业大类	专业点数	对应产业
51农林牧渔大类	5	热带特色高效农业和农村发展
53能源动力与材料大类	1	油气开发及加工产业链延伸
54土木建筑大类	24	房地产业
56装备制造大类	23	低碳制造业
57生物与化工大类	1	
58轻工纺织大类	2	
59食品药品与粮食大类	9	
60交通运输大类	25	现代物流业
61电子信息大类	42	互联网产业
62医药卫生大类	15	医疗健康产业;医药产业
63财经商贸大类	69	现代金融服务业
64旅游大类	43	旅游产业;会展业

专业大类	专业点数	对应产业
65 文化艺术大类	38	高新技术、教育、文化、体育产业
66 新闻传播大类	3	
67 教育与体育大类	71	
68 公安与司法大类	10	
69 公共管理与服务大类	9	

二、海南高等职业院校专业设置存在的问题

高等职业教育是以技术技能为主的教育,其专业设置应以技术技能培养为主,培养的人才应是工艺型、执行型、中间型高技能人才。海南省作为教育小省,其高等职业教育发展程度相对于发达省份而言还存在很大的上升空间,具体问题主要体现如下。

(一)专业特色缺乏

海南省高等职业院校大部分追求大而全的专业设置,纷纷朝着综合性院校的目标发展,专业建设贪多求全,很少立足当地经济社会发展特殊需求设立特色专业,没有树立品牌,没有形成优势。培养目标和培养方案趋于一致,没能突出校际区别,彰显海南特色,造成了很大程度的社会资源浪费。

(二)专业趋同性突出

从海南省高等职业院校招生专业目录中可发现,重复设置的专业覆盖面极大,16所招生院校中,总共有11个专业重复布点数达7个以上,主要集中在财经商贸、旅游、电子信息大类专业中。深入挖掘便会发现,这些专业有着极为相似的特点,那就是开设的硬件条件少,开设成本小,尤其有着民众认为"热门专业"的这样一个背景。由此,在缺乏宏观调控的前提下,一些高校为了控制办学成本,招徕生源,盲目跟风开设专业。

(三)专业结构与产业结构匹配度还需进一步调整链接

海南省于2015年提出十二大重点发展产业:互联网产业,热带特色高效农业,低碳制造业,会展业,医疗健康产业,现代物流业,金融服务业,生物制药业,房地产业,旅游产业,高新技术,教育、文化、体育产业。从一般规律上来说,专业

结构主要受制于产业结构,专业结构的合理性取决于其自身发展是否主动与产业结构的变动相适应。根据海南省的产业结构调整,高等职业院校设置的专业应及时进行调整。从 2017 年批准设置的专业来看,十二大产业中除了旅游产业,会展业,现代金融服务业,互联网产业,高新技术,教育、文化、体育产业匹配度较高外,其余产业如油气开发及加工产业链延伸这类仅有一个专业点支撑的产业还需加强专业匹配建设。

三、海南高等职业院校专业设置的思考

(一)明确并坚定学校办学定位,善于挖掘提炼本校专业特色

高校应明确自身的办学定位,在一定时段内保持不变,且在不断的发展过程中提炼本校的特色,充分利用现有资源与海南省十二大重点产业相结合,巧妙规避与本省同类院校同类专业的共性特点,找出建设自有品牌特色专业的突破口。增强校企合作深度与广度,共建特色专业,充分发挥共建特色专业的示范引领作用,提升本校专业的整体办学水平,以期达到形成特色专业的预期。

(二)结合产业特点,实行专业设置动态调整机制

专业设置与动态调整要切实结合地方经济社会发展建设的需求。海南省的高等职业院校,应该结合自身办学优势,主动围绕海南省十二大重点产业开展工作。找准社会需求的切入点,做好人才需求的调研与预测,及时对专业进行调整,砍掉不合时宜没有发展前景的专业,设置紧密服务于地方经济社会发展建设需求的专业,争做为海南省经济社会稳定和谐发展的人才资源库。

(三)加强指导管理,进行宏观调控

教育主管部门要发挥监管作用,加强省内专业设置的宏观调控,主动引导各高校专业设置的走向。第一,统筹做好全省高职教育专业建设的发展目标,适当对其结构进行调整,避免整体高等职业院校中无必要的专业重复建设,且应有相应的措施办法提出,保障其顺利实施。具体可借鉴江苏等经济、教育较为发达省份的经验,组织海南省高等职业教育的专家对其进行实地考察及交流研讨,制定出具有海南省经济社会特色的高等职业院校专业设置指南,以规范高等职业教育的专业设置。第二,政府主管部门牵头搭建校企交流平台,并深度参与。在三方(高校、行业企业、政府)进行充分有效交流的过程中,碰撞产生共赢的火花,让高校的专业设置人才培养更贴近社会需求,使企业的发展得到有力的人力及智

力支持,也使政府的相关政策有了针对性、可落地、好实施的研讨基础。最后,对于各院校密集开设的专业要因势利导,逐渐减少对过剩专业的支持,增加对紧缺且重要专业的扶持,逐步实现专业结构的调整。

参考文献

[1]　全国职业院校专业设置管理与公共信息服务平台. 2017 年高等职业教育专业设置备案结果 [EB/OL]. https://www. zyyxzy. cn/index. shtml. 2017.

[2]　海南省人民政府办公厅. 关于印发海南省十二大重点产业人才培养五年行动计划的通知(琼府办〔2016〕149 号)[EB/OL]. http://www. hainu. edu. cn/stm/vnew/2016828/10458352. shtml. 2016.

[3]　王晓江、殷锋社. 高职高专院校专业设置现状分析与建议 [J]. 中国职业技术教育,2012(32).

[4]　蒋笃运. 产业结构与高等教育专业结构关系研究——以中西部地区为例 [M]. 北京:高等教育出版社,2008.

引入会计行业标准机制下，高职会计专业
"课、岗、证、赛"人才培养模式研究

艾倩南①
（三亚理工职业学院　经济管理系）

摘　要　近年来，随着会计行业要求的不断提高，高职教育的人才培养模式、目标及定位也在不断改变，市场及企业对高职会计专业人才培养的要求也不断提高。高职会计专业如何能够更有效地结合行业标准，并在其指导下更好地建立会计专业"课、岗、证、赛"相结合的实践教学体系，对于高职会计专业培养理论与实际相结合并满足市场需求的多元化人才起着至关重要的作用。

关键词　行业标准；人才培养模式；"课、岗、证、赛"教学体系

一、问题的提出

在高职教育与社会经济发展的契合度越来越高的今天，社会分工的复杂性要求高等职业院校根据现有社会和经济发展状况来调整院校的课程，进而培养出能够掌握先进技术、迅速适应岗位、满足市场需求的高素质人才。由此，高等职业院校能否迅速完成转型，创新人才培养模式，课程改革是关键。国家颁布的《关于全面提高高等职业教育教学质量的若干意见》中提出：高等职业教育必须参照相关的行业标准，改革教学内容。[1] 高职会计专业作为一门实践性强的学科，在适应新时期对高层次会计人才培养的同时，应充分引入会计行业标准，整合相关课程内容，通过校企合作运行模式来构建"课、岗、证、赛"相融通的课程体系，培养懂理论、会操作、多证书、竞赛强的多元化人才。[2]

---

① 作者简介：艾倩南，1987 年生，研究方向为会计基本理论与方法。

二、高职会计专业教育模式存在的不足

当前我国高职会计专业教育模式主要为教材理论授课、实训课程、考试三者结合，即按照教材讲授会计专业相关基本理论知识，在理论指导下进行实训实践练习，并最终通过在校考试来进行学生教育情况的综合评定。从高职会计专业学生的综合素质来看，高职会计专业教育模式存在严重不足，无法真正让学生掌握岗位技能，更无法满足市场对会计行业人才需求的标准。

（一）理论与实践无法相结合

高职会计专业教育强调人才的应用性，主要培养高职会计专业学生的实践能力，因此要求学生既要掌握本专业理论知识，又具备较高的操作技能，从而成为专门的应用型人才。但是，从目前的高职会计专业的课程安排来看，大多数高职会计专业都重理论、轻实践。日常学习中，主要以高职会计专业教师讲授为主，学生练习为辅，根据教师课堂所讲授的内容安排学生进行练习和实践。因此，在这种教学模式下，高职会计专业学生无法保证有充足的时间和空间进行专业实践能力的培养和提升，造成理论与实践的脱节。

（二）高职会计专业考核缺少灵活性

对于高职会计专业人才的考核内容主要是专业理论考试，考核方式主要以纸面考试为主，考核方式过于单一，缺少灵活性，对于学生的综合能力无法达到准确的评价和全方位的考核，不利于提升学生解决问题的能力。高职会计专业能力的考核内容应全面，不仅包括专业理论学习，更应该注重对会计岗位操作技能的考核，通过灵活的考核模式来将理论与实践达到很好的结合，最终培养具有职业能力的会计人才。

（三）实训教学流于形式化

有效提高高职会计专业学生的就业率是高职会计教学的最终目标，这就要求高等职业院校以市场需求为导向，创新培养人才模式，保证教学体系与社会需求相一致。[3]当前，高等职业院校会计专业都在积极构建实践教学体系，以校企合作为平台，在日常教学中模拟企业职业情境，分岗位角色进行培训，以培养学生的综合能力素质。目前高职会计专业虽然提出实训教学理念并积极探索，

但是,大部分实训教学流于形式化,无论是基础技能实训、岗位模拟实训还是会计综合实训、实训教学都照抄照搬教材,对于岗位情况和业务种类及处理都很笼统,没有细致的实际动手操作环节,导致学生缺少对会计岗位的认知,无法提高操作实践能力。

三、高职会计专业"课、岗、证、赛"教学体系的内涵

高职会计专业"课、岗、证、赛"相互融通的四个环节是教学培养机制中重要的四个方面,对于课程的设置及体系构建起到至关重要的作用。"课、岗、证、赛"的"课"除了指高职会计专业的课程内容设置外,还包含高职会计专业的授课模式。有效的授课教育过程能够为会计人才提供所需的专业理论知识,实现理论知识方面的培养目标。[4] "课、岗、证、赛"的"岗"即会计职业岗位。高等职业教育的核心是培养高职学生的职业能力。[5] 在当前市场经济大背景下,高等职业院校人才培养必须以市场需求为导向,以行业标准为指导,注重对学生的专业技能素质培养,在教学过程中培养学生对岗位及职业的认知,从而帮助学生明确岗位职责和要求,具有岗位适应性,使之成为高素质的会计专业技能型人才。"证"则是对高职会计专业的一项考核标准,高职会计专业学生通过获得相关就业岗位所需的职业资格证书,进而体现其相关知识、技能水平。"赛"即竞赛,高职会计专业通过在教学过程中开展会计专业的知识技能大赛,进一步深化和扩展教学内容,也对学生学习会计知识产生激励作用,在培养学生专业兴趣的同时提高实践能力。

四、"岗、课、证、赛"一体化人才培养模式构建路径

(一)坚持"岗、课、证、赛"相融合的原则

高等职业院校的相关课程应与会计岗位的要求、职业资格证书、职业技能比赛相结合。高等职业院校应以企业对人才的需求为出发点,设置与岗位切合的教学体系,在日常教学中能够模拟企业的工作环境,加强岗位角色的实践练习;调整专业结构设置,注重学生的实践性和应用性方面的锻炼与提升的同时,要有证书考取的内容针对性;创造良好的能够提高学生实践能力的教学环境,通过职业技能比赛来检验学生的实践能力,通过比赛来促进教学。

（二）引入行业标准，立足于区域经济发展特色

高职会计专业在构建新的课程体系时，应结合区域经济发展特色引入会计行业的行业标准，以行业标准为出发点进行专业课程的开发建设，同时在注重将职业能力与素质相结合的基础上，重点突出理论知识的传授，从而能够使课程改革与区域经济发展特色相耦合。以区域经济发展特色为背景，整体优化高职会计专业行业标准与"课、岗、证、赛"融合的课程体系和教学内容。

（三）高等职业院校加强"双师型"教学团队建设

高等职业院校会计专业应加强对"双师型"教师的团队建设，使专业教师具备较高的理论素养的同时具备丰富的专业实践经验，采取"理论＋实训"的教育模式，以会计的岗位性为主线设置相关课程，利用校企合作来开发与岗位相配套的会计专业教材，实施"双师型"教学，从而在教授会计专业理论的同时，提高学生的岗位实践能力。

（四）积极推进建设校内外实训基地

高等职业院校应积极推进校内外实训基地建设。在校内建设仿真的模拟实训基地，为学生提供相应的模拟操作训练环境，利用校内师资的优势，建立生产实践基地，承担社会代理记账、会计咨询、审计等业务，直接从事企业会计业务的处理和审计基础工作实践。[6]同时，大力推进校外实训基地建设，通过校企合作，学生顶岗实习模式，加强学生的生产实习和工作实践能力，将实践教学由校内课堂转移到企业具体岗位，结合多种实习形式，提高学生的岗位实践能力，完成对学生会计专业技能的培养任务。

参考文献

[1] 教育部. 关于全面提高高等职业教育教学质量的若干意见 [Z]. 2006.

[2] 涂祥策. 高职会计专业"课、岗、证、赛"融合的课程体系构建研究 [J]. 中国乡镇企业会计，2014（9）.

[3] 周青松. 高职会计专业"课岗证一体化"人才培养模式的探索 [J]. 当代经济，2012（19）.

[4] 李建玲. "课、岗、证、赛"相融通的高职会计专业人才培养机制的探讨 [J]. 中国成人教育，2015（11）.

[5] 周国烛. 高等职业院校培养学生职业能力的探索 [J]. 中国成人教育,
2010(11).

[6] 卢云辉,刘计华,等. 校企合作运行机制下高职会计专业"课岗证一体化"
人才培养模式的研究与实践 [J]. 今日财富, 2016(3).

二　教学改革

慕课背景下"管理学原理"课程教学方法和手段的改革路径 ①

袁国宏　王慧晨 ②

（海南大学　旅游学院）

摘　要　"管理学原理"作为经济管理类专业的重点基础课程，主要存在着教材内容滞后、授课方式死板和授课者被动等问题，课程改革势在必行。论文通过梳理"管理学原理"教学中存在的主要问题，从教师、教材和教法三个方面整理课程改革的理论逻辑，并提出了提高教师授课能力、创新教材和寻找有效教法的改革路径。

关键词　管理学原理；课程改革；逻辑；路径

"管理学原理"是经济管理类专业的重点基础课程，是系统研究社会组织管理活动的基本规律和一般方法的科学。当前课程教学过程中有两大主要误区：第一，很多教师和学生认为只要掌握了课程理论，就达到了学习本课程的目的。[1] 其实，管理作为一项实践性很强的活动，仅仅掌握理论知识无异于纸上谈兵。第二，课程相关概念较为抽象，传统的教学方法使学生产生厌学倾向。[2] 主要是因为学生对社会组织的运作知之甚少，无法将管理理论知识与管理实践相联系，从而缺少课堂参与意识。事实上，管理是无时不在、无处不在的。学习"管理学原理"，不只是要掌握知识，更重要的是要有根有据地梳理正确的管理观念和意识，并在以后的学习、生活和工作中具体应用；准确地掌握教材中论述的基本原理，辨认其得以成立的假设以及相应的运用范围；熟练地学会管理的基本分析方法，并用它来分析案例和解释身边的管理现象。

---

① 基金项目：2016 年度海南大学教育教学研究项目"《管理学原理》课程教学方法、手段的改革与实践"（hdjy1767）。

② 作者简介：袁国宏，1970 年生，海南大学旅游学院教授，硕士生导师，研究方向为旅游可持续发展管理、旅游开发与管理。王慧晨，1993 年生，海南大学 2016 级旅游管理专业硕士研究生。

一、"管理学原理"教学中存在的主要问题

（一）教材内容滞后

实物产品是制造出来的，服务产品是表演出来的。剧作属于作家，剧本属于导演，剧场属于演员，表演属于观众，而现有的管理学书籍都是属于"剧作"，而非理论与实践紧密结合且指导教师"表演"的"剧本"。而所谓的"剧作"，注重内容的科学性和体系的完整性，对案例的适合性和知识的实践性关注度不高。大学教师直接用这些书籍来讲解，学生会觉得枯燥乏味，认为教师"照本宣科"。由于大学生甚至教师的管理实践经验少，因而对教材难以理解，容易忘记，当作字典来查阅是很合适的，但作为教材就会产生学生听不懂、不爱听、容易忘、不会用的问题。

此外，由于我国管理学起步较西方晚，管理学书籍大多参照了国外翻译过来的著作甚至是对国外著作的直接翻译，不仅语言有晦涩、别扭之嫌，更无法与我国国情相契合，案例内容等缺少适用性，甚至出现了"高原现象"，即"管理学原理"教材理论与实践的结合上缓慢甚至停顿，理论研究落后于实践的发展，理论内容无法解决实际问题。[3] 总之，目前"管理学原理"课程的学习效果欠佳，缺少能够在知识与教师之间、教师与学生之间、学生与知识之间搭起桥梁的实训教材或"剧本"。

（二）授课方式死板

在教师的主导下，单向灌输的传统授课方式仍是大部分教师的选择[4]，主要是由于其他授课方法缺少使用条件。以最常见的案例教学为例：首先，管理学中的案例大多数来自西方，由于制度背景和人文环境的不同，学生听不懂，即使听懂了又不适用于中国，难以达到所期望的教学效果。其次，案例离学生生活太远。比如微软、海尔这些国际大公司出现的问题及解决方法很难引起学生的共鸣，自然不会进行深入的思考。再次，缺少深入的分析和总结，就导致了案例教学成了讲故事。[5] 至于其他授课方式存在的问题，如网络教学中的技术壁垒、情景模拟教学中学生积极性不高等都是课程教学中普遍存在的。也正是因为这些限制和问题，很多教师即使尝试多种授课方式，但效果仍然不佳，最后还是走入了传统"灌输式"授课方式的窠臼。

（三）授课者被动

"管理学原理"作为一门基础课，其学习者多为刚刚走出高中阶段的大学一年级学生，还处于"保姆式教育"和被动的"要我学"阶段的尾部。面对这种处

境,大部分教师只能点到为止,传授管理的基本内容,忽视其操作性和针对性,而这些知识要点到了学生面前就成为死记硬背、不得不背和背后即忘的内容。虽然大部分教师明白,授课者罗列介绍内容和结论,学生死记硬背的方式,对培养学生思维能力丝毫起不到作用[4],但是在当前教育环境和学生状态面前,教师传授深刻而丰富的知识,大部分学生难以接受和消化,而如果点到为止的话,学生又觉得枯燥空洞;教师希望能够使用浅显易懂的例子去传授深刻的内容,却又面对缺少这方面实训教材的困境;很多教师并非来自业界,想要自己去创造教材事例,又强人所难;再加上有些学校硬件的缺乏等情况,教师作为授课者处于十分被动的处境。

二、课程改革的理论逻辑

教材滞后、教法呆板和教师被动这三大主要问题是误区存在、学生学习状态欠佳的主要原因,其三者与学生关系见图 1。

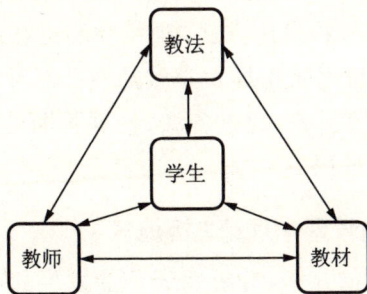

图 1　因素关系图

教师、教材、教法三者互相影响,三者同时对学生产生影响,并被学生的反馈意见影响。教师创造并使用教材,决定着教材的质量和使用的灵活程度;教材的质量影响教师的教学质量;教师发明并运用教法,决定着教法的质量和使用的灵活性;教法的有效性影响着教师的教学效果;教法的效果影响着教材的内容;教材的丰富程度影响着教法的效果。教师的能力、教法的有效和教材的适用同时影响着学生的学习效果,反之,学生的学习效果和课堂教学质量评价是教师是否主动提高能力、教法是否有效和教材是否适用的重要反馈。

因此,提高教师的授课能力、提高教法的有效性和教材的适用性是"管理学原理"课程改革的路径关键。

三、提高教师的授课能力

教师的授课能力至关重要,涉及教材的使用和教法的选择,从而影响学生的学习效果。授课能力的提高在于解决以下几个问题。

(一)主动学习和提高授课能力

笔者的经验不妨介绍一下。① 反复观看邢以群教授在优酷视频中的教学录像[6]和慕课(MOOC)中的教学视频[7],做了 14 页的听课笔记,把笔记背得滚瓜烂熟。② 给本科生讲授"管理学原理"课程,给学生布置了 10 次作业,受到学生和教学督导的一致好评,在 2015 年上半年海南大学课堂教学质量评估中得"A"级,而且位居学院第一名。③ 重温报考博士研究生时做的"管理学复习知识要点",把普及性的、有益的、有趣的内容摘录到讲课课件中。然后,在授课课件的基础上,着手写作教案。写作时,几乎不查阅参考文献,像写信、写日记一样,凭自己的记忆来写,这样可以顾及读者的切身感受。④ 在写教案时,尽量加入一些情景模拟、人物对话、小品、故事、笑话、典故、段子、名言名录等内容,摒弃深奥繁杂的图形、表格等理论模型和表达方式,避免空洞乏味的说教,尽量用浅显的短句子和大白话,达到一个可用来指导大学教师授课这种特殊演出的"剧本"的要求。⑤ 把教案的写作持续下去,通过备课、授课不断地进行修改,经历"引进—消化—吸收—再创新"的过程。

(二)使"高大上"的管理学理论"接地气"

教师应该是"用今天的知识,分析明天可能发生的问题",应探求寓教于乐、生动新颖的教材内容,让学生在牢记管理学理论、树立管理观念的同时,能够运用到实践和生活中去,提高学生的素质。这一部分的难点在于如何让"高大上"的管理学理论和学生日常生活联系在一起。可以先从"接地气"的作业入手,比如:① 规章制度能否违反? ② 一个合格的管理者应该具备什么样的素质? ③ 商务决策模拟练习。④ 读研究生、就业还是出国,怎么做决策? ⑤ 临死前三天,我的反思是什么? ⑥ 小组中谁做书面计划?为什么做,为什么不做?理由是否成立? ⑦ 制定和执行一周的计划,说说心里想的计划和书面计划有什么区别? ⑧ 管理者和领导者的 pose。⑨ 寝室里的四个人,作息习惯都不一样,怎么样进行沟通? ⑩ 我看德鲁克 / 余世维 / 邢以群 / 席酉民,或我看张瑞敏 / 柳传志 / 王石 / 马云。

这些和个人生活息息相关的问题,不仅能够引起学生感同身受的兴趣,同时给予了他们思考的空间,让他们运用管理学的理论知识对实际问题进行梳理和解答,很大程度上锻炼了学生的思考能力。而且管理学也不再是和冷冰冰的微软、海尔这些难以企及的名词相连,而是能够科学管理生活、理性选择未来的工具。

(三)转变学生学习模式

大学生是成熟的人,教师要让大学生从高中阶段的"保姆式教育"变为"现代化教育",由被动的"要我学"变为主动的"我要学"。想要转变学生的学习模式,主要在于优化教学手段。例如,播放《星级饭店管理》视频、启发引导式地提问、让学生开展讨论、角色扮演再现案例、让"优等生"当"助教"以辅助教师解读图表等,这都是提高教师授课能力和促进学生主动学习的方法。但同时,教师还应当积极引导与总结,真正做到寓教于乐。

(四)使用激励手段

教师在点学生回答问题时,应选择那些没有迟到旷课记录、课堂表现好、喜欢坐在前排、主动活跃的"优等学生",对学生群体起领导作用,这是"正激励"。而上课点名时,抽检而不是普检,即抽查那些有迟到旷课记录的学生,这是"负激励"。同时,教师应把主动回答问题、主动参与课堂讨论、主动参与案例讨论、主动提问的学生行为都记录下来,作为平时成绩分数的打分依据。

四、创新教材

一本语言通俗,面向普通大众,可达到雅俗共赏、仁者见仁、智者见智效果的教材是现在中国管理类课程的急需品。"管理学原理"课程理论多样,案例复杂,方法繁多,而学时有限,因此,应贯彻少而精的原则,精选有代表性的、有广泛应用价值的、最基本的、较现代化的、最有趣的内容作为基本要求。其中理论应当浅显易懂,案例精准新颖,语言朗朗上口,搭配大量的情景模拟、对话、段子、故事、典故、笑话、名言、歌词等,有点类似于电视小品、相声、脱口秀的"剧本",生动有趣。理论与实践紧密结合,采用情景模拟、人物对话、自问自答、简短案例等方式调动读者的兴趣,留下难忘的体验,实现卓有成效的教材转型,让学习管理学的学生耳目一新,忍俊不禁,看后难以忘怀,在莞尔一笑中领悟许多管理学真谛。

在教材内容上,目前大多数管理学书籍是以制造业为服务对象的,因而在案例、题材上,大量引用来自制造业的管理实践。但随着现代服务业的地位逐步上升,如旅游业、物流业、金融业、文化创意产业、会展业、信息服务业、咨询业等,需要专家能够将大量的、与现代服务业相关的、符合中国国情的新颖案例集合在一起,并写出参考答案,这将成为服务业管理类教材的一次创新尝试。

教师迫切需要一本指导课堂教学"表演"的"剧本",书名可叫"话说管理学""管理学剧本""管理学原理基本教程""管理学原理慕课教程""管理学原理实训教程"或"管理学原理简明教程"。写这部教材的目的及原因:一是现有的教材越写越厚,越来越"字典化",不适合本科生教学。例如,邢以群的《管理学》(第三版)是民间认为最好的教材,有 56 万字,适合初学者,语言流畅,案例简短,但内容太多、庞杂;周三多的《管理学——原理与方法》(第六版)是官方认为最好的教材,有 47.7 万字,内容偏主观,案例冗长,枯燥乏味,与国际通用教材脱轨;斯蒂芬·罗宾斯的《管理学》(第七版)是国际上公认的最权威的管理学教材,有 91.4 万字,内容繁杂,语言不流畅,许多内容不适合中国国情。笔者调查了 360 名大学生,课程结束时,居然没有一个学生把管理学教材通读一遍,学生反映"看了,也记不住,没留下什么印象,跟没看一个样";这门课一般只安排 48 学时,教师用如此厚的教材,内容根本就讲不完。二是为了让管理学的知识得到普及,提高全社会的管理水平,提高每个人对社会组织运作模式的理解和社会适应能力。三是为了适应高校教师在新形势下"课堂教学质量评估"中的需要,提高学生所打分数,获得教学督导的好评,得到"青年教师讲课比赛"中的名次。

五、寻找有效教法

采用情景模拟、人物对话、自问自答、简短案例等方式调动学生的兴趣,留下难忘的体验。课程教学方法、手段实践方面,将学习型组织、团队学习、体验经济理论、研究型学习、教学互动、师生互动等融入教学实践中,让学生实现卓有成效的转型。教学实践中,教师需要把"管理学剧本"里面许多"段子"背下来。每次上课前,教师要把"管理学剧本"中下一讲的内容看 3 遍以上,课件 PPT 看 1 遍。上课时,通过喝茶来提高教师的兴奋度和激情,预期每次上课都能听到学生的 1 次掌声和 10 余次笑声,使学生爱上课、不走神、勤思考,课堂气氛活跃。学生课后需要预习和计划下一讲的教学内容,积极完成 10 次小组作业,并在课堂上作 5 分钟的"表演"。

教学方法的关键不在多,不在全,而在于有效,其中体验经济理论、团队学习、师生互动等是突出有效的教学方法。将这些笼统的教学方法名词运用到教学中,主要体现在以下细节:① 教师课堂讲授有特色,教学督导评价高,学生喜欢听。善于采用反问句和自问自答的方法,提高学生的注意力;上课时在讲台上走来走去和黑板板书,提高学生的注意力;通过讲故事和情景模拟,提高学生的注意力,不让学生听课走神。② 每一讲的课前,请坐在第一排的学生回顾和总结上一讲的内容;而小组作业是预习和计划下一讲的内容。这对于培养学生的管理思维非常有好处。③ 大约9位同学为一组,共布置10次小组作业,属于研究型学习,每次作业中需要对下一章的内容进行章节预习、小组讨论、网上查找资料、PPT制作。④ 每次上课中,让学生小组代表上讲台演示作业内容,检验作业效果。每个人作业演示时间约5分钟,并记录个人和小组的"平时分";尤其是"商务决策模拟练习"对于培养学生的团队意识、契约意识和诚信素质,效果非常好。⑤ 通过"管理学课程网",开阔学生视野,调动学生的学习积极性,在国内管理学课堂教学质量中居于"类一流"的领先地位。⑥ 留出6学时作为"案例讨论课",由经常坐在第一排的学生当主持人,教师当"特邀嘉宾"。先由主持人朗读一遍案例,允许3位同学主动回答案例中提出的问题,再由教师点评、点拨一下,最后由主持人朗读教师写好的案例讨论题参考答案。这些方法不但能够引起学生的注意,而且能帮助学生进入教学情境,让学生主动去探索知识,也实现了教师与学生、学生与学生和学生与知识之间的交流。

自20世纪90年代以来,"管理学原理"课程的重要性逐渐凸显,但就目前课程教学情况来看,改革势在必行,任重而道远,需要每一位管理学科教育工作者的勇气和行动。

参考文献

[1] 岳柳青,兰勇.《管理学原理》课程实践教学方法探讨 [J]. 中国科教创新导刊,2009(28).

[2] 陈辉华,王孟钧.《管理学原理》参与式教学改革探讨 [J]. 长沙铁道学院学报(社会科学版),2006,7(2).

[3] 赵敏. 学校管理学教材体系的缺失与重建 [J]. 课程·教材·教法,2004,24(4).

[4] 李小明.《管理学原理》教学中存在的问题与改革探索 [J]. 教育教学论坛,2014(8).

[5] 李季鹏. 体验式教学法在"管理学"教学中的应用 [J]. 黑龙江教育(高教

研究与评估), 2006(10).

[6] 邢以群. 管理学(全 41 ＋ 3 ＋ 10 集)—播单—优酷视频 [DB/OL]. http://list. youku. com/albumlist/show?id=6588421&ascending=1&page=1. html.

[7] 邢以群. 管理概论 _ 中国大学 MOOC(慕课)[DB/OL]. http://www. icourse163. org/learn/zju-19001#/learn/announce.

论翻转课堂教学法在高校课堂
教学应用的必要性

陈林川 ①

（海南师范大学　教务处）

摘　要　大规模在线开放课程（慕课）等新型在线学习资源和学习平台的迅速兴起，突破了传统教学模式，基于慕课的翻转课堂已成为世界瞩目的新型教学模式。本文围绕着目前高校课堂教学存在的问题，论证了翻转课堂教学法应用的必要性，并提出了在应用过程中要注意解决的三个问题。

关键词　慕课；翻转课堂；教学应用

随着大规模在线开放课程（慕课）等新型在线学习资源和学习平台在世界范围迅速兴起，在其冲击下，传统的教育观念和教育模式发生了改变，基于慕课的翻转课堂已成为世界瞩目的新型教学模式。"翻转课堂"（Flipping Classroom）起源于美国，又称作"颠倒课堂"，最初推出的目的是为学习有困难的中小学学生提供帮助，即教师课前将教学视频上传到网络，供学生在家自主学习，从而腾出课堂上的时间来为完成作业或对实验过程中有困难的学生提供帮助。[1]2011年我国重庆江津聚奎中学、山东潍坊昌乐一中等中学开始了有关翻转课堂的研究，中小学的实践证明，翻转课堂教学模式能为学生提供个性化的学习平台，能更好地突出学生主体地位，从而实现高效学习。

一、高校课堂教学现状

随着信息技术在教育领域的悄然渗透，高校教师已逐渐习惯在自己的课堂运用多媒体工具辅助教学，基本上每位教师上的每门课程都要使用多媒体课件。由于高校教师在职称评聘、科学研究等方面的压力较大，教学作为软指标没有受到应有的重视，故在课堂教学上投入的精力十分有限。很多时候教师制作的多

---

① 作者简介：陈林川，1971年生，海南师范大学副教授，研究方向为教育技术。

媒体课件都是照搬教科书内容,停留在纯文字的"电子黑板"水平,课件设计无视学生这个学习主体,仅仅是为了帮助自己好上课,没有考虑不同层次学生的学习需求,成为三年不变的教学资料。有了课件,绝大多数教师课前不再精心备课,上课时直接播放、宣读课件,极少关注学生的学习需求、兴趣点和学习动态。

然而,教学是教师与学生共同参与的活动。传统教学过程包括知识传授和知识内化两个阶段,知识传授需要教师在课堂上讲授来完成,知识内化则通过学生在课后作业、动手操作或参与实践活动来完成。[2] 高校教师在课堂上习惯了传统的"讲、念、演",教学过程中忽视学生的学习需求,对学生缺乏必要的引导,无法调动起学生学习的积极性;师生之间零互动、少交流,课堂相对沉闷;学生厌学,不少学生上课玩手机、睡觉、听音乐,心不在焉[3];课堂教学效果差,严重影响了学生知识内化的过程,部分学生学习上没有明确目标,缺少自控力和主动性。

移动互联网和云平台的产生,为教育开启了一个新时空,"互联网+"思维对传统教育理念带来了革命性的冲击和挑战。"可汗学院"为了改善教育,为学习者提供免费的世界级教育平台,全球各国顶尖大学主办的大规模网络开放课程吸引着国内名校纷纷加入慕课建设平台中,教育部文件 2015 年第 3 号文《教育部关于加强高等学校在线开放课程建设应用与管理的意见》加快了国内各高校慕课建设与应用的步伐。面对这些优质线上教学资源,高校教师该如何利用?2015 年秋季,海南师范大学开始引进智慧树网、爱课程网等平台上的优质慕课资源,经过实践,我们发现运用翻转课堂教学法可以很好地将优质资源引入自己的课堂,即课前让学生根据自己的情况自主学习线上优质教学视频,完成一定的教学任务,参与线上的研讨和章节知识点测试,课堂上教师针对学生自主学习过程中遇到的问题予以解决,引导学生参加实验实训活动,组织小组开展线下综合实践与专题讨论活动。这种"线上学习、线下翻转"混合式教学模式不仅能充分调动学生学习的积极性,凸显学生的主体地位,同时也发挥出教师在课堂教学过程中的引导作用,从而切实提高课堂教学质量,提升学生的学习效率。

二、翻转课堂教学法应用的必要性

翻转课堂教学法是以掌握学习理论、建构主义学习理论、自组织学习理论和最近发展区理论为指导,[4] 以信息技术为依托,为学生架构的一个个性化的学习空间。课前学生自主完成知识的传授过程,课堂上在教师的引导下实现知识的内化。针对高校课堂教学现状,实施"翻转课堂"教学法是非常必要的。

（一）符合以教师为中心向以学生为中心教育模式转变的需要

以教师为中心的传统教育模式是由教师为学生制定学什么、怎么学，学生的自主学习意识和创造意识难以被调动起来。而学生是学习的主体，只有学生的学习兴趣、求知欲望被调动、激发出来，有了认真的态度，良好的方法、习惯才能确保学习目标得以实现。因此，"以学生为中心的教育"才是培养自由发展人才的务实高效教育。翻转课堂教学的理论依据是建构主义学习理论，运用"翻转课堂"教学法可以颠倒传统课堂，实现以教师为中心向以学生为中心教育模式的转变。让学生利用业余时间根据自己认知能力自主学习新知识，将课堂时间用于消化吸收新知识，在教师的引导下，学生能及时发现困难、纠正错误，充分发挥个人主观能动性去获取知识，同时也给教师腾出更多的时间与精力去帮助学生，挖掘学生的潜能，驱动学生的好奇心。这种教学模式充分彰显了学生主体地位，课堂教学只有做到"以学生为主体，以教师为主导"，大学教育才能更好地培养学生的独立精神、创新精神，才能为社会培养更多样化的人才。

（二）符合信息技术与教育深度融合发展的趋势

慕课的兴起意味着信息技术与教育达到了一个新的融合深度，在这个高度移动、互联互通的社会，学习已不再局限于学校课堂。运用信息技术将文本、视频、图片等各种资源按照课程需要整合在一起并上传到网络教学平台，所有的学习资源都是永远在线可用的，利用手机或其他移动终端，可以随时随地展开学习。借助线上教学视频，学生可以根据自身情况来安排和控制自己的学习，懂了的快进跳过，没懂的倒退反复观看，也可以停下来仔细思考或做笔记，甚至还可以通过聊天软件向教师和同伴寻求帮助，[5] 慕课强调学习是一个知识分享与交流的过程。翻转课堂教学的理论依据是掌握学习理论，只要给予足够的时间和适当的教学，就可以确保每位学生掌握学习内容，真正实现线上线下学习的无缝整合，将学习从一成不变的信息转移模式（信息从教师到学生，或者从教材到学生）中解放出来，改变学习中教师的主导地位，改变学生的被动心态。[6] 因此，"翻转课堂"教学法的应用符合信息技术与教育深度融合发展的趋势。

（三）符合现代课堂教学的需求

随着大数据时代的到来，网络学习资源越来越丰富，名校名师建设的优质慕课资源吸引着普通高校师生的眼球。由于各高校的培养目标、学生认知能力存在一定的差距，名校慕课的整门选用有些不符合普通高校课堂教学的实际情况，而一般教师由于各种原因也难以制作出类似的优质学习视频资源。翻转课堂教学的理论依据是自组织学习理论和最近发展区理论,我们可以运用翻转课堂教学法来解决这一难题,通过部分共享名校名师的优质慕课资源来满足师生的需求。任课教师根据课程需要,按照最近发展区理论移植名校名师慕课的部分资源,按照学生能力层次差异在网络教学平台上建设本校的 spoc 课程,先组织学生自主完成线上学习任务,安排在线辅导和同伴互助活动,最后再组织线下翻转活动帮助学生实现知识内化。这种教学模式不仅可以提高学生的学习兴趣,还能帮助教师缓解教学压力,从而更好地关注到学生,真正实现"以学生为中心"和"分层教学、优生优培"。

三、应用翻转课堂教学法应注意的问题

翻转课堂可以真正凸显学生的主体性,但在实施过程中要注意以下三个问题。

(一)教师的角色转变问题

教师要想开展好翻转课堂教学活动,就必须明确自己在教学过程中充当的角色。凸显学生的主体性并不意味着用教学视频来取代教师,翻转课堂教学活动的组织实际上对教师专业化程度提出了更高的要求。在知识传授环节教师不再主宰课堂,但教师必须准备好教学视频供学生自主学习;在知识内化过程中教师要做好引导人的角色,不仅要营造好知识内化的场景,还要仔细观察学生,适时给予帮助指导,并提供反馈和评价。

(二)翻转内容的遴选问题

不是所有课程内容都适合进行翻转,翻转内容一定要精挑细选、精心筹划,最忌讳为翻转而翻转,从而酿成形似而神不似的现象。教师首先要翻转自己的教学思路,从注重学习内容的实用性与可操作性出发,在知识体系中按最近发展原则选取一些适合采用翻转课堂教学法的知识点进行教学设计。教学设计要站在学生角度去考虑,学生想学习什么、如何开展学习、如何引导学生等问题务必要重点考虑。

(三)学生的自主学习积极性调动问题

制作翻转课堂教学视频时,不仅要关注教学任务,还要注重学生的实际需求和个性差异,尽可能给学生创建个性化协作式的学习环境。教学资源要有机

整合,教学内容要化抽象为具体,分层设计满足不同层次学生的学习需求,教学形式要丰富多彩,教学环节设计可包含闯关模式、同伴合作和同伴竞争等教学活动,从而最大化地触动学生心灵,激发学生参与"线上学习、线下翻转"的积极性。

翻转课堂作为一种新型的教学模式,颠覆了人们的传统教育观念,能有效提升学生自主学习能力,对改进高校课堂教学效果具有一定的促进意义。

参考文献

[1] 何克抗.从"翻转课堂"的本质,看"翻转课堂"在我国的未来发展[J].电化教育研究,2014(7).

[2] 刘震,曹泽熙."翻转课堂"教学模式在思想政治理论课上的实践与思考[J].现代教育技术,2013(8).

[3] 肖芬,张芬,肖蓉.高校课堂教学现状与对策分析[J].中国冶金教育,2016(01).

[4] 陈兴勇.信息技术与高中数学课堂教学整合的校本研究[D].云南:云南师范大学,2016-03-19.

[5] 刘颖.翻转课堂让课堂活起来![J].作文教学研究,2016(3).

[6] 霞尚满天.从以"教学为中心"向以"个人学习为中心"的学习模式转变[EB/OL].http://blog.sina.com.

[7] 靳梅.翻转课堂教学模式反思[J].教育研究与评论,2016(3).

当前高等师范教师教育教学改革的反思

陈文心 ①

（海南师范大学　教育与心理学院）

摘　要　高等师范教育作为师资培养的摇篮,在基础教育课程改革背景下应如何进行自身教学改革,为基础教育改革和发展提供高质量的师资支撑,这既是高等师范教育当前面临的挑战,也是未来高等师范教师教育发展的机遇。纵观近年我国高等师范教师教育教学改革不难发现,虽然改革取得了一定的成效,但也仍存在一些不尽人意之处。本文仅从教学观念、教学方式、教学评价等方面检视亟待解决的问题,并提出一些解决对策。

关键词　高等师范;教师教育;教学改革

基础教育课程改革对高等师范教育培养高素质、高水平、专业化的新型师资队伍提出了新要求,客观上推动了我国高等教师教育教学改革的步伐。纵观近年高等师范教师教育教学改革发现,虽然改革中取得了一定的成效,但也仍存在一些不尽人意之处。本文仅从教学观念、教学方式、教学评价等方面检视亟待解决的问题,并提出一些解决对策,以期抛砖引玉。

一、高等师范教师教育教学改革存在问题

纵观新课改背景下我国各高等师范院校教师教育教学改革实践经验交流不难发现,虽然改革取得了一定的成效,但在教学观念、教学方式、教学评价等方面仍存在一些亟待解决的问题。

（一）传授性教学观念仍占支配地位

教师教育观念转变是高等师范教师教育教学改革之关键。只要深入观察高等师范教师课堂教学不难看出,教师的教学观念相对滞后,即传授性的传统教学

---

① 作者简介:陈文心,1962 年生,海南师范大学教育与心理学院教授,硕士生导师,研究方向为教育基本理论、教育社会学、班级管理。

观在高等师范课堂教学中演绎得最为典型,几乎沿袭过去传统的"师范教育"结构模式——以学科知识为中心、以课堂为中心、以教师为中心。在网络时代科学技术迅猛发展的今天,学生知识获得渠道越来越宽,已不满足于书本知识的传授。假如教师在课堂上仍然以知识的占有者自居,以知识传授者进行角色定位,仅满足于学科知识层面的传授,势必会遭受学生的"嫌弃",更有甚者会引发学生产生逃课、看手机、睡觉等一系列课堂抵制行为。当下一些高校课堂气氛为何一片沉默寂静或说死气沉沉,这与大多数教师保留的传授性教学观念息息相关。在这种传授性传统教学观念支配下,教学自然成为教师对学生的单向"培养"过程,整个教学活动都以教为中心,学围绕教转,教支配、控制学,学无条件地服从于教。即便是教育学、心理学、学科教学法等教师教育课程的教学过程中,教学内容和教师的教学行为也与这些课程观念显得格格不入。[1] 基于这种教学观念下培养出来的师范生与基础教育改革师资需求渐行渐远。虽然不排除也有少部分的教师会怀疑自己的这种教学观念,自觉反思自身的教学行为,但是,当下大部分高等师范院校教师仍处于学科专业自我封闭状态,日常教育教学工作局限于完成额定教学工作任务甚至更多为了晋升职称而开展的科研工作;未能深入基础教育改革前沿,缺乏主动参与到基础教育中去的意识,缺乏对基础教育教学理念、课程体系和内容、教学手段及课程评价的研究,致使培养出的师范生成为入职后必须接受再教育的"半成品"。虽然当下高等师范教育都具有"引领和服务于基础教育"的理念,但践行中又都停留在观念层面,致使高等师范教师教育在对师范生进行培养中必然偏离适合基础教育需求这一航道。[2] 这种脱离基础教育改革现状的教师教育培养模式,势必会使高等师范教育丧失其造血功能。

(二)教学方式封闭单一

知识化时代使创新能力成为高等师范院校人才培养的必备能力。然而,当下师范生创新能力培养在目前传授性传统教学观念的课堂教学中却难于实现。因为大多数课堂教学的主要任务在于传授知识,是以学习学科知识为主,所以便产生了与此相适应的课堂教学方式,教学按静听、记忆、考试等程序进行,教学方式封闭单一。学生的课堂参与主要是静听与笔记,较少涉及问题讨论,即便有课堂讨论,也是把问题置于特定的情境中,因而难以让学生在问题解决与问题条件之间建立逻辑联系。在众多教师的教学研究中,他们关注的是"教什么",至于"怎么教"却缺乏深入研究。更有甚者,有不少教师只关注有没有教材,只要有教材就敢登讲台,因而势必摆脱不了平铺直叙、照本宣科地灌输知识的现状。可以说,教师讲学生听的封闭单一传统课堂教学模式在当今高等师范院校课堂教学中仍然占据着主导地位。[3]造成这一现状的主要原因:一是当下较多高等师范院校教师将精力主要放在教育科研上,认为教学研究是小儿科而不屑于研究。二是前些年教学研究成果在高等师范院校成果评价以及在科研量化、职称评定等方面所占权重比例不大,致使教师愿花时间下功夫开展教学研究的并不多见。虽然近年来教育行政部门提高了对教学研究工作及成果的重视程度,设立专项教学改革研究项目和省级国家级教学成果奖,但重科研轻教研的局面并没有得到真正改善。三是不少教师自身缺乏及时反思和主动革新教学的实践能力及创造能力。虽有一些教师积极投身于高等师范教师教育教学改革研究,运用西方教学模式理论指导教育实践,但由于对我国高等师范院校的教学现状了解不够深入透彻,缺乏对新课程理念和对师范生能力新要求的了解,致使教学改革研究未达到预期的效果。

总之,高等师范院校的教学方式若未跟随新课程改革和教学改革的步伐做出革新,培养出来的师范生将会变成呆板的学习者,甚至在入职后会沿袭在校时接受的传统教学模式,这必将无法满足基础教育改革教学的需求。

(三)教学评价机制单一

21 世纪将是由数量向质量转移并更加注重质量的世纪。通过教学评价判断一所学校的办学质量应是高等学校教育管理手段之一。高等师范教育作为整个高等教育的一部分,它虽具有普通高等教育的特征,但它更有自己独特的有别于其他普通高等教育的显著标志——师范性。高等师范教育培养目标是教师,因此,高等师范教育的教学质量评价指标体系必须紧紧围绕这一培养目标而展开。然而,目前相当一部分高师的教学评价指标体系存在"向综合性大学看齐"的倾向,这种评价体系在本质上无法反映出高师课堂教学活动规律。因为教师教学技能技巧的培养应反映高等师范教育的特点——师范性,这意味着高师教学计划应统筹安排,校内教学计划与校外教学计划要有合理的分配比例。从当前高等师范教育教学计划看,教育实践环节作为课堂之外执行的校外教学计划所占课时比率都在不断提高,经费投入也在增加,但是教学计划是否得到很好实施落地,这就需要有一套教学质量评价指标体系,使校内教学计划与校外教学计划的执行有标准可依。高师课堂教学普遍存在的困境是课堂教学效率低,课堂中普遍存在"课堂冷漠"现象,教师在台上唱独角戏,学生在课上干自己喜欢的事情,如玩游戏、听音乐等,其中原因除上述现象外,再就是教学评价机制单一。例如,当前高等师范院校的考试成绩仍然以试卷形式获得为主，一般情况下，期末成绩占学生成绩的 60%，期中成绩占 10%，平时成绩占 30%，这种评价方式难以有效调动学生课堂学习积极主动性。事实上，在课堂教学中，学生表现是一堂好课的重要标志。在制定高师评课指标体系时，必须同时把教师的教和学生的学作为评价对象，不能偏废。然而，当前高等师范院校的教学评价体系往往忽视了学生在课堂教学中的各种表现，并且诸多高等师范院校的教师评课指标体系中具有很强的重教师轻学生的倾向。

二、解决高师教师教育教学改革问题之对策

高等师范教育作为师资培养的摇篮，高等教育质量高低直接关系基础教育质量乃至基础教育改革成功与否。在基础教育课程改革背景下，高等师范院校对基础教育改革应有敏锐的嗅觉，以基础教育改革为契机，认真检视现行高师教师教育教学改革中存在的问题，探寻有效的解决问题之对策，才能确保高等教育质量的提高，为基础教育改革和发展提供高质量的师资支撑。

（一）树立反思性教学观

21 世纪教育的竞争，实质上是人才的竞争。培养合格的教师是高等师范的职责所在，这与新世纪的创新人才需求息息相关。面对新世纪的新要求，高师教师教育改革与发展需根据时代与社会的变迁适时调整，从教育观念的改革开始逐步深入，使得高等师范院校能更好地为社会服务。

人的发展是人类社会发展的最终目的。教育在本质上应是一种生命的唤醒，人格的养育、教育的终极目标就是人格完善和人的自由和谐发展。然而，人格塑造须基于对人生命的敬畏和尊重。没有人格的尊重和发展，就没有现代教育。[4]为此，教师应该树立以人为本的教育理念，应不断更新观念，夯实教育理论功底，教育教学中要认同人的生长发育规律，善于用最先进的思想、方法和手段去教育、引导学生。[5] 因此，这就需要高师教师要在课堂观念上彻底转变，树立反思性教学观，从传授性教学观念转向反思性教学观念，从向学生传授知识为主转到培养与发展学生创新意识与能力、独立获取知识的意识与能力，掌握获取学科知识的方法为主。此外，教师要自觉更新知识，以深厚的教育领悟提升反思实践能力，要自觉地从反思的维度来看待教育现实和教育问题，自觉地反省自己的教育实践，从而在不断地反省与探究的过程中提升自己的专业水平和教育教学能力。唯有不断地以教育实践活动为反思对象，教师才能够体悟自己的存在方式和教

育的实现方式,有效地履行教书育人的职责。

(二)教学方式应灵活多样

随着时代的更迭,在教育观念不断更新的现代社会,教学方式作为教育观念的重要体现,应该顺应时代的需求不断调整,以保证整套教育体系能够正常推进。对于高等师范院校来说,选择合适的教学方式不仅能够保证教育观念在实践中得以践行,也能有效促进学生的学习。为此,教师应该掌握多种教学方式和手段,针对个性不同的学生,教学方式应该具有灵活性与多样性。灵活与多样是知识化时代创新人才培养的保障。作为教师,应该依据学习者的特点,使用多种教学技能帮助学生获得他们成长过程中所需要的自我教育与控制能力。高等师范教学改革中,教师应避免把学生当成接受知识的"容器",而是把学生看成能动的主体,重视学生自我发展能力的培养,在提高学生全面素质基础上努力发展学生的个性。概言之,高等师范院校教师教育教学改革应立足于学生实际,回归学生主体,课堂教学中要尊重师生之间、生生之间的对话、交流与沟通,允许学生对问题有不同的观点和看法,善于在聆听学生的发言中洞察学生思考问题的视角,辨别其合理性与局限性,然后给予相应的质疑和引导,让学生看到问题的不同层次和侧面,学会寻找问题解决的途径和方法。

总之,高等师范教师教育教学改革中,教师多种教学方式的获得须建立在终身学习的基础上,要善于把课程与教材置于真实复杂教育情境之中,指导学生利用各种先进的学习工具开展学习,调动学生主动学习的积极性,进而培养学生的创新精神和实践能力。

(三)教学评价机制从一元走向多元

提高高等师范教育教学质量的困境,就是怎样在课堂上让学生不低头及高校教师空心化问题。解决这些问题的关键是从制度上完善教学评价机制,即建立一套完善的教学质量评价指标体系,使校内教学计划与校外教学计划的执行有标准可依,使教师的教学工作与科研工作都得到同等的尊重与激励,使学生课堂中的多样化学习过程受到鼓励与奖赏;改变以往重校内课堂教学监管评价,忽视校外教学监督,重教师科研轻教师教研,重学生的终结性评价而轻学生的发展性评价的评价体系。高等师范教育教学评价应建立多维取向的教学评价体系,使教学评价取向由一元走向多元,价值取向以质性评价为主要的呈现方式,更多地体现教学中师生互动的主体性,使师生个人的价值观和需求可以得到尊重和满足;

评价标准由预定走向生成,强调考虑被评价者的意志和需求,根据评价对象和时间的不同做相应的改变,评价过程由静态的走向动态的。[6]

只有形成完善的教学评价机制,才能充分挖掘师生在课堂中教与学的潜力,激发师生教与学的积极性和主动性,高等师范院校课堂教学的面貌才能从根本上焕然一新。

总之,提高教育质量已成为我国教育教学改革发展的核心任务。高等师范教育教学改革任重而道远,每位教师应积极参与当下的教育教学改革,在改革中实现自己的教育理想信念和目标。

参考文献

[1] 李壮成,成良臣. 基础教育课程改革对高师教学改革的挑战 [J]. 四川文理学院学报,2007(4).

[2] 杨磊. 基础教育课程改革视野下高师教育改革的研究 [D]. 陕西师范大学,2011.

[3] 李贵安,刘婵玉,赵志鹏. 新课改背景下高师院校课堂教学改革存在的问题与对策 [J]. 高等理科教育,2012(3).

[4] 黄学视. 人格教育与教育的本质 [J]. 教育艺术,2002(11).

[5] 周奉年,熊志翔,王金兴,等. 中国高等教育运行机制研究 [M]. 广州:广东高等教育出版社,1994.

[6] 王景英,等. 理解与对话:从解释学视角解读教师评价 [J]. 外国教育研究,2003,30(8).

地方高校大类招生分流培养教学综合改革初探

——以海南师范大学为例

李佳芯 [①]

（海南师范大学 教务处）

摘 要 在社会复合型、创新型、通识型人才需求不断加大的影响下，"大类招生人才培养"模式改革成为近几年高校改革的热点。对于地方师范高校来说，"大类招生人才培养"模式改革面临着充足资源需求、专业分流结果、改革深度广度、课程与教学革新所带来的诸多挑战。海南师范大学结合自身情况，采取选择适宜模式、全面提升本科教学质量、合理化专业布局、完善配套措施、打造"新课堂"等措施，探索出了一条"大类招生分流培养教学综合改革"的道路。但改革过程中仍需注意处理好师范院校性质、学校人才培养定位、新格局变化与改革之间的关系。

关键词 大类招生；分流培养；教学改革

21 世纪以来，随着社会与经济等各领域的高速发展，越来越多的中国高校将培养复合型、创新型、通识型人才作为目标。在诸多的人才培养改革模式中，高校"大类招生人才培养"模式日益受到关注并践行，成为近几年高校改革的热点。该模式主要体现为高校打破原有的专业招生与培养的限制，将相近专业合并起来，按所属学科、院（系）或以基地班、实验班作为大类招生录取，学生在前期（一至两年）学习通识教育和学科基础课程，后期结合自己的兴趣爱好、学习情况、社会需求等，按学校专业分流方案选择大类内某一专业进行学习。经过十几年的实践与探索，"大类招生人才培养"模式的优势与好处不断显现，但问题与困境也同样不容忽视。所有的实践经验表明，高校"大类招生人才培养"模式改革，必须克服"一拥而上"和"盲目决策"的弊端，在充分酝酿准备、深刻认清自身、正视困难挑战、系统规划协调的基础上，方可寻得出路。海南师范大学作为一所

---

① 作者简介：李佳芯，1991 年生，海南师范大学教务处科员，研究方向为教育管理。

省属重点大学和省部共建高校,将教学改革作为系统工程,以"大类招生分流培养"为突破口,开展了"大类招生分流培养教学综合改革"。学校的实践与思考是新时期地方高校"大类招生人才培养"模式改革的又一探索与尝试。

一、地方师范高校"大类招生人才培养"改革所面临的挑战

(一)"多"与"少":对充足资源的要求所带来的挑战

"大类招生人才培养"首先必须以充足的资源作为支撑。地方高校相比起全国重点大学,在资源充足性方面所面临的挑战将更加严峻。一是师资方面,"大类招生人才培养"对高校教师的能力与素质提出了更高的要求。但现实中的情况往往是师资缺乏、教学任务过重、跨专业师资力量难培养、高端人才引进困难、各专业间师资力量不平衡。二是课程资源方面,一方面需要高质量的通识课程、融合性强的大类基础课程和凝练化的专业课程,另一方面是需要能开出足够多数量的课以满足学生的自主选择。但地方性高校在这类课程建设方面的经验都有所欠缺。三是教学条件方面,需要在教学场所、信息化教学设施、实验设备、教学管理设施等方面对改革进行支撑,而地方高校由于条件限制仍处于不断建设阶段。资源"多"与"少"的挑战背后隐藏的是改革后人才培养质量"高"与"低"的客观结果,直接影响了改革根本目标的实现。地方高校在改革的过程中必须采取切实有效的方法来化解这一困境。

(二)"冷"与"热":专业分流的结果所带来的挑战

"大类招生人才培养"的后期将迎来关键的阶段,即分流培养。分流之后学校整体及学生本身都面临着格局的变化和调整,随之而来的是一系列挑战。一是专业分流方案的合理性,需要考虑到全校各专业间的整体布局、学生的主体意愿以及后期培养的适应度;二是分流后"冷热"专业间的失衡现象,表现为就业好的专业"严重扎堆",就业情况不好的专业"门可罗雀";三是对学校的专业布局合理性和专业建设水平提出了更高的要求。

(三)"点"与"面":改革所要求的深度与广度所带来的挑战

改革是一个系统的工程。但许多高校在改革的过程中存在着以下的误区:一是认为改革只是改变现有的招生模式和培养模式,仅限于形式上的变化,在教学内容和教学管理制度等方面只是新增和微调,不触及根本;二是认为大类招生培养改革只是学校教学方面的改革,只涉及与教学有关的领域和行政部门,与学

校其他方面的建设和行政部门职能并无关系；三是"重科研、轻教学"的观念，认为科研方面的成果才是学校提升层次和综合声誉的关键，而在教学方面只需保证教师的教学质量和学生的听课质量即可，不需要大动干戈地进行广泛而深入的改革。

（四）"新"与"旧"：课程与教学革新的要求所带来的挑战

实践经验表明，课程和教学上的革新是大类招生培养改革的一大重点。在新的培养模式下，原有的课程设置和教学方式等方面已经不能很好地适应新的要求。一是课程方面，旧的课程体系需要被淘汰并建立适合大类培养的新课程体系；二是教材方面，需要选用和设计适合大类培养的新教材；三是教学方式方面，需要改变传统课堂上的"一言堂"和"填鸭式教学"，并采取信息化的教学手段和新的教学思维。

二、海南师范大学大类招生分流培养教学综合改革的探索

经过充分的准备、整体的规划，海南师范大学于 2015 年开启了"大类招生分流培养教学综合改革"。

（一）因地制宜，选择合适的大类招生分流培养改革模式

学校充分认识到"因地制宜"对改革的重要性，结合实际情况，在其他高校实践经验和自身试点改革效果分析的基础上，选择了适宜的改革模式。

按学科门类进行招生。将学校原有的 39 个专业，归属到 21 个学科专业门类中，再根据学科专业门类的相近性和融合度合并为 5 个培养大类。

对于特殊专业进行区别对待。学校艺术类、体育类、外语类共 15 个专业因人才培养的特殊性，继续按专业招生，但加大对学生人文素养的教育。外语类、音乐体育美术类在大学一年级按大类设计共同的通识教育课程，并设计各自专业的基础课程。同时增设小学卓越教师班，开展综合型卓越小学教师的订单式培养。

采用"1＋3"培养模式。新生在入学时按五大类接受通识与基础教育，以及学科专业的启蒙教育，第三学期正式进入大类中的某个专业学习。

（二）提升质量，弥补资源不足的短板

资源不足是影响地方高校大类招生分流培养改革效果的关键因素。短时间内仅依靠人才和资源引进的方式弥补资源不足短板的做法并不现实，因此学

校结合实际情况,探索出了一条依靠全方位提升本科教学质量来满足资源需求的"内生性"发展道路。这一思路称为本科教学质量"十百千"提升计划,在"十三五"期间作为"大类招生分流培养教学综合改革"的重要组成部分,为改革目标的实现提供强大的动力支持。"十":每年评选 10 个优秀教学团队、10 名教学名师和教学能手、10 个示范实验室、10 个示范实践基地、10 个教学成果培育项目,在"十三五"期间,建成 10 个创新实验室、10 门在线开放创新创业专门课程。"百":在"十三五"期间支持建设 100 部高水平的自编教材、100 个示范实验室和示范实践基地,评选 100 个优秀教学团队和教学名师(或教学能手)。"千":在"十三五"期间建成 1000 门精品课程,立项资助 1000 个大学生创新创业训练项目或创新创业项目。

(三)合理布局,应对专业失衡的困境

"大类招生分流培养"模式对学校的专业发展和专业建设提出了更高的新要求,分流之前各专业如何建设和分流之后各专业如何发展是不容回避的问题。学校的改革对这些问题都进行了深入的思考。

1. 设计和实施合理的分流方案

学校的专业分流方案在充分征求了学院、专业、行政部门等单位意见的基础上提出,遵循高考保底、择优分流,教师指导、学生自主,合理调控、高效利用,信息公开、接受监督的原则。具体步骤为提出需求、编制计划、进行分流(根据志愿、成绩排名、高考志愿等)。

2. 建立专业预警、退出机制

在"大类招生分流培养"模式下,对学生选择率低、甚至达不到班级规模的专业,予以预警并控制招生规模;根据第三方就业评估报告,建立全校红牌、黄牌专业警示,连续两年就业率低于学校当年平均就业率且排在后三名的专业,予以预警并控制招生规模;对连续三年就业率低于学校当年平均就业率且排在后三名的专业,予以减少招生规模直至停招。

3. 加强专业规划与建设

继续高举教师教育大旗,下大力气做强做优教师教育专业,进一步突出并彰显学校办学特色。瞄准海南省"12+1"产业发展与建设需要,积极稳妥地发展非教师教育专业,增设应用型专业,增强综合办学实力。优先建设发展能够支撑学校重点学科的专业、能够支撑基础教育可持续发展并进一步深化课程改革的专业、能够支撑硕士学位点和博士点建设的专业以及能够支撑并引领初等教育

特别是学前教育的专业。

（四）完善配套，保障改革目标实现的质量

学校将"大类招生分流培养教学综合改革"作为一项全校性的、各领域协同的改革进行深入推广。

1. 完善教学和学籍管理制度改革

出台创新创业学分管理相关规定，设置合理的创新创业学分，建立创新创业学分积累与转换制度。扩大学籍弹性化管理。扩大弹性学制年限，将学生修业年限由3到7年放宽到3到10年，允许学生根据个人学业情况调整学业进程，扩大学生学习的自主权。出台学业成绩年度报告及预警、留级制度。出台免修、免考制度，在更大范围内满足学生个性化学习需求，给学有余力的学生更大发展空间。

2. 配套设施与服务建设

一方面是加强教学条件建设。根据改革新要求加紧升级、完善现有教务管理系统，加快推进网络在线教学平台和课程资源建设，完善智能化教室改造。另一方面是改革后勤服务，加快完善桂林洋校区的建设，提升行政管理效率与水平，为学生学习、教师工作提供干净、舒适、文明、愉悦的环境。

（五）全面革新，打造适应大类招生分流培养改革模式的新课堂

课堂是教学和人才培养的"第一阵地"，学校充分认识到只有建设与改革与新要求相适应的新课堂，才能体现改革本质，实现改革目标。

1. 革新教学内容

修订人才培养方案，建立起由通识教育课程、学科基础课程、专业核心课程、专业发展课程、教师教育课程、实践课程组成的新课程体系。其中，对量大、面广的公共课程进行了优化结构，实施"混合式"教学的改革；在原有通识课程的基础上增设自然科学类、人文社科类、艺术类通识限选课程，以立项招标的方式建设一批高质量的文化素质类公选课，鼓励优秀教师开设通识教育公选课，引进校外优质人文科学素养类优质课程；要求各大类学院深入研讨、设置大类基础课程和专业启蒙课程；提炼专业核心课程，丰富专业选修课程；延长实践教学时限。

2. 改革教学方式

鼓励任课教师发挥主动性和创造性，大力改进教学方式和教学手段，积极开展启发式、讨论式、参与式教学，扩大小班化教学覆盖面，推动教师把国际前沿学

术发展、最新研究成果和实践经验融入课堂教学,注重培养学生的批判性和创造性思维,激发创新创业灵感。创造更多的条件、引进更多的资源,推进信息技术与课堂教学的深度融合。

3. 改革考核方式

坚持"三突出"的原则:突出过程性考核、突出多样化考核、突出创新创业能力考核,注重考查学生运用知识分析、解决问题的能力,积极探索"非标准答案"考核,充分发挥考核评价的引导和激励作用,破除"高分低能"积弊,建立科学合理、鼓励创新、富有活力、方式多样的考核制度。

三、进一步的思考

作为一项系统的教学改革工程,海南师范大学的"大类招生分流培养教学综合改革"为地方高校大类招生培养模式改革的实践提供了又一经验积累,其成效和不足有待进一步的探索和总结。当然,改革中一些更深层次的思考也不容忽视。

一是需处理好师范院校性质与大类招生培养改革的关系。大类招生培养在某种程度上体现了人才培养的综合性,同时也要求高校在学科设置上的相对完备性。但师范性对于海南师范大学来说终究是根、是本、是不可舍弃的特色,同时师范教育的特殊性在某种程度上要求了培养的时限性和质量,也降低了师范专业与其他专业融合教育的可能性。如何根据教师教育的特色打造师范类专业的大类培养是值得思考的问题。在改革的过程中需平衡好师范性与综合性之间的关系。

二是需处理好学校人才培养定位与大类招生培养改革的关系。不同层次、不同类型的学校有不同的定位。对于地方高校来说,培养适应社会需求的应用型人才始终是一个大的方向。大类招生培养改革的方向和程度需充分考虑到学校人才培养定位、学生素质、学生接受能力等因素,进而确定通识的广度和深度,确定知识的理论程度和应用程度,避免出现培养出的学生知识"广而不专,懂而不精,学而无用"的现象。

三是需处理好大类招生培养改革所带来的格局变化。在宏观层面上是学科、院系、专业、校区分布、利益格局的变化,需合理统筹规划,提前预见、及时化解其中的矛盾。在微观层面上是学生学习方式、心理、校园生活方式等方面的变化,需提前介入、合理引导。

参考文献

[1] 李斌,罗赣虹.高校大类招生:精英教育的一种推进模式 [J].大学教育科学,2012(5).

[2] 潘红波,唐建新.大类招生有利于重点高校人才培养吗?——来自"211"工程大学的经验证据 [J].高教高职研究,2014(76).

[3] 张晓明,王燕妮.深化实施按大类招生人才培养的再思考 [J].东北农业大学学报(社会科学版),2010(12).

[4] 黄晓波.高校"大类招生培养"改革反思 [J].华南师范大学学报(社会科学版),2013(6).

[5] 钟国忠,邱吉福.高校"大类招生、分流培养"模式探索 [J].当代教育理论与实践,2015(2).

[6] 陈士夫,王瑛.关于地方高校大类招生培养模式的思考 [J].中国大学教学,2008(1).

如何实现高校思政课慕课线上与线下教学的有效结合

王功名 ①

（三亚学院　马克思主义学院）

摘 要　慕课教学是一种在线大众的免费教学模式,其课程提供者往往是国际一流大学,在进行课程录制过程中整合本学校最为优质的资源进行录制,以其高度开放性、专业性、易获取性风靡全球。慕课教学将为思政课带来深刻影响。本文对慕课在高校思想政治理论课教学中的现状进行深刻剖析,进而结合实际工作经验,对高校思政课慕课线上与线下教学模式设计进行大胆设想,希望为高校思政课慕课线上与线下教学有效结合贡献自己的力量。

关键词　高校;思政课;慕课;教学

一、引言

早在 2005 年,如何进一步实现思想政治理论课程(以下简称"思政课")的教学模式创新就成了课改方案的重中之重。在以往的思政课堂中,思政课教师的角色主要被定位在信息的传授者。在这种教学模式之下,为了完成教学任务很容易出现过于强调教师教的过程而忽视学生学的效果的现象。随着互联网技术的兴起,思政课堂逐渐兴起了线上教学,诸如网络精品课程、网络综合教学平台等诸多形式,随着高校思政课慕课线上教学的逐渐兴起,我们应该看到由于种种主客观原因的存在使得这种教学模式在实践中出现学习效果与教学目的有偏差的问题。

二、慕课及其在高校思政课教学中的现状

2013 年,清华大学、北京大学以及上海交通大学等国内优质高校引入了慕课

---

① 作者简介:王功名,1969 年生,三亚学院马克思主义学院书记,教授,研究方向为马克思主义理论及思想政治教育。

平台,高校思政课教学模式革新重新开启。在 2014 年,由复旦大学、北京大学和上海交通大学的四位教师录制的"基础课"慕课视频正式在复旦大学上线播出,线下 500 多名学生进行现场互动,与全国各地的 5000 多名大学生进行了线上网络互动,这也就成为首次思政课慕课的试水。随后,很多高校都逐步引进了思政课慕课教学,然后在线上进行推广,从而使得高校思政课慕课教学的辐射范围不断扩展。但是从理论层面来说,慕课教学是一把双刃剑,给高校思政课带来机遇的同时也带来了未知的挑战。具体来说,慕课教学可以在很大程度上增强高校思政课课程质量,强化思政课的感染力和影响力,为高校思政课突破时间和空间限制打下了坚实的基础。但是从侧面来看,慕课平台进行高校思政课教学,由于线上线下的距离会在教学过程中弱化师生之间的情感交流,情感体验差强人意,由此导致的学生学习半途而废现象比比皆是,高校思政课教师面临着新的挑战。因此,如何将高校思政课线上教学与线下教学进行有机结合,提高高校思政课教学效果是值得我们进行积极探索的新领域。

三、高校思政课慕课线上与线下教学模式设计

(一)在教学资源挖掘过程中,重视师资力量和合适教学平台

慕课课程的出现离不开专业技术平台和优质的教学资源,离开了这两点,慕课教学如无水之源、无本之木。

1. 高度重视思政课慕课教师的教学水平

教师的教学知识结构不外乎教育专业知识、学科知识、教育专业精神等。从目前高校思政课教学实际来看,思政课教师中具有博士学位的教师在教师队伍中的占比在逐步提高,但是有足够的学科知识储备并不意味着能够教好学生,达到理想的课堂教学效果。慕课线上教学目标非常清晰,课程设计时间往往在 10 分钟左右,便于听课者全神贯注地学习。教师控制好时间和切片教学内容,将以往课堂上 40 到 50 分钟的课程内容切片为 4 个课时。除此之外,在线上教学过程中要精心设置课程问题并进行线上解答。这就需要教师树立以学生为本的教学理念,多在线上进行沟通,想学生所想,缩短与学生的线上距离,结合信息技术完善自己的教学内容,熟悉线上教学技术,在信息化的浪潮中不故步自封,要主动掌握相关教学技术,诸如视频教学剪辑软件、PPT 设计,而不是一味地将这些教学技术工作交给技术人员,通过掌握这些教学技术可以更好、更直观地表达自己的教学思想,提高教学效果。

2.合理搭建思政课慕课课程设计人员的层次结构

思政课慕课课程设计人员的层次结构直接影响到课程内容质量的好坏,如果设计人员的层次过于单一,则会影响到思政慕课课程的实践性。因此,"大学组建慕课课程设计团队时,要考虑到参与人员的多样性"[1]。参与课程设计的人一般由学生、思政课教师、技术人员构成,学生要站在自身角度提供课程设计依据,教师要以专业的眼光规划课程结构,技术人员要提供课程设计的技术支持。因此,这三类人员是思政课慕课课程设计的主要参与者。当然,慕课课程的主要设计师即思政教师起到主要作用,其需要把握慕课课程的结构和节奏,保证思政课程的多样性和体验感。

3.有效选择思政课慕课教学的操作平台

慕课课程在正常的授课活动之外,还包括互动交流、问题反馈、效果评价等程序。目前,除了国外的三大平台以外,国内的网易云课堂也是很常见的合作平台。这个平台收录了很多名校的核心课程,在线教学模式趋于完善,开课周期、视频剪辑、习题测试、师生互动等环节齐全规范,这也是现在各个高校正在用心打造的着力点。

(二)在教学内容设计上,积极开发线上线下教学模块

1.根据教学大纲认真制定教学任务

首先,作为高校思政课教师,需要根据现有教材制定出相应的教学内容,在慕课线上线下教学模式之下,做好专题式教学工作,这是保证教学质量的不二法门。我们可以在进行慕课教学的时候,将课程内容设计成问题导向性的专题,在每个专题之下包含着数个思政知识点。各个知识点之间按照教学逻辑进行模块化整合,进而针对知识点模块开发相应的教学模块。其次,思政课教师可以根据教学内容整合线上教学信息。在慕课教学背景下,教师既可以收集线上教学信息,也可以整合学生线下的文章、社会实践报告等资源。除此之外,慕课课程还有着连结主义式的教学设计,在这种教学设计之下,使得大量的教学资料可以自由地在各个网站上进行分享,便于学生获取。

2.结合学生特点合理设计线上课程

当下的学生不少是"90后""00后",这些伴随着互联网兴起而成长起来的一代人价值观更加多元,也使得不少思政课教师感慨:思政课越来越难教。正是基于此,思政课慕课课程设计者需要结合学生特点有针对性地设计线上课程,所

以说慕课课程设计是大学应用慕课模式进行思政教育的关键一环,其设计流程应该包括学生学习背景调查、课件制作与修改、课程测试和评估以及课程的正式上线等方面。慕课课程强调体验感以及学生学习的自主性,因此,"学生学习特征等背景调查是课程设计中一项重要步骤,这也是了解学生学习需求的主要方式"。[2] 学生的学习基础和学习习惯等因素会影响高校学生的学习需要和学校习惯,因此,学生的背景调查是进行课程设计的重要依据。在学生背景调查的基础上,进行课件制作与修改,这一过程需要注重学生的体验感和课程的实践性。这一环节,提问和互动社区等模块设计可以产生不错的效果。课程设计完成后,还需要进行课程内容的评估与试讲,根据试讲效果做进一步的完善,通过最终学校教务部门的评估后才能上线。因此,课件设计流程是从高校学生出发再回归高校学生的一个过程。

3. 针对不同教学形式积极开发教学模块

"高校思政课慕课线上与线下教学模式需要将网络教学与线下课堂教学进行有机结合,取长补短,实现教学效果质的飞跃。"[3] 我们根据不同的教学平台,可以有针对性地将其划分为两大教学功能模块,即教师的在线、课堂模块和学生的在线、课堂模块。教师在线模块包括线上视频、习题、互动等。教师课堂模块包括专题讲授、翻转课堂、答疑解惑等工作,教师的主要工作就是传播教学思想、回答共性问题。学生在线模块包括主动学习、完成学习任务、参与线上课程讨论等。学生课堂模块主要就是指线下课堂学习,与传统的学习模式一致,通过课堂学习,与老师和同学们实现互动,提升课堂学习效果。综上,在整个慕课教学模式下,线上线下教学相辅相成,教师学生成为教学双主体,加强教学的趣味性、多样性,从根本上提升学生解决问题的能力。

(三)在教学过程中,有效探索多元化教学手段

1. 线上视频观看

要想加深学生对课堂教学知识的理解,在课堂教学完成后,可以在慕课平台增加一定比重的网络教学,每节视频可以保证在 10 分钟以内,便于学生能够保持足够专注。为达到学生温故知新效果,教学视频中可以设计一些小互动,学生可以将自己学习过程中的困惑在讨论区进行留言,由教师和同学们一起进行解答。

2. 线下课堂教学

线下专题讲授为线下课程核心内容,教师根据教学大纲和线上课程各章节知识点设计相应专题授课内容,通过专题讲授提高学生的理论知识掌握程度,促

进学生自觉将所学知识转换为实践能力。

3.线下问题解决

线上和线下教学要实现有机结合就需要立足于课堂教学,教师根据论坛与作业完成情况可以准确无误地找到学生的知识薄弱点,同时也能看到学生的思想不足。随着信息技术的发展,使得学生在互联网背景下获取信息的途径和能力大大改善,网络信息呈现给他们的是一个多元、自由的价值选择空间,一些学生难免会迷失自我。鉴于此,教师可以把学生线上暴露出来的知与行问题切换到线下课堂,通过集体讨论和专题讨论等方式帮助学生明辨是非,提高学生独立判断能力,进而可以实现马克思主义教育的内在升华。

以上几种方式,在本质上完成了"线下—线上、线上—线下"的循环学习过程。其中,既可以自由地发挥出老师的线上线下指导作用,又可以充分调动学生学习积极性,思政课教师对于学生疑惑的解答,不仅仅是传道授业解惑,更多的是对于学生精神世界的构建,在学生学习到思政知识的同时能够提高自身独立思考的能力,内在地增强社会责任感,最终实现思政课从书本到实践的飞跃。

(四)在课程测评时,采用网络测评与传统测评相结合的方式

慕课课程效果评估与传统的课堂方式一样,都是对学生学习效果的一种评估。慕课模式的学习项目强调学生参与学习的自主性,课程效果难以保证,因此,慕课课程的效果评估方法设计应该以激发学生思政课学习的自主性为导向,同时还要提高学生在线学习的体验感。慕课课程的评估可以结合网络测评与传统测评两种形式。网络评价又可以称为过程评价,主要评估学生参与学习的过程,从其参与的状态、参与的频度和知识的掌握情况等方面进行评价,主要评估方式有游戏机制、问答关卡和情境性问题以及在线互动。慕课模式的思政课学习具有很强的情境性和针对性,一般以学生掌握解决实际问题的能力为主。因此,在慕课课程实施过程中,可以穿插一些评估模块。例如,思政课教学可以插入游戏机制来评估学生学习的即时效果,或者通过设置问答关卡、提出情境性问题等方式进行评估。问答关卡相对而言比较简单,而情境性问题一般结合实际中可能遇到的问题进行设置,具有一定的实践性和复杂性。另外,在学习过程中,慕课课程具有很强的互动性,慕课平台的社区互动模块可以随时记录学生与教师、同伴之间的互动情况,提问、回答问题以及交流学习心得的情况,这一系列的在线互动情况都可以生成学生参与学习的数字记录,用以评估学生的实时学习情况。结果评价是对学生参与一个完整的学习项目的终结评价。结果评价可以同时采用同伴互评和教师评价两种方式。同时,在传统测评体系中,思政课教师可以进一步提高平时成绩在总成绩中的占比,更加注重学生上课发言次数、小组讨论的表现、案例分析情况等,因为这些活动可以综合评价一个学生的学习状况以及思想动态,对于传统的期末考试可以缩小其成绩占比,因为新时期的思政课需对学生进行综合性的评价,而不是考察学生的记忆能力。

四、结束语

综上所述,高校思政课慕课线上与线下教学模式是以现有的课堂教学为主体,结合慕课的信息优势,实现线上线下两手都要抓、两手都要硬。在这种模式之下,既可以实现思政课保持意识形态的教学目标,又可以满足学生追求灵活多样的学习形式的需要。慕课线上课堂教学可以实现对时间和空间的突破,很大程度上改善了以往师生之间互动少、课堂枯燥无味的境况,又实现了师生之间平等、理解、共享的师生关系;既满足了思政课知识传授的要求,又达到了教书育人的目的,在很大程度上节约了学生学习时间,提高了思政课堂教学效果。对慕课这种网络背景下的新型教学手段,既不能故步自封,畏惧不前,也不能照抄照搬,我们需要结合自身教学实际以及学生的学习特点,不断实践、反思、总结。

参考文献

[1] 刘卫平. 浅析慕课在高校思想政治理论课中的运用 [J]. 思想理论教育导刊,2015(11).

[2] 刘震,曹泽熙. "慕课"时代思想政治理论课的挑战和机遇 [J]. 思想理论教育导刊,2014(11).

[3] 朱庆峰. 我国高等教育"慕课"发展的困境及理路选择 [J]. 教育发展研究,2014(23).

"模块化微视频教学单元"教学方法在信息教育中的应用

谢硕研 [①]

（琼台师范学院　图书馆）

摘　要　根据每年覆盖全校的新生入馆信息教育的特点,利用微视频信息技术手段,设计模块化微视频教学单元的教学模式,并于 2013 年开始实施,累计培训学生 9600 余人。通过对实施后三年的相关数据的统计分析和工作的总结,该教学模式能够优化新生入馆信息教育的教学工作,有效提高学生的学习兴趣,提升学习效果。

关键词　微视频;信息教育;入馆教育;模块化

新生入馆信息教育是琼台师范学院新生进入高校校园认识图书馆、学会利用图书馆信息资源的第一课,也是目前唯一覆盖全校学生的信息教育课程。学校对该项工作高度重视,由教务处统一排课,以班级为单位开展教学工作,保证学生每人一台电脑操作练习。如何抓住这样一个宝贵的机会让学生了解、认识并学会使用学校图书馆的各种信息资源,进而提高学生信息素养能力,是学校面对的重大课题。

针对新生入馆信息教育时间紧、学生人数多、教学内容多、教师资源有限、课程覆盖广、专业之间存在差异等特点,笔者利用微视频信息技术,设计了模块化微视频教学单元的教学模式,并于 2013 年开始应用于新生入馆信息教育。

一、概念及特点

教学视频作为一种新型的信息技术教学手段,集图像、声音、文字于一体,可以将教学内容直观呈现在学生面前,利于学习者对教学内容的理解和记忆。微视频一般是指播放时长在 20 分钟以内的视频资源,将教学微视频化,有利于学习

---

① 作者简介:谢硕研,1984 年生,琼台师范学院图书馆馆员,研究方向为信息素养教育。

者注意力的集中,适合当前网络环境下成长起来的学生的学习习惯,可以有效提高学习效率。

模块化微视频教学单元教学模式的每个教学单元 5 至 10 分钟,由 1 至 5 分钟的教学微视频与教师指导下的学生实际操作练习组成,将数字信息资源的主要功能、特点和使用方法,拆分成知识点。每个教学单元中的微视频包含多个知识点的讲授,在观看微视频后,立即对学到的知识点进行实际操作练习,最终形成多个高频度、快节奏的"学习—练习"单元。

模块化微视频教学单元集真人授课和视频授课两种授课方式的优点于一身。在教学过程中微视频只是授课教师的辅助工具,教师上课并不完全依赖教学视频,而是根据每个班级的专业特点和学生特点的不相同,从上课开始的导言,到具体课堂节奏与气氛的掌控,直至最终的总结都由教师直接现场授课。这样的教学设计具备真人授课的优势,学生面对的是可以交流互动的教师,而不是机械冰冷的教学视频。运用微视频替代数字信息资源的介绍与使用方法这一部分的教学工作,将教师从重复性的授课中解放出来,将更多的时间和精力投入主导课堂节奏、答疑、现场指导等工作上。模块化的设置有利于根据不同专业学生的学习特点灵活调整教学内容。

二、模块化微视频教学单元在新生入馆信息教育中的优势

(一)提高授课质量

由于教学视频是提前录制,录制教学视频的教师有充分的时间进行精心的准备,录制过程中可以采取反复录制的形式,选取表达最准确、最生动流畅的一次录像,为学生带来良好的听课体验。

(二)教学微视频便于在互联网上保存与传播,方便学生预习与复习

微视频具备易于传播等特点,便于保存和传播。每年新生入学开始,图书馆都会在主页上提供当年新生入馆信息教育微视频浏览与下载。图书馆还通过图书馆微信公共号将微视频发送给学生,学生可以通过手机等移动设备反复观看微视频。学生既可以提前预习,在正式上课之前对要学习的内容有一定的了解;也可以在课后方便地开展复习,利于学习内容的落实。

(三)有效吸引学生注意力,提高学习效率

大学生上课过程中注意力不集中的问题,是困扰高校教学的重大难题。其

中教师在课堂讲授过程中,内容单调、课堂节奏单一是导致学生注意力不集中的重要原因之一。采用微视频教学单元可以有效改善这种情况。每个微视频教学单元时间为10分钟,其中观看微视频时长为1至5分钟,在观看微视频的过程中,学生可以跟随讲授视频同步操作学习。微视频教学结束后,学生实际动手操作练习,练习过程中教师会针对共性和个性的问题进行相应的指导。每个教学单元,时长紧凑、内容丰富,学习与练习相结合,有效调节课堂节奏,最终形成多个快节奏高频度的"学习—练习"单元。该节奏符合网络时代下成长的学生的学习习惯,能够有效提高学生兴趣,使学生始终维持注意力集中的状态。

(四)模块化的设计使教学更具针对性

在学校购买的数字信息资源数量众多且逐年增加的情况下,模块化微视频教学单元可以针对不同专业、不同班级学生的专业特点和学习需求,为不同班级的学生设置与之相对应的信息教育内容。模块化的设计将每一种信息资源形成独立的教学单元,可以根据不同的教学需求,灵活设置教学内容,使教学更具针对性。

(五)实现课堂上学生为主体、教师为主导的良好学习模式

模块化微视频教学单元将教师从繁重的重复授课中解放出来,让教师有更充分的时间和精力来主导课堂节奏,进行"一对一"和"一对多"的指导工作。课堂上学生通过操作练习可以直观感受各个数字信息资源的特点,在练习中学生通过检索自己感兴趣的信息资源,发现并提出问题,教师负责引导、指导与答疑工作。在这一过程中学生真正成为课堂的主体。

(六)减少教师重复性劳动,提高授课效率

模块化微视频教学单元可以大幅度提高授课效率,将教师从繁重的重复性授课中解放出来,让教师将更多时间和精力投入主导课堂节奏、答疑与指导工作中来,有效提高教学效率。

三、模块化微视频教学单元实施步骤

(一)备课阶段

由信息教育教研室集体研究制定新生入馆信息教育的教学内容。选择授课能力最好的教师精心备课,做好视频录制准备。

（二）录制阶段

视频录制采用屏幕录像专家 V7.5 软件进行教学视频的录制,视频为 AVI 格式,分辨率为 1440*900,录像格式为每秒 5 帧,在录制视频的同步录制声音。录制过程中会针对每一段教学视频反复录制,直至达到逻辑严密,表达准确、清晰,讲授内容流畅、生动为止。

录制的原始视频运用会声会影 5 软件进行后期的剪辑与制作,美化画面与声音,添加背景音乐等。

（三）运用阶段

参与授课教师熟悉微视频,通过集体备课的形式熟悉模块化微视频教学单元教学模式,并在实际教学中应用。

（四）反馈调整阶段

授课教师在实际教学中及时反馈微视频的使用情况,对出现的问题和不足之处对微视频做出及时调整。

四、应用效果分析

2013 年、2014 年、2015 年连续三年在新生入馆信息教育中应用模块化微视频教学单元教学模式,累计培训学生 9600 余人,取得良好效果。信息资源的使用量不断上升,其中由于推广与使用《海南省教育科研数字图书馆》效果良好,使用量位居全省高校前列,2013 年、2014 年分别获得省教育科研数字图书馆颁发的"最佳用户奖"和"优秀服务团队奖"。

在教学时数逐年增加的情况下,2012 年需 5 名教师开展的新生入馆信息教育,从 2013 年开始只需 2 名教师即可完成,高效利用了教师资源。由于采用微视频替代了大量重复性授课工作,2 名授课教师在教学时数增加几倍的情况下,完成工作却比 2012 年前更为轻松。

（一）教学模式实施前后月访问量分析

2012 年、2014 年、2015 年的 10 月、11 月为新生入馆信息教育的开展时间。下面将教学模式实施前的 2012 年与实施后的 2014 年、2015 年的数据进行对比。

如图 1 所示,以教学中的重点内容《海南省教育科研数字图书馆》9 至 12 月份的访问量为例,2014 年、2015 年应用模块化微视频教学单元教学模式时的访问量的增长趋势比 2012 年的增长趋势明显提高,证明该教学模式能够有效提高学习效果。

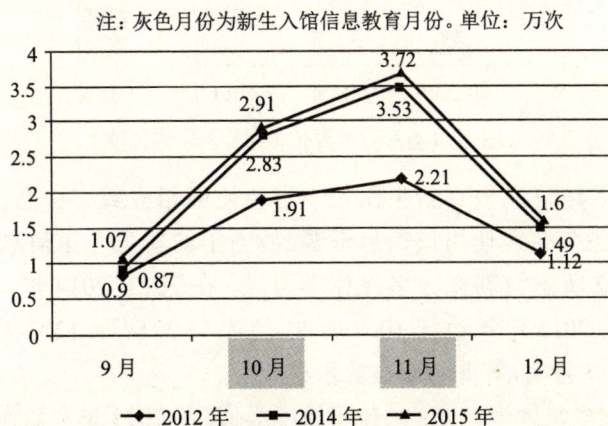

注:灰色月份为新生入馆信息教育月份。单位:万次

图 1　2012 年、2014 年、2015 年《海南省教育科研数字图书馆》9 至 12 月访问量趋势图

2012 年、2014 年、2015 年,新生入馆信息教育时间为当年的 10 月和 11 月,将上述三年新生入馆信息教育开展前的当年 9 月访问量与教育结束后 12 月访问量进行对比分析。如表 1 所示,以《海南省教育科研数字图书馆》访问量为例,新生入馆信息教育开展后的 12 月的信息资源的访问量比 9 月份均有提升。而采用新教学模式的 2014 年、2015 年比 2012 年的增长比率有明显提高,证明该教学模式实施的教学效果优于传统授课,可以在教学结束后持续提高信息资源的使用量。

表 1　2012 年、2014 年、2015 年《海南省教育科研数字图书馆》9 月、12 月访问量分析表

年份	9 月	12 月	增长率
2012 年	0.82 万次	1.12 万次	136%
2014 年	0.9 万次	1.49 万次	165%
2015 年	1.07 万次	1.6 万次	149%

(二)教学模式实施前后年访问量分析

以教学内容中的《新东方多媒体学习库》为例。2013 年运用新教学模式后年访问量(1～12 月)比前一年有明显的提高,从 2012 年的年访问 2.8 万次,提升到 2013 年 10.7 万次,如图 2 所示。

《新东方多媒体学习库》年访问量（单位：万次）

图 2 《新东方多媒体学习库》年访问量

通过新生入馆信息教育新生在入学学会使用相应数字信息资源后，在今后的学习生活中还会继续使用该信息资源，故当年的新生入馆信息教育会产生累积效应。如图 2 所示，《新东方多媒体学习库》在 2013、2014 年、2015 年总访问量逐年升高，从 2013 年年访问 10.7 万次，提高到 2014 年 12.3 万次，2015 年进一步提高到 24.7 万次，有非常明显的累积效果。

与《新东方多媒体学习库》的使用情况类似，在 2013 年开始使用模块化微视频教学单元教学模式后，其他数字信息资源如《师范教育专题数据库》和《口语伙伴》的访问量在 2013 年、2014 年、2015 年呈现逐年上升趋情况（图 3）。由此可以证明该教学模式的有效性。

单位：万次

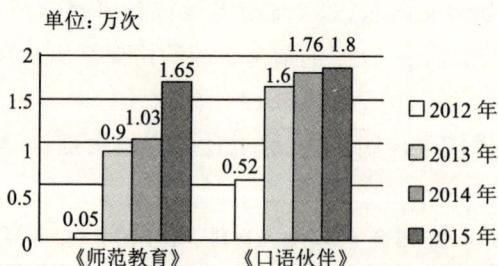

图 3 《师范教育专题数据库》和《口语伙伴》年访问量

五、结论

模块化微视频教学单元教学模式可以有效提升授课质量，提高教学效率，减少教师重复性劳动，让教师将更多精力投入主导课堂节奏、答疑与指导等工作中。模块化的设计可以根据专业与学生的不同特点，灵活调整教学内容，使教学更具针对性。教学微视频可以方便地存储、传播，方便学生进行预习与复习。微视频教学单元的设计，适合网络时代的学生的学习习惯，可以有效吸引学生的注意力，提高学习效率。不足之处是该教学模式适合运用于内容相对简单的通识课程，对于需要深入研究与思考的课程，存在一定的局限性。

　　模块化微视频教学单元教学模式实施三年来,有效提升了信息资源的使用量,使学生能够更好地利用学校图书馆提供的信息资源,对培养学生获取信息、利用信息的信息素养能力具有良好的作用。

参考文献

[1]　范福兰,张屹,白清玉,等.基于交互式微视频教学资源教学模式的应用效果分析 [J].现代教育技术,2012(6).

[2]　桑海翎.微视频教学模式在计算机类课程中的应用 [J].福建广播电视大学学报,2013(3).

[3]　庞敬文,张宇航,王梦雪,等.基于微课的初中数学智慧课堂构建及案例研究 [J].中国电化教育,2016(5).

高职英语精读课中的 CBI 教学模式应用研究

云 润 ①

（海南职业技术学院 通识教育学院）

摘 要 随着我国教育体制的改革,新型教学模式的探索逐渐成为推动当代教育发展、满足现代教育水平要求的重要因素。培养学生综合运用语言的能力是当前高职英语精读课的重点,因而创新高职英语精读课教学模式对促进英语教学的效能起到至关重要的作用。本文将 CBI 教学模式引入高职英语精读课中,旨在进一步促进学生的语言实践,使学生在语言实践中掌握语言知识和提高语言技能,从而提升英语精读教学实效。本文通过具体应用案例,阐述 CBI 教学模式在当前高职公共英语精读课中的实效。实践证明,CBI 教学模式在高职院校英语精读课当中的应用,具有一定的操作性与可行性,在高职英语教学实效方面效果良好,值得推广应用。

关键词 高职教育;英语精读课;CBI 教学模式;应用研究

CBI（Content-Based Instruction）——"内容依托"作为当前国内高职院校普遍采用的一种语言教学模式。在该教学模式下,重视学生对所习得语言的具体的应用,满足现代教育要求。英语已经成为当前国际化通用语言,因此英语也已成为当前具备国际竞争能力的人才不可或缺的武器。高职院校精读课的开展,旨在全面提升人才的英语阅读和语用能力,为培养良好的英语交际水平奠定基础。CBI 教学模式被应用在高职英语教学中,为教学模式的创新提供新型的发展途径。

一、CBI 教学模式概述

（一）CBI 教学法概念

内容依托教学法,简称为 CBI 教学法。该教学模式涉及教学语言与内容方

---

① 作者简介:云润,1978 年生,海南职业技术学院通识教育学院副教授,研究方向为英语教学法、职业教育学。

面的融合,是一种全新的教学理念。该教学方法的出现,为二语习得状况提供良好的教学环境,被国内高校广泛应用与推广。CBI 教学模式能够将学科当中涉及的知识内容作为教学信息,运用真实具体的语言材料以及语言任务活动,提升高职学生对于英语语言的理解和实用,语言教学实效得到提高。[1]

(二)CBI 教学法特征

CBI 教学模式特征主要分为三个方面。① CBI 教学模式开展过程中,主要是将学科内在知识体系作为教学核心,并不是仅仅对单纯的语言文字的简单理解。提升学生掌握基础语言的能力,是知识体系逐渐积累的重要过程。② 教学中,运用接近现实生活的语言材料诠释并讲解,创设真实任务,让学生通过任务的完成来掌握实际的语言技能。③ CBI 教学模式的运用需要根据学生语言、情感以及认知,按照学生职业需求以及兴趣爱好,对整个教学过程和任务内容进行制定与设计,开展听、说、读、写等语言技能的综合性训练,加强语言实践训练,激发学生学习积极性和合作意识,使学生掌握和深化对语言的理解,提升语言运用能力。[2]

三、CBI 教学模式在高职英语精读课中可行性探析

笔者将 CBI 教学模式应用在高职英语精读课中,对应用的可行性进行研究,明确教学模式的基本定位,不断推动英语精读课实效性的提升。

(一)课程定位

高职英语精读课在进行设置的过程中,重视语言技能的培养,将其中的实践性、交际性等多项内容融为一体。基于当前高职英语教学现状,可将高职英语精读课分为两个方面的内容:一是夯实语言基础技能训练,在英语精读课开展中,加强高职学生英语听、说、读、写、译等五个方面的基本语言技能训练,为英语课程的开展与学习奠定良好基础;二是突出语言应用,学生在教师的指导下,通过感知、体验、实践、参与和合作等语言活动方式,完成语言学习任务,充分调动学生学习英语的积极性,并最终达到学习语言和应用语言的目的。[3] 采用 CBI 教学模式,能够充分突出高职英语精读课的定位,实现高职英语精读课提升语言综合性能力的目的。

(二)学生分析

高职英语精读课作为高职院校教学体系构成中的重要组成部分,在一定程度

上决定着学生英语语言的运用能力。而目前大部分的高职学生英语基础薄弱,缺乏英语学习兴趣,参与课堂活动积极性低;同时传统的英语精读课的教学方式过于乏味,过于注重教,过于强调教师的作用,内容与形式单一,导致英语精读课毫无新意,缺乏实效,严重影响学生求知欲以及积极性。[4]针对这一现状,在英语精读课堂上应用 CBI 教学模式能够取得良好的教学效果。CBI 教学模式主要是将语言材料引入学习环境中,并创设具体的语言训练任务,学生在完成任务的过程中体验、建构、领会和应用语言知识和交际知识,发展听、说、读、写等语言技能以及交流和合作等交际能力,有效激发学生的学习动力,提升学生英语的语言运用能力。

(三)教材分析

教材内容作为当前教学体系中的重要组成部分,是开展教学的基本工具。教学材料的选编合理性,为教学方法的具体实施奠定基础。CBI 教学模式在高职英语精读课当中的应用,采取合作式与体验式教学模式,各项基础性内容得到扩展。在教材上选择符合 CBI 教学模式的语言课程教材,可以更好地发挥教材对提升高职学生英语应用能力的作用。

CBI 教学模式的语言课程教材通常是围绕几个主题展开,各个主题又有若干个话题构成,或者是围绕某一主题展开几个话题的学习,所有的语言知识点从属于主题,主题为各个语言技能服务,使主题融合到各种语言技能的教授中。在整个教材当中,主要围绕主题内容全方位锻炼英语学习者的基本技能,将个性技能锻炼融入精读教学当中。[5]

以新标准高职公共英语教材《实用综合教程》为例,该教材由 8 个单元构成,主题的选择都与学生的学习、生活及岗位密切相关,围绕同一主题划分出两个独立的话题。如第一册单元七"Health",包含两篇精读文章,话题分别为"The Truth about Fitness Myths"与"Fitness Walking",两个话题分别阐述了健康的重要性和健康保健的方法,有效增强学生强体健身的意识,充分拓展学生的知识涵盖面,实现知识体系的纵深化发展。

四、CBI 教学模式在高职英语精读课中具体应用

基于上述对 CBI 教学模式在高职英语精读课应用可行性的分析可以发现,该教学模式在推动高职英语精读教学实效方面具有重要作用,通过具体的教学任务实现精读课全过程的促进,满足教学实效的全面提升。CBI 教学模式在当前英语精读课中的应用,能够充分体现出英语语言交互性特点,具备灵活性特点。

CBI教学模式重点在于语言的实践训练,教师在课堂上起到引导和指向的作用,将更多的时间留给学生去锻炼自己的语言应用能力,使学生在语言实践中学会语言知识和技能。

(一)操作内容和流程

(1)值日生活动。活动的目的是培养学生语言应用的能力,激发学生的学习兴趣,引导学生主动学习。学生结合单元主题进行活动。活动形式有演唱歌曲、情景剧、对话表演等,学生根据自己的实际语言能力,选择自己擅长的活动形式进行展示,教师对学生的表现进行评价,并提出改进意见。活动充分体现出CBI教学模式的内在要求,具有一定的现实意义。

(2)词汇操练。通过小组合作运用目标词汇完成与文章主题相关的造句、小故事、小对话等实践性强的教学活动,使学生达到在既定的场景中感知词汇、运用词汇,从而掌握词汇的目的,同时也起到提前感知课文主题的作用。

(3)案例导入。教师结合课文主题,采用与日常生活紧密相关的典型案例作为引子,通过与学生对案例的分析交流讨论等语言活动,有效地导入新知识主题内容,有效增强课堂教学的现实感和趣味感。

(4)案例活动。教师依据课文主题,创设主题案例和案例中需要解决的问题,启发和鼓励学生仔细阅读目标文章,与小组成员交流讨论问题的解决方案,在学生对课文内容和问题的解决方案有了初步的认识和充分自学的基础上,组织学生针对课文理解性问题进行课堂讨论,在整个过程中教师给予评析、必要的语言点讲解和阅读方法引导。通过此项活动学生有效地理解课文内容,掌握语言知识,锻炼语言实用技能以及增强小组合作意识。

(5)技能拓展。技能拓展活动是语言学习的升华,强调语言应用技能的训练。主要以课文内容为立足点,创设与课文内容相关的模拟场景,让学生在场景中通过合作,进行会话交流实践,从而进一步强化学生对文章的理解,更重要的是让学生能够利用所学的知识在会话中解决实际问题,运用所掌握的语言知识进行有效的交际,使学与用有机结合。

(6)趣味活动。教师设计与课文内容相关的具有趣味性的教学活动,学生通过活动进一步深化对文章内容的应用和理解,同时经过紧张的课堂学习之后,活动可以帮助学生得到身心的放松和愉悦,充分体现劳逸结合;趣味活动也让学生感受到英语学习的魅力和乐趣,使学生以更充沛的精力和学习兴趣投入下一单元的学习。趣味活动可以是说词比赛、英文歌曲赏析、观看英文影片等。

（7）课后巩固。设计与教学主题相关的课后作业，可以是写作训练、主题小演讲、编写会话、PPT 主题展示等，达到强化所学所用、增强学习的效果、提高教学效能的目的。

（二）教学案例

以新标准高职公共英语教材《实用综合教程》第一册单元七精读课文"The Truth about Fitness Myths"为例，依据 CBI 教学模式的操作内容和流程，对本课的各个环节进行设计，具体内容如下。

（1）值日生活动。值日生准备与"Health"主题相关的语言项目，以"健康减肥"为主题，进行小演讲或小对话，并就演讲内容和学生进行互动交流，达到锻炼语言表达能力的目的；播放范晓萱演唱的歌曲《健康歌》，让同学们跟着歌曲动起来，可以达到活跃课堂气氛目的，同时歌曲中所表达的内涵和歌曲的名称与本课内容和中心主题相符合，为导入本单元主题"Health"起到恰到好处的铺垫作用。

（2）词汇操练。要求学生通过英语释义说出单词，加深学生对核心词汇的理解，也有效增强词汇学习的趣味性；以小组为单位合作运用词汇结合主题关键词"keep fit"造句或小故事接龙，使学生学会运用词汇，巩固词汇，达到提前感知单元主题"Health"的目的。

（3）案例导入。以明星 Joyce 为案例，与学生交流讨论减肥和健身的话题，学生通过此项活动，对新旧知识进行整合，积极使用所学英语进行有效表达和交流，获得主动学习的能力，顺利导入课文的主题"The Truth about Fitness Myths"。

（4）案例活动。以 Joyce 为例，创设背景材料和需要解决的问题，引导学生利用细读的阅读技巧阅读目标文章获取主要的信息，找出减肥神话的真相"The Truth about Fitness myths"，为 Joyce 提供健康减肥的建议。学生通过阅读目标课文，交流讨论，回答问题与语言点分析，充分理解课文和掌握文章的中心。

Situational Background：

Joyce is getting obese. Obesity has caused her some health problems. She is so worried about her obesity problem that she wants to try some ways to lose weight. She thinks the following methods are effective for her to lose weight:

① Eating less   ② Running everyday   ③ Never lifting weight

④ Using dietary products

● **Read the text and answer the following questions**：

1. Are the methods effective for Joyce to lose weight? Why? / Why not?

2. What do you think is the best way to lose weight?

（5）技能拓展。让学生通过合作对话的方式进一步加强学生对文章中心的理解，充分掌握到了健康减肥的重要性和如何健康减肥的主题内容，同时也训练了学生的语言表达能力和团结协作能力。

Get the students to act out the dialogue in pairs according to the following situation.

Situational Background：

　　Joyce is eager to lose weight. She decides to take the following methods to lose weight：

　　① Eating less　　② Running everyday　　③ Never lifting weights

　　④ Using dietary products

● **Act as Joyce and Mary in pairs，discussing the following questions**：

A：Joyce　　　　B：Mary

1. Are the methods effective for Joyce to lose weight? Why? / Why not?

2. What do you think is the best way to lose weight?

（6）趣味活动。播放范晓萱的歌曲《健康歌》，让学生跟着音乐动起来，使学生经过紧张的学习过后，得到放松，充分体现劳逸结合，也进一步体会到运动的乐趣和重要性。

（7）课后巩固。让学生动手写，再次细化学生对课文的掌握，检测和巩固学生的学习所得，达到从读到写的语言技能提升的过程。

Assignment：Write a letter to Joyce telling her about the truth of fitness myths and the right way to lose weight.

在进行任务活动的过程中，各个环节都导入了 CBI 教学模式，有效地引导学生积极参与语言实践，从而提高应用英语的能力，为教学实效打下坚实基础，为探索新型的教学模式提供保障。

综上所述，探索高职英语精读课 CBI 教学模式在其中的应用途径，能够最大限度地提升高职英语教学实效。以 CBI 教学模式为中心的一系列教学活动更能促进学生英语综合能力的提高，更有利于培养学生语言学习的情感和技能，符合英语精读课的定位及目标内容的培养。基于理论上分析，CBI 教学模式在英语精读课当中的应用,使得教学方式得到创新,教学内容被完善,值得高职院校英语教学领域的研究与推广。在具体实践过程中,新型教学模式势必会逐渐经历稚嫩到逐渐完善的过程,需要社会以及高职教师进行积极探索与创新,为 CBI 教学模式的完善奠定基础。

参考文献

[1] 陈建彬. CBI 教学模式在高职英语写作大赛辅导中的应用——以"第三届全国高职高专英语写作大赛"为例 [J]. 黑龙江生态工程职业学院学报,2012,4(4).

[2] 唐志锋. CBI 教学模式在高职英语教学中的应用实践 [J]. 太原大学教育学院学报,2012,10(12).

[3] 康康. 主题式 CBI 教学模式在商务英语精读教学中的可行性研究 [J]. 佳木斯教育学院学报,2012,4(9).

[4] 景博. CBI 教学模式在高职英语教学中的应用 [J]. 科技信息,2011,11(14).

[5] 滕春艳. 高校专业英语精读课文导入 CBI 主题式教学模式初探 [J]. 辽宁工业大学学报(社会科学版),2010,5(3).

海南高职推进现代学徒制试点工作的探索

沈振国① 王立紫 王云惠 李 雯

（海南职业技术学院 教务处）

摘 要 海南职业技术学院现代学徒制试点工作任务书通过了教育部备案,是海南接受此试点工作的高职院校之一。现代学徒制试点工作是海南高职教育改革的大事。了解海南区域情况与高职现代学徒制试点工作的关系,结合海南地区的经济社会、产业特点情况和现代学徒制的内涵实质、实施要素等方面,进行深入思考,厘清思路,才能促使试点工作有序、有效、深入地推进,从而保证试点工作取得实质性的成效。

关键词 高职;现代学徒制;试点;思考

教育部《高等职业教育创新发展行动计划(2015—2018 年)》(教职成〔2015〕9 号)发布后,海南省教育厅随即发布了《贯彻落实〈高等职业教育创新发展行动计划(2015—2018 年)〉实施方案》,并提出发挥行业企业作用,实施现代学徒制试点。于是,职业教育现代学徒制试点工作已在海南拉开序幕。海南职业技术学院从 2015 年下半年起就着手对现代学徒制试点工作的策划、申报、参与评审等工作。经教育部职成司组织专家评审后,《海南职业技术学院的现代学徒制试点工作任务书》通过了教育部备案。现代学徒制是产教融合的基本制度载体和有效实现形式,也是国际上职业教育发展的基本趋势和主导模式。我国开展现代学徒制试点,就是通过试点进而推进校企共同育人,培养行业企业需要的高素质技能型人才。这是职业教育创新的举措,也是改革人才培养模式,建立校企招生与招工、课堂教学与岗位技能培训、学业与就业相统一的人才培养机制的重要途径。这对海南高职教育来说,是一件创新改革的大事。这试点工作在海南区域内要做些什么,怎么做?值得思考。只有厘清思路,顺应规律推进,方能取得试点工作的实质性效果。

---

① 作者简介:沈振国,1984 年生,讲师,海南职业技术学院副处长,研究方向为职业教育管理。

一、高职现代学徒制试点工作在海南实施的一些认识

现代学徒制是一种创新的办学体制。它对提高高职教育人才培养质量和就业质量，提升专业服务产业发展能力具有重要意义。现代学徒制又是学校与企业联合招生招工，教师与师傅联合传授知识与技能，工学交替、实岗育人，校企联合培养行业企业需要的高素质技能型人才的一种职业教育体制。基于此，要使高职现代学徒制的工作在海南这片沃土上扎根、开花、结果，要对其内涵和实质及其对海南的适应性有充分认识。

（一）现代学徒制试点在海南实施需要解决的问题

首先，人们思想认识的问题。贯彻落实学徒制，使海南的高职教育通过"校企合作、产教对接"等举措，将对提升服务产业、企业发展的能力，发挥出积极引领作用，为当地企业培养高素质、高技能的人才，实现合作双赢。这就是我们的最终目的。试点工作要在海南地区实施，从教育行政部门领导、院校领导和相关企业方决策者，到推进试点工作的具体实施者，也就是专业负责人、专业教师和企业方委派的"师傅"们，再到"学徒"们，对现代学徒制认识要深，尤其是决策者们。例如，在政府层面上，推动实施现代学徒制试点工作，为了确保达到预期目的，如何指导？如何管理？我们认为，海南要借鉴外地先进经验，结合本地区产业发展和人才供需等情况，制定本地区相关的法规政策，指导规范学徒制实施；还要组建学徒制服务机构，承担现代学徒制的管理与指导，针对海南产业发展的学徒培训供需情况，协助开发学徒制架构，提供学徒培训经费，促进学徒人数和培养培训质量的提高；建立评估和认证制度与机制，对培训机构资质和绩效及学徒培训质量，实行对能力与效果的评估、评价、认证，激励和规范学徒制教育质量的提升。又如，在职业院校和合作企业的层面上，对现代学徒制试点工作的具体组织和实施中，从校企联合招生到教学运行管理，从教学模式改革实施到质量监控，从"学徒"日常管理到学成后就业安排等方面的细致工作，如何构建机制、建立规则、落实到位，都必须厘清。我们认为，校企双方要针对学徒制试点专业的建立运行模式和机制，促使学校管理机制和运行模式的变革，以及教学组织形态、管理流程和文化建设的变革，从而发挥试点带来的连锁效应，推动校企双方将试点工作经验和成果运用到办学中去，加快促成办学实效。

其次，合作企业选择的问题。现代学徒制狭义地理解就是"师傅"带"徒弟"的教育体制。一是需要合作企业方热爱学徒制试点工作，并且有计划地在三年后吸收部分"徒弟"就业，形成"进口"与"出口"的相通；二是企业方有能力委

派出相应的"师傅",并在岗位工作和生产过程中形成师傅"做中教"和徒弟"做中学"的格局,在工作过程中教学技术技能;三是企业方固有的工种岗位与试点专业相对应,并且具有较强的可操作性,即技术技能的流程环节师傅易教,徒弟能学得明白。

再次,政府政策扶持的问题。人力资源社会保障部办公厅和财政部办公厅于2015年7月24日发布的《关于开展企业新型学徒制试点工作的通知》(人社厅发〔2015〕127号)的第二条明确提出,各试点省(区、市)人力资源社会保障部门、财政部门要参照《企业新型学徒制试点工作方案》,结合本地区实际情况,制定试点工作办法,落实好企业新型学徒制补贴政策,建立与试点企业的联系制度,积极推动技工院校(培训机构)与企业对接,有序推进试点工作。我们认为海南开展高职现代学徒制试点工作政府在要加大政策扶持的力度,还要适用于校企两个不同主体试点工作的开展,特别是经费扶持到位,才能利于协同推进。

(二)高职现代学徒制要为海南产业培养高素质人才

近年来,海南高职教育的内涵建设取得长足进步,社会服务能力明显增强,校企合作机制逐步完善,人才培养质量显著提升。但是,促使高职教育为海南经济社会发展发挥更大的作用,这是高职院校义不容辞的责任。海南省教育厅发布的《贯彻落实〈高等职业教育创新发展行动计划(2015—2018年)〉实施方案》指出:"十三五"时期,海南省委、省政府提出了以国际旅游岛建设为总抓手,重点发展"12＋1"产业(即旅游产业,热带特色高效农业,互联网产业,医疗健康产业,金融保险产业,会展业,现代物流业,油气产业,医药产业,低碳制造业,房地产业,高新技术、教育、文化体育产业和海洋产业),对海南高职教育适应需求、创新发展提出了新任务、新要求。海南高职教育如何利用现代学徒制为海南重点发展的"12＋1"产业培养培训高素质技术技能人才,这是一个重要的课题。海南职业技术学院通过了教育部备案的学徒制试点专业有烹调工艺与营养等3个专业,这可对海南重点产业培养一些基础性人才。但从海南职业技术学院的专业结构上看,还有好多专业可以对口于海南重点产业培养技能型人才的培养。例如光伏发电技术与应用专业与英利太阳能公司有良好的合作基础,企业规模大,人才需求量多,师资力量较强,学徒制教学较容易实施,是为海南低碳制造业培养技术技能人才的好专业。

二、海南高职教育推进现代学徒制试点工作的探索

现代学徒制的实施将解决企业招工难的问题,并给企业储备一些适合企业

发展需要的高素质技能型人才;对学生而言,也可以解决毕业后的就业难问题,并在校时期得到适当的经济收入补充,还可以帮助一些贫困的学生完成大学学业。高职现代学徒制试点的这种功在当今、利在未来的工作,应怎样开展?我们有以下几点探索。

(一)做好高职现代学徒制试点工作的前期准备

高职现代学徒制试点工作院校要做的前期准备有:成立工作机构,组织人员学习和领会相关文件精神和试点工作内涵,结合学校实际选定适合开展现代学徒制试点工作的专业,部署和开展专业调研,选择合作企业并与企业方商谈、签署合作意向或协议及相关事宜,拟定合作招生招工方案,组建现代学徒制教学队伍("双师"的选派),制定相关管理文件等。这些工作决定试点工作的成败,要认真,要深入,要细致,不得走过场。

(二)研制切实可行的现代学徒制专业人才培养方案

专业人才培养方案是教学工作的纲领性文件,是人才培养过程的总体设计蓝图,也是组织教学、安排教学任务、开展专业教学活动的总体规划。高职现代学徒制试点工作的实施,校企双方要协同研制切实可行的专业人才培养方案。试点专业必须通过充分的市场调研,依据现代学徒制的特征和高技能人才培养各环节的特殊要求,严格制定专业培养方案。以专业人才培养方案为逻辑起点,针对人才培养各环节之间的逻辑关系,融入学生的认知规律和职业成长规律,重构课程体系和制定课程标准,真正形成融合学生人文素养、专业知识、职业技能、职业态度和职业素养的培养体系。

由于现代学徒制要通过学校、企业的深度合作与教师、师傅的联合教授对学生以技能培养为主线来展开教学,并且教学过程要充分利用学校和企业两种不同的教育环境和教育资源,通过学校和合作企业双向介入将在校的理论学习、基本技能训练与在企业实际工作经历的学习有机结合起来,为生产、服务第一线培养技术技能型人才。所以,要求现代学徒制试点专业人才培养方案要体现其双重性,即培养主体的双重性(学校和企业)、培养对象的双重性(学生和学徒)、培养人员的双重性(教师和师傅)和教学过程的双重性(学校教学与企业岗位实践训练)。

(三)设置科学合理的现代学徒制专业课程体系

目前,高职院校专业课程体系与教学内容尚未完全摆脱传统学科体系的束缚,教师在教学设计时还以知识的系统性为教学内容的逻辑主线,岗位工作任务不能有机地融入课程内容,强调了高职教育的"高等性",却弱化了"职业性"。现代学徒制课程体系构建既要遵循高职教育规律,体现专业理论知识和技能的完整性和可操作性,突出职业技能训练,提高职业能力的特点,又要以合作企业的人才定位、岗位任务所涉及的知识、技能、素养和典型职业活动为中心,兼顾社会的普遍需求,考虑到学生的可持续发展情况。用现代学徒制课程开发理念和方法,以学生为中心,以职业能力培养为重点,进行课程设计。另一方面,还要从岗位分析入手,以典型工作任务为主线,注重与产业、企业、岗位的对接,与行业规范和职业标准对接,整合课程内容,制定现代学徒制人才培养课程体系。由于现代学徒制的主体是学校和企业,因此课程体系的构建也需要体现二重性,应包括校内学习领域和校外(合作企业)学习领域课程两部分,注重学生职业能力的培养。其中校内学习领域课程包括公共必修(选修)课程和专业基本技能课程,校外(合作企业)学习领域课程包括专业必修(选修)课程和合作企业专业课程。这些课程直接反映的就是专业内容,其中主要内容是合作企业技术技能人才所需的岗位基本技能,将岗位工作任务有机地融入课程体系内。这样,通过整体的工作过程来重构课程体系,使教学过程与生产过程对接;通过基于工作任务和真实工作情景来编写教材和讲义,使课程内容与职业标准对接。这是目前在推行现代学徒制过程中高职院校教师所必须完成的最艰难的工作任务,需要认真完成。

(四)校企双方研究拟定适合学徒发展的教学新模式

在教学运行过程中,由于试点专业的不同,具体实施模式可异,根据专业理论知识和职业技能的课程容量给予设置。例如,以三年学制计算,如果 1/2 的时间在学校学习理论知识和专业技能,学生 1/2 的时间在企业接受培训。根据教学需要可采用"1.5 + 0.5 + 1"的模式,一年半的时间在学校学习理论知识和掌握最基本的技能,半年时间在企业进行"项目实训"或"轮岗实训",最后一年到相关的企业进行"顶岗实习"。又如,有些学校采用"2 + 3"的教学模式,即学生在一周中的两天时间要在课堂里接受理论老师的教育,而剩余 3 到 5 天到单位中跟随师傅实地学习技术。不论怎样,以达到学生的职业技能掌握的标准为最终目的,校企双方可以协商灵活决定培训过程。

(五)研究制定适合企业需要的教学质量监控标准

现代学徒制在处于试点阶段,其创新教育是否成功,取决于教学质量的高低。现代学徒制试点工作的教学质量监控要按照课程教学质量、实践性环节教学质量、学生考试测试环节教学质量和人才培养质量四个层面的质量标准综合设计监控评价与反馈。根据学生(学徒)的实际情况,教学质量考核要分两大部分内容。一是校内考核,主要考核学生对基本技能的掌握情况;二是企业岗位训练和实习考核,主要是由企业带徒师傅进行的考核。这里更要注重企业师傅对学生的传、帮、带考核,以师傅对徒弟(学生)最终的考核为准。如果没有企业师傅的考核,学生即使毕业了,最终也不能直接上岗。企业对学生(学徒)的考核标准也就成为高职现代学徒制试点工作人才培养是否成功的标准。这两部分的考核要注重过程考核,双方制定教学质量监控标准是十分必要的。

三、海南区域实施高职现代学徒制试点的一些建议

高职现代学徒制作为一种开放式教育类型,这种跨越于社会职业与教育、企业与学校、工作与学习等界域的教育,在海南试点还是首次。在政府的大力支持下,各工作环节的推进需要进一步强化落实政府扶持政策。我们认为海南要建立推行学徒制试点的专门工作机构,切实抓好试点工作的实施,健全相关保障机制;政府要结合现代学徒制试点的实际,加大政策扶持力度和财政支持力度,让参与现代学徒制的企业从中真正得到实惠,吸引企业积极参与到现代学徒制试点中来;校企双方要十分重视落实学徒制试点工作具体环节的实施,制定相关工作实施细则(或方案)和管理制度,明确相关人员的责任,有计划地逐件工作逐项任务地开展试点运作;在试点工作的推进过程中,由学校领导、企业、专业教师、企业师傅等组成的学徒制专门工作小组,建立一套适合于实施现代学徒制试点工作的绩效考核体系,并客观、有效地给相关人员进行考核评价,并以此作为相关人员工作的奖惩依据。

参考文献

[1] 王浩. 区域性推进现代学徒制试点的探索和思考 [J]. 上海教育, 2015(9).

[2] 王婷婷. 高职院校现代学徒制试点的困境及对策探析 [J]. 清远职业技术学院学报, 2013,4(2).

[3] 李冬梅. 对我国现代学徒制试点的现状与对策研究 [J]. 科技信息, 2013(1).

"模拟公司任务驱动"
模式在高职教学中的应用

——以食品加工技术课程为例

郭利芳　雷湘兰 ①

（海南职业技术学院　热带农业技术学院）

摘　要　"沉闷""独角戏""冷落"……一直以来可以说是高职教学的代名词。"模拟公司任务驱动"教学模式有助于调动学生主观能动性和积极性，有助于培养学生的学习能力和创新意识，有助于缩短适应岗位工作需求的过程，真正能达到零距离上岗，分析"模拟经营、任务驱动"的概述，分析模拟公司任务驱动教学方法在食品加工技术中的具体应用，同时提出了在教学准备、教学组织、教学实施过程中的注意事项和具体操作方法，实施教学方法过程中的考核方法。

关键词　模拟公司任务驱动教学模式；食品加工技术；教学实践

　　"食品加工技术"是高职食品类专业较重要的专业核心课程，内容丰富，是理论和实践相结合的课程，在以往教学中，由于高职学生基础知识差，不愿意主动学习，所以教学效果不好。采用传统教学模式，教师讲，学生听，教师是教学过程的主体，而学生是客体，学生只是被动地接受、模仿，自己的思考较少，创造性、主动性、团队合作精神及技能应用能力等较差。[1]针对这种情况，我们对"食品加工技术"进行了教学方法的改革，探索了以能力为本位的教学思想，培养学生的学习兴趣，提倡学生自主、主动学习，师生之间角色转变，以学生为主体，老师为辅助，同学之间是员工关系，从而提高了学生的学习能力、团队合作能力、分析和解决问题能力。[2]

---

① 作者简介：郭利芳，1981年生，海南职业技术学院热带农业技术学院讲师，研究方向为食品加工。雷湘兰，1980年生，讲师，研究方向为食品微生物。

如何让学生成为学习的主体,让学生参与到教学活动中来,实现学生为主体的教学要求,同时紧跟企业的岗位,使学生真正达到零距离上岗?

一、模拟公司任务驱动教学方法概述

模拟公司学习是整个教学的核心内容,"模拟公司"的成立,是按照食品企业设置的工作岗位进行人员分配成立食品企业,学生、教师同为公司的员工,每个学生轮换担任公司的一个职务,如公司总经理、生产技术部经理、质检部经理、销售部经理等,教师作为公司顾问,全部员工参与生产、教学活动。每公司由5名学生自主筹建,并确定公司名称、公司宗旨、公司任务及产品项目、公司人员分配、规章制度及广告宣传等。

以产品设计任务开展任务驱动教学方法,按产品开发的六步流程,设计课程实施的六个过程,即任务设置→信息资料→方案制定→产品生产→产品评价→总结反馈六步骤教学法,每个公司承担一个项目,在老师下达生产任务后进行"信息资料"收集,要求学生利用查阅课本、参考资料、网络信息等资源搜集任务有关资讯,设计产品[3]。"方案制定"阶段要求各公司员工经过讨论后,根据搜集的资讯整合分析,制定出详细的生产程序和方法。"产品生产"即各公司按照既定的方案,分部或合作在实训室或校外实训基地进行现场操作。加工出的产品要进行"产品评价",包括教师考核及公司互评两种方式,对各公司的制定方案及具体的实施过程进行量化的评价,并指出其不足之处并由教师予以改进。最后一步是"总结反馈",每个公司要进行整个学习项目的总结,提出存在的问题和解决的方法,写出可实行操作的方案。每个项目的学习都建立在一个完整的工作过程之上[4]。

二、模拟公司任务驱动教学方法的任务设计

(1)首先,模拟公司的组建,学生组建食品公司,然后学生设定公司名称、宗旨、规章制度、商标设计,积极调动了学生的好奇性和主动性,在组建公司的时候一定要结合学生的特点。

(2)其次,教学项目的设计,教师要考虑学生所学的学科的知识构成,分析学情,但是设计项目的时候一定要考虑普遍性和实用性,从简单到复杂,要循序渐进,逐步提高,一是首先介绍食品专业的总体教学目标和这门课程的教学目

的,结合课程所学的教学参考书,由浅入深、理、实一体,分阶段地进行教学任务设计。任务的来源之一是创设真实的工作过程,但需要经过加工才能使用,围绕教学目标,符合主题。二是要根据教学目的和内容进行设计,整合程序化教学内容,把理论知识和实践操作有机地统一到工作任务中,以实现理论和实践一体化教学开展。教师对任务的表达要准确、清晰,让学生很容易理解。任务的成果要明确,让学生一开始被目标所吸引,比如蛋糕的制作,最终是产品,但是学生要从"食品厂的构建→原材料的采购→生产加工→产品质量控制→产品包装及贮藏→产品销售"实际工程流程和岗位能力需求出发,通过多次熟练操作和模拟实际生产环境的技能训练来使自己的职业能力和职业素质得到培养[5][6]。

(3)最后,在实际教学中,教师在教学过程中的作用也非常关键,对教师的知识构架和组织能力要求更高。因为转变了角色,从教师的讲解转变为组织引导,学生的知识不是靠教师的灌输被动接受,而是在教师指导下通过学生自主掌握的。教师从课堂的教授者变成了学生的"董事长",与学生一起交流研讨,在任务驱动下,共同学习与交流,帮助学生掌握技能,完成任务。

三、模拟公司任务驱动教学方法的实施过程

食品加工技术课程模拟经营、任务驱动的实施过程如下。

将课程分为若干个任务,是从简单到复杂,循序渐进,从食品加工企业的生产环节和学生的后续发展需要出发,每个任务是一个真实完整的工作过程。

下面以"蛋糕制作生产项目"为例说明模拟经营、任务驱动教学方法的具体实施过程。

(1)任务设置:组建公司,承担蛋糕制作项目。每个公司至少有 5 人。总经理负责公司的名称、规章制度、宗旨的制定及商标设计。采购部经理负责蛋糕生产制作的原材料和仪器设备的准备。生产部经理负责蛋糕生产的工艺流程的制作方案。质检部经理负责搜集蛋糕生产的国家标准以及生产过程和产品的质量控制要求。销售部经理负责产品的宣传和销售策划。研发部负责对现有产品进行创新。公司成员相互分工又相互合作,共同把蛋糕生产方案写出来。

(2)信息资料:每个食品公司成员根据自己的项目和教师布置的任务通过查阅课本、搜集参考资料和网络信息等积累有关资讯,制定生产方案。

(3)任务的讲解:每个公司把自己的生产方案展现给教师和其他公司,包

括所用的原材料、工艺流程等,讲解在完成任务过程中的注意事项、最后预期的产品以及在生产过程中需注意的保障人身安全和设备安全的措施。教师和其他公司会提出问题和提出意见,帮助公司更好地完善生产方案,使生产方案合格。

（4）生产产品：按照每个公司完成的生产方案进行生产,生产过程中严格按照方案执行,教师在生产过程做指导,出现问题立即处理。

（5）产品展示：每个公司把生产的蛋糕展示出来,在产品上方写上公司名称和公司人员,然后所有公司成员一起来品尝和点评,同各公司代表、教师进行产品评价打分（具体要求见表 1）,各项指标符合要求的产品由该公司组织"销售"。

表 1　产品评价

蛋糕项目	自评	公司互评	教师评价	改进意见
味道				
色泽				
质感				
卫生				
成果展示				

评价：用 A、B、C、D、E 五个等级来区分

（6）总结反馈：一般公司成员对亲自完成一个项目抱有极大的兴趣,他们在完成任务的过程中能学到知识、得到锻炼,任务完成后有很强的成就感。在完成任务后,教师和每个公司的成员进行座谈会交流,进行系统性总结。教师根据每个公司完成任务的过程中出现的问题进行提醒和讲解。公司成员要做好记录,再总结反馈。

四、实施教学方法过程中的考核方法

建立过程考评（任务考评）、期末考评（课程考评）与技能竞赛考评相结合的方法,强调过程考评的重要性,具体考核要求见表 2。

表2 过程考核方式与评分办法

项目			食品加工实训室	班级			
姓名		组员			课程名		
序号	考核内容		考核标准	分数	自评	互评	教师评
1	任务领会情况		能理解生产任务的目标要求,根据任务查阅相关资料,形成思路,完成理论知识的学习,有学习记录	5			
2	分工协作		科学分工,团结协作,服从安排	5			
3	信息收集整理		资料收集准确,信息涵盖全面,总结归纳合理	5			
4	生产方案制定		生产方案设定科学、合理,内容完整	5			
5	产品生产	工作态度	积极主动,踏实求是,律己守纪	4			
		出勤情况	不迟到、不早退、不无故请假	3			
		卫生保持	在工作过程中始终保持台面、地面的清洁,垃圾不乱丢,工作衣帽穿戴整齐	3			
		工作效率	公司成员有效配合、协调沟通,按照方案合理生产操作准确,步骤完善,记录全面,在短时间完成工作任务	10			
		生产安全	所有工序严格按照机械设备操作规程要求操作,没有出现过生产安全问题,能及时预防和消除生产安全隐患	5			
6	产品评价		注重提高产品质量,产品风味好,组织状态好,出品率高,达到产品的质量标准	40			
7	总结与反馈		针对本次任务的结果有合理的分析,对存在的问题有讨论,提出修改意见	15			
	合计			100			

总之,模拟公司任务驱动教学方法是模仿真实的工作环境岗位以任务为驱动开展教学,让学生在自己的岗位发挥作用,在任务的引领下,经过自己动手实

际操作和教师引领,师生互动,熟悉食品加工项目过程,适应就业需要,使学生的创新能力和全面素质得到提高,达到教学目标,取得了较好的教学效果。在以后的教学中,笔者还要深入企业进行调研,进一步开发生产项目,筛选出适合高职学生学习应用的任务并将其引入教学实践中,使学生掌握与生产实际相适应的职业技能[7]。

参考文献

[1] 杨凤翔.工作过程导向课程开发方法的实践探索[J],职业教育,2009(2).

[2] 许翔.行动导向教学法在职业核心能力训练中的应用[J],职业时空,2008(12).

[3] 彭庆英.任务驱动教学法在高职数学课堂教学中的应用[J],江苏技术师范学院学报,2012(8).

[4] 张志俊.在任务驱动教学中培养学生学习策略浅谈[J],山东商业职业技术学院学报,2010(9).

[5] 樊永霞.任务驱动教学方法在(网页课程)中的应用[J],教育科研,2010(16).

[6] 李湘,袁志芬.体验式学习的理论与实践策略[J].现代中小学教育 2005(2).

[7] 王新."化验室组织与管理"课程重塑方案的研究与探索[J].中国科技信息,2010(17).

现代学徒制下校企双课程体系的开发与实施[①]

——以海南职业技术学院会计专业为例

刘纯超[②]　**林 婷**

（海南职业技术学院　财经学院）

摘 要　目前我国高职院校会计人才培养质量与市场需求差距较大,现代学徒制是适应经济发展和产业结构调整要求的人才培养模式,其关键是通过校企深度合作与教师、师傅的联合传授,提高学生的岗位技能和适应能力,而实施该模式的关键在校企双课程体系的开发与实施。本文从校企双课程体系开发所面临的问题出发,探究校企双课程体系开发的路径,并以海南职业技术学院会计专业为例,构建"分阶段、分层次、分岗位"实施的校企双课程体系。

关键词　现代学徒制;课程体系;开发;实施

我国的现代职业教育在经历"工学结合、校企合作"的实践后,迎来了新的一轮改革创新,即实施现代学徒制,推进校企深度合作,把学校教师讲授知识和企业师傅传授技能相结合,实行"联合招生、联合培养",达到"招生即招工、毕业即就业"的目标。在现代学徒制中,教师和师傅是重要的支撑力量,他们直接把技能传授给学生,而课程体系既是把知识和技能传授给学生的重要手段,也是学校教师和企业师傅之间沟通的桥梁[1]。因此校企双课程体系的开发与实施,是成功实行现代学徒制人才培养模式的关键。

一、会计专业校企双课程体系开发所面临的问题

众所周知,海南经济以农业和旅游服务业为主,企业少,愿意为职业院校提供"学徒岗位"的企业就更少了,以往的"工学结合、校企合作"也多停留于形式

---

① 海南职业技术学院 2016 年校级一般项目"基于现代学徒制的会计专业人才培养模式研究"(HZY2016-7)的阶段性成果;2016 年海南省教育教学改革研究重点项目"海南省职业教育现代学徒制实践研究"(Hnjg2016ZD-23)的阶段性成果。

② 作者简介:刘纯超,1975 年生,海南职业技术学院会计教研室主任,会计学副教授,研究方向为财会专业的人才培养模式及企业财务成本控制。

上,学生无法得到实际操作技能的训练,更谈不上掌握了。为了弥补这一缺陷,海南职业技术学院会计专业实行"理实一体化"教学,也做了相应课程和教材的开发,但仍然停留于手工模拟实训层面。只有实行现代学徒制的人才培养模式,学生才有机会在真实的企业环境下进行训练,提高实际岗位的操作技能,而这样的人才培养模式需要开发合适的课程体系,目前开发面临的问题主要有以下几个方面。

一是对企业会计岗位及岗位群的调研分析不透彻,开发出来的课程不能满足、甚至不符合企业岗位职业技能的需求。

二是高职院校的培养目标,既要满足职业教育的要求,又要达到高等教育的培养目标,企业师傅实战经验强,往往开发出来的课程不能满足学生职业素养提升的需求[2]。

三是以往课程的开发一般都是以高校教师为主体,基本都是按照知识体系来开发课程,导致开发的课程可操作性不强,不能满足企业师傅在传授技能过程中的需要。

二、会计专业校企双课程体系开发的路径

针对现代学徒制下双课程体系开发所面临的问题,结合会计专业特点和企业自身岗位需求特征,海南职业技术学院会计专业在"理实一体化"教学的基础上,制定适合教育规律的岗位标准、质量监控标准及相应实施方案,联合企业分别开发基于会计岗位工作内容的核心专业课程,并以此拓展企业岗位技能运用的专业辅助课程,从而形成基于典型工作过程的专业课程体系[3]。具体开发的路径如下:一是校企双方从行业标准、岗位需求和教学需求出发,明确课程体系开发的目的,初步确定课程体系结构;二是学校教师和企业师傅共同研究教学方向,细化课程体系结构,在此基础上进行整体设计,确定具体的课程标准和教学计划,并由专人负责实施;三是校企双方对课程的实施效果进行评价,根据评价的结果和反馈的意见及时调整课程的教学方向,修订课程结构体系。

三、海南职业技术学院会计专业校企双课程体系的开发与实施

(一)校企双方探讨交流

按照国家颁布的会计岗位职业资格标准,以中小企业会计岗位需求为研究对象进行实地考察,对各会计岗位职务说明书进行综合分析,预测企业会计岗位和岗位群的技能发展趋势,明确岗位中每个工作项目的具体内容及要求具备的职业素养,制定课程标准,确定教学方向。中小企业会计岗位分析如表1。

表1 中小企业会计岗位分析表

岗位	典型工作任务	岗位职责	职业能力	职业素质
会计核算岗位	会计工作环境认知、根据相关财经法规学习相关工作岗位制度、账务处理流程设定	会计职业认知；会计核算方法学习	（1）能正确理解会计工作环境的相关活动；（2）能正确运用会计基础工作方法；（3）能熟悉财经法律法规	（1）具有坚持原则、严谨求实、一丝不苟的工作作风；（2）具有爱岗敬业、忠于职守、诚实守信的品质和良好的职业道德；（3）具有适应工作、生活环境，敢于竞争、迎接挑战的身心素质；（4）具有团队精神和合作意识，具有协调工作的能力和组织管理能力；（5）具有较强的创新意识、服务意识
	资产核算、负债核算、所有者权益核算、收入核算、成本费用核算、利润核算、编制报表	分岗位进行企业经济业务核算	（1）能明辨各种经济业务原始单据的正确性、完整性、合理性和合法性；（2）能正确判断各种原始单据所反映的经济业务内容、性质和类型；（3）能按照会计规范正确计量各种经济业务	
	税款计算与申报、财政规费计算与申报	税务核算岗位进行税费计算及交纳工作	（1）能顺利地办理企业税务登记、发票申购等涉税业务；（2）能按国家税收法规及相关政策计算应缴纳的各种税费；（3）能熟练进行网上纳税申报	
	成本计算对象确定、成本项目确定、成本计算方法选择、要素费用的归集与分配、成本分析	成本计算岗位进行成本计算与分析	（1）能结合各种产品、劳务和企业经营管理的特点和要求，采用灵活合理的方法正确计算产品和劳务的成本；（2）能正确编制成本报表；（3）能根据成本报表分析成本升降的原因	
	会计报表编报、会计报表附注披露、其他相关信息披露	总账报表岗位编制企业财务报告并及时报送	（1）能正确编制会计报表；（2）会选择和披露相关报表附注信息；（3）能及时按照规定采用书面和网络系统向相关信息使用者报送财务报告	
出纳岗位	办理库存现金收付、银行结算业务；登记日记账；点钞、验钞；库存现金、银行存款核对等	现金收付管理；银行存款管理；保管有关印章、空白收据和支票等	（1）能熟练办理现金收支业务、银行转账业务；（2）能明辨结算票据的真伪；（3）能保管现金和结算票据；（4）能按规定登记日记账；（5）能按规定核对现金；（6）能正确处理各种差错	
会计管理岗位	会计信息系统设置、总账、报表、存货、固定资产、往来账、销售及薪酬管理	会计信息化操作	（1）能熟练操作财务软件，实现企业财务业务一体化管理；（2）能正确运用ERP资源管理系统存储、输出企业资源信息；（3）能帮助企业实现信息化管理，及时提供决策信息	
会计管理岗位	偿债能力分析、资本结构分析、盈利能力分析、现金流量分析、成本费用分析	企业财务报表分析	（1）熟悉报表分析的指标；（2）能理解各种指标的含义；（3）会计算各种财务指标；（4）会根据指标计算的结果描述企业的状况	

（二）按照校企共同协商确定的课程标准讨论课程体系的构建、确定专业核心课程及负责人，实行课程负责人负责制，由课程负责人组建课程教学团队

（1）经过校企双方探讨交流，海南职业技术学院初步确定的校企双课程体系见图 1。

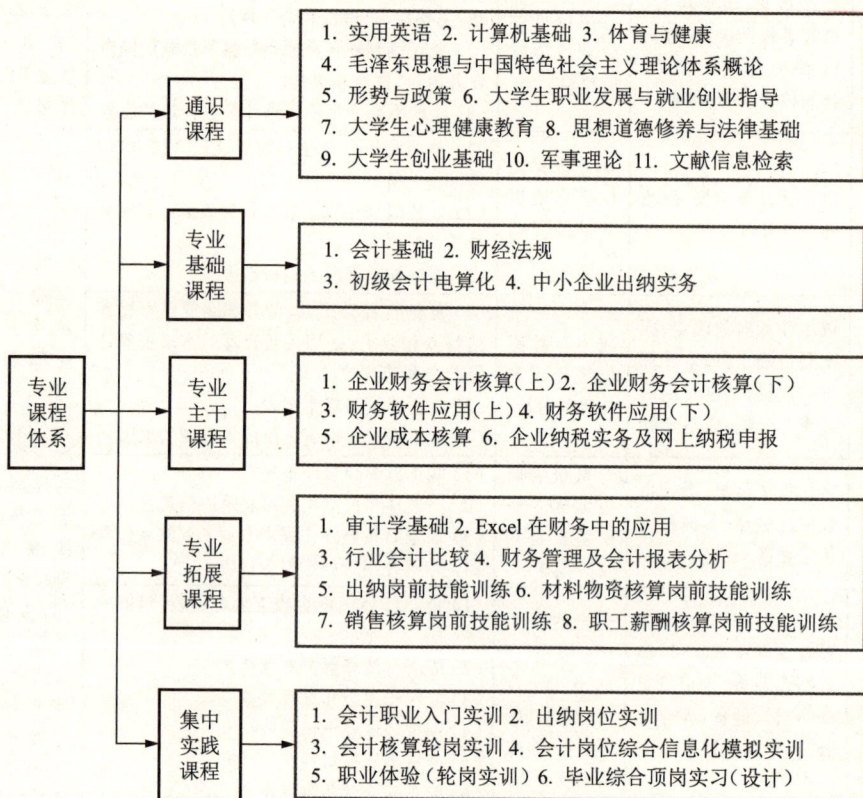

图 1　校企双课程体系

（2）整个会计专业学徒制人才培养围绕我国中小企业一般的会计岗位展开，以五门核心项目课程的实施为基础，课程实施过程是基于工作过程开展的，由校内专任教师和企业师傅共同完成过程指导和考核，整个项目课程实施教学场所根据需要从校内到校外、从课堂到企业有机整合，课程实施过程依据项目实施需要渗透企业岗位阶段实践、跟岗训练。具体核心项目课程介绍及实施如表 2。

表2　核心课程简介及实施

课程名称	课程要求	主要知识与技能	考核办法
会计基础(含各基础会计核算岗位跟岗实习)	要求学生具有分析、判断企业经济业务的能力,熟练会计核算方法和工作流程,具备反映企业经济信息的会计核算的基本技能,为后续学习打下基础	教学内容主要有七个项目:企业会计工作认知;认知会计核算基础知识;编制会计凭证;登记会计账簿;编制财务报表;整理会计档案以及附录	(1)校内老师:期末考核(40%); (2)企业师傅:过程项目考核(30%)+企业岗位职业核心能力考核(30%); (3)期末考核:可以为综合实训操作、综合知识测试等内容,一般在学期末统一、集中安排,采用机考或者闭卷笔试的形式,时间一般在60～90分钟; (4)过程化项目考核:注重单项技能,并兼顾知识,考核方式可采用实训操作、情景模拟等方式; (5)企业岗位职业核心能力考核:平时的自我管理能力、沟通合作能力、解决问题能力、专业核心综合技能等方面的考核评价
中小企业出纳实务(含出纳岗位跟岗实习)	要求学生能正确掌握财务会计书写要求,熟练进行票币的整点和鉴别;能熟练填写和审核各类票据凭证;掌握资金业务办理流程,以及整理出纳资料	本课程主要培养学生正确书写财务数字;票币整点;人民币鉴别,票据的识别与审核;学习出纳岗位的资金业务办理,掌握日记账的登记等	
企业财务会计核算(含财务会计岗位轮岗实习)	要求学生具备会计系统思维的综合运用能力和复杂业务的处理会计理能力	主要学习企业会计岗位日常业务处理中的筹资、采购、生产、销售、投资等各项经济业务的会计核算,以及会计期末业务处理	
企业成本核算(含成本会计岗位跟岗实习)	要求学生学会并运用成本费用归集与分配的方法,正确计算产品成本,进行成本报表的编制与分析	本课程主要学习企业成本计算基本原理和基本方法,包括品种法、分批法、分步法等,以及成本报表的编制与分析	
财务软件应用(含会计信息化岗位轮岗实习)	要求学生学会财务软件的基本架构及总账、报表、薪酬、固定资产、往来、存货等子系统的操作方法,能运用软件为企业会计管理提供服务	主要学习与训练财务会计软件的基本架构,系统管理、总账管理、报表管理、薪酬管理、固定资产管理、应收应付往来账管理等子系统的操作方法	

(三)海南职业技术学院会计专业校企双课程体系的教学安排

校企共建"工学交替"的现代学徒制人才培养模式,海职院采取"分期见习、集中实习、分段育人"的方式,对开发构建的校企双课程体系进行安排,所有课程均采用"理实一体化"教材,实施项目化考核,其中专业知识由校内教师教授并考核,专业技能由企业师傅传授并考核。学生首先进行1年半的基础学习,在此期间,每学期至少有两周的企业见习,成为学徒后,按照现代学徒制人才培养方案学习,第四学期进入企业轮岗实习,第五学期回校进行专业知识拓展学习,第六学期以"准员工"的身份到企业顶岗实习,学徒毕业即就业。

(1)在第一学期,学生主要完成国家规定的通识课程的学习,主要学习掌握两门专业基础课的知识和技能:"基础会计"和"中小企业出纳实务",学生主要在校内学校,但到企业实习时间不少于 4 周。

(2)在第二学期,学生的学习主要是专业基础课和专业核心课程。其中专业基础课"财经法规"和"初级会计电算化"要在本学期完成,另两门专业核心课程"企业财务会计核算"和"财务软件应用"在本学期完成一部分。学生在校内和企业的学时各占 50%。

(3)在第三学期,学生要完成专业核心课程的学习,较为全面地掌握专业核心知识和职业核心技能,具备一定的职业综合能力。本学期开设的专业核心课程有企业财务会计核算、财务软件应用、企业成本核算和企业纳税实务及网上纳税申报。学生在校和企业的学时各占 50%。

(4)在第四学期,学生已经具备较为全面的会计专业知识,掌握一定的岗位职业技能,已是"准学徒",安排到企业进行轮岗实习,前 8 周学生在非会计岗位实习(职业体验);后 10 周在会计岗位上进行轮岗实习,该阶段的考核全权由企业师傅进行。

(5)在第五学期,学生根据自己的性格特点和所掌握的专业知识,进行职业岗位的定位,返校后学生按照自己有意向的职业岗位,有针对性地选择专业拓展课程进行学习,可选修的课程详见图1,其中前 4 门课程主要在校内学习,由学校老师教授并考核,后 6 门课程主要在企业对应的会计岗位实习,由企业师傅传授职业技能并考核。这样安排是为了实现"精准培养、精准供给"。

(6)在第六学期,学生以"准员工"的身份到企业进行毕业顶岗实习,全权由企业师傅进行考核,考核合格,转为正式员工,实现学徒毕业即就业。

四、总结

实施现代学徒制人才培养模式的根本出发点就是进一步明确培养目标,提高学生培养质量,满足企业对人才的需求,实现"精准培养、精准供给",达到校企双赢的目的。而实现这一目的关键就是课程体系的开发,这就需要校企深度合作,社会各方全员参与,共同培养出符合企业需求和社会需要的高素质、高技能型人才。

参考文献

[1] 解妮娜."现代学徒制"人才培养模式探讨 [J]. 合作经济与科技,2016 (4).

[2]　缪启军. 代记账式仿真教学模式下会计现代学徒制研究 [J]. 商业会计，2015(7).

[3]　王玲. 现代学徒制下校企合作双证课程开发技术规程 [J]. 职教论坛，2014(21).

基于职业核心能力培养的高职心育课程改革①

高 茹②

（海南职业技术学院）

摘　要　心理素质是职业核心能力的重要组成部分。传统的心理健康教育课程教学中，重理论轻实践，难以实现课程教学目的。本文探讨了基于职业核心能力培养的高职心理健康教育课程改革。首先以能力本位为基础对课程教学目标进行能力本位的重构，其次从教学方法、考核形式等各方面进行全方位改革，最后对教学效果进行量化评估。

关键词　职业核心能力；能力本位；行动导向；教学改革

一、研究背景

职业核心能力是近 20 年来国际职业教育领域关注的焦点，是对专业能力的补充，包括社会能力和个性能力。社会能力是指与他人相处的意愿和能力，个性能力是通过拓展个人才能而得到发展的能力。[1]

心理健康教育有预防心理危机、适应现实环境、促进自我发展和成长三个层次的目标，对于发展社会能力和个性能力有非常重要的作用，是形成和发展职业核心能力的重要保证。在传统的心理健康教育课程中，重理论轻实践，重认知轻能力，难以实现其课程设计的初衷。高职院校"大学生心理健康教育"教学改革的目标，就是培养学生在实际生活和工作中运用心理能量解决实际问题的能力。[2]能力本位导向的课程改革是实现高职心育课程改革突破口。

二、心育课程教学目前存在的问题

由于"大学生心理健康教育"课程开设时间不长，在师资储备、教学环境、教

① 基金项目：2015 年度海南省重点教育教学改革项目"与职业核心能力标准相衔接的高职公共基础课程教学改革"研究成果。

② 作者简介：高茹，1972 年生，海南职业技术学院副教授，研究方向为高职心理健康教育、职业教育教学法。

学手段上还存在许多差强人意之处,主要表现在以下几个方面。

1. 教学目标定位过低

心育课程传统的教学目标是普及心理健康知识,矫治和预防心理疾病及心理问题。这一目标难免让人产生"为病人"开设该课程的误解,严重影响课堂参与度。由此难免出现授课老师将重点放在强调什么样是变态人格、何种心理问题需要赶紧就医上,导致课程目标偏离大部分心理亚健康或者健康人群的实际需求。还有些老师将心理健康教育课定位于心理咨询课,课程内容围绕心理咨询中出现的学生常见心理问题;而师范类院校等设有心理学专业的院校,将该门课程设定为专业基础课,主要向学生教授心理学相关知识并强调识记远远超过强调能力,完全忽视心理健康教育的发展性目标。

2. 专业师资匮乏

大学生心理健康教育的教学工作是一种专业性很强的工作,不仅需要老师受过心理学、心理咨询的专业教育,还需要老师具有心理学悟性、有丰富的人生阅历和学生工作热情,能深入学生,了解学生实际需求,解决学生实际问题。但是,在各高校看到的普遍现象是,课程的专业师资不足,授课老师水平参差不齐,有些老师没有任何学科背景,只是凭着一种对心理学的本能看法来授课;还有些思想政治课教师和辅导员,将课程与思想品德修养混为一谈;即便是受过心理学专业教育的老师,也常常出现授课过于侧重学术知识,没能通过授课促进大学生的心理健康和提高大学生的心理素质。

3. 传统教学方法的局限性

"大学生心理健康教育"课程立足于学科本位课程模式,对实践和操作技能的重视不够。以心理学基础作为主要侧重点,以课件和黑板相结合为主要教学工具,老师"一言堂"现象严重。学生在教学中完全处于被动地位,课堂没有体现出学生的主体地位。教师与学生之间的互动、交流沟通较少,教师往往看着课件,按照教材照本宣科,较少与学生探讨相关问题。

4. 考核方式过于知识本位

传统的心理健康教育课程考核方式围绕知识记忆是否准确进行,主要的考核手段是笔试。这也导致学生平时不重视实践和反思,将心理健康教育这样与个人前程及命运息息相关的自我提升手段,当成一门临时抱佛脚的考试科目,与高职院校培养目标是背道而驰的。

三、心育课程教学改革的途径

1. 以能力本位为基础对课程教学目标进行优化

高职院校的课程设计必须兼有高等教育性和职业教育性。高职心育课程的课程目标定位为围绕高职生特点，以实用、够用为准绳，弱化知识，强化实际能力。传统心理健康教育所指向的能力目标是识别自身心理问题倾向和程度，及时采取必要措施进行救治。自 20 世纪 90 年代起，积极心理学在西方国家兴起，其服务人群定位于心理处于亚健康状态的普通人，其研究内容是如何让普通人更好地自我成长。

结合积极心理学的理论背景，我们将心育课程的总体能力目标定位为：提升自我觉察力；悦纳自我；接纳、表达、转化消极情绪；主动储存、提取积极情绪；能判断个人承受心理压力的边界，知道何时、如何求助于外；能创造积极的人际关系，将感恩、共情等因素纳入人际关系中；能积极参与组织和团队建设。

在总体能力目标下，对于每一项能力的培养，在课程教学中进行分层。例如，在"提升情绪管理能力"这一部分，将能力目标细分为以下几个。

（1）基础目标：掌握情绪词汇；能通过身体语言和非身体语言识别几种基本情绪。

（2）中级目标：觉察但不与个人情绪状态认同；掌握负面情绪的自我调节方法；练习"我感到……"，用客观中立的语言表达负面情绪；关注积极情绪的积累；练习提升积极情绪的方法；表达感恩；增加助人行动的承诺。

（3）高级目标：转化负面情绪，视负面情绪为成长工具，为自我成长铺路。

2. 行动导向的教学方法改革

以"能力本位"确定心理健康教育课程教学目标的前提下，教学方法要与教学目标相吻合，即通过多种调动学生积极性的方式来授课。行动导向即指由师生共同体确定具体的行动，由此引导教学过程。学生通过主动和全面的学习，达到知行合一。行动导向建立于行为科学和教育科学双重理论基础上，是德国职业教育教学领域改革的核心内容，强调人在实现既定教学过程中的主动性。[3] 能力本位课程开发的指导思想是使学生通过整体连续的行动过程来学习。学生以"项目"完成的结果来呈现职业能力，教师只是教学活动的设计者、组织者和指导者。教学环境模拟真实情境，强化岗位技能与职业核心能力培养。行动导向教学法是由多种教学技术、手段、方法结合而成的，主要包括项目教学法、案例教学法、角色扮演法、头脑风暴法等。[4]

（1）项目教学法。项目教学法是以项目工作过程中发生的具体任务为载体，通过系列工作任务组合成的一个完整项目来组织教学。项目教学法以任务引领，在真实的工作情境中完成教学任务。项目完成的过程有利于学生理念联系实际，提高对知识的理解和掌握。在教学过程中，学生的自主学习能力、创新能力以及团队合作能力等得到激发。心育课程的项目设计围绕高职生常见心理问题，如"入学自卑情结"，设计相应的单元教学项目和任务。

（2）角色扮演法。角色扮演是模拟具体情景，为学生提供体验实际生活场景角色的机会。角色扮演法主要包括四个基本步骤，以"恋爱分手处理"教学内容为例：A 确定教学目标——觉察和处理分手时的负面情绪；B 设置情景——男生提出分手，女生不愿意并当场痛哭流涕；C 角色扮演——各小组成员扮演男女同学，要求学生提供不同的处理方法并进行讨论；D 效果评价——通过学生自评、小组成员互评、旁观学生评价、教师评价相结合，学生从中得到领悟和提高的机会。

（3）头脑风暴法。头脑风暴法是指团队成员踊跃阐述自己的想法，集思广益，最终达到创造性解决问题的目的。这是一种在教学实践中常用的激发思维的方法。在这一过程中学员相互启发，相互学习，个人的知识欠缺将通过共同讨论、集思广益来得到弥补。[4]

举例如下。

表 1　课程项目化教学设计示例

项目	项目一　我是一名高职生				
	1.1 消除对高职生身份的顾虑			1.2 训练乐观归因思维	
任务	1.1.1 觉察各种抵触	1.1.2 表达、释放不满情绪	1.1.3 转化消极情绪	1.2.1 识别乐观归因能力	1.2.2 训练乐观归因思维
情境设置	情境 1.1 "今天，我是高职生"的感受	情境 1.2 如果有人对高职生质疑，你会如何表达	情境 1.3 正向看待"高职生"	情境 1.4 心理测试"乐观归因"和"希望"指数	情境 1.5 就"我是一名高职生"进行讨论
具体行动	任务 1.1 心理测试	任务 1.2 角色扮演"当我听到你这么说，我感觉……我希望……"	任务 1.3 尝试进行社会调查，了解高职生实际生活状况	任务 1.4 心理测试头脑风暴	任务 1.5 六项思考帽，小组分角色不同角度思考

3.形成能力取向的考核体系

在以知识教育为中心学科体系教学中,学生知识性的学习成绩是唯一的评价标准,这种终结性考核方式大大忽视了学生的主观能动性,难以激发学生主动探索求新的精神,难以适应能力本位的行动导向教学模式。在能力本位的行动导向教学中,对学生的学习考核形式包括但不限于以下几种。

(1)形成性考核是指在行动导向教学中,把过程考核与考核过程融为一体,最大限度地发挥教学评价对于教学活动的导向、反馈、诊断、激励等功能。比如,在"感恩教育"这一教学内容下,设计了在课堂内"班级同学互相表达感恩""发短信向亲友表达感恩""写一封信向父母表达感恩""小组讨论在大学生活中对他人帮助行为的感恩",每项活动都要求学生将其参与结果记录下来,作为当堂参与度的重要考核指标。

(2)多元化考核重视教学评价主体的多元化。在课堂里,将学生自评、小组成员间互评、小组外学生参评、教师总结性点评结合;在课堂外,把学校同行评价、社会受益者评价和学生家长评价有机结合。这样的评价对引导学生进行自主学习、考核学生学习成效、激励学生学习兴趣、促进学生自我发展产生深刻的影响。教师除了要通过自上而下的点评,更重要的是指导学生进行自我评价,确立阶段性的学习目标。这种评价方式下锻造出的学生评价能力是最具有迁移性的。在这个评价体系中,教师还要善于在逐步引导学生自我评价的同时,学会客观评价他人及正确对待他人评价。比如每堂课后,用焦点解决心理治疗方法,要求学生进行"刻度表反馈",对自己在课堂上的收获进行反思和打分;同时在小组内进行互评;针对有条件的班级,还开展了学生与老师个别谈话,汇报和总结学期学习成果的讨论。

(3)多样化考核是指评价方法和评价手段的多样化,即评价方法既包括定性评价又有定量评价,既有智力因素评价又有非智力因素评价。以往的心育课程重视认知考核,在改革后的心育课程中,认知考核并不在重点,关键是在于学生是否将学习成果内化,并能够迁移到课堂之外。通常这项考核由学生在期末学习总结及学生互评中得以体现。

(4)差异化考核。教学评价应该承认学生在发展过程中存在的个性差异,针对不同个性的学生采用有针对性的评价指标和评价要求,使评价起到促进每个学生在已有水平上的不断发展。心理健康水平是一个动态的指标,需要人时时保持觉醒能力,观察到自己的情绪状态。每个学生的情绪管理能力初始水平可能会相距很远,要求每个人水平一致是没有意义的。重要的是每个人对于属于自己乃至其家庭、家族的核心情绪状态保持一种高度的意识。通过布置"情绪日记",能够使这项自我评估和考核得以实现。

四、心育课程教学改革效果的量化评估

以往的教学评价是一种静态评价,而非发展性的评价。传统教学评价方式难以激发学生的学习动机,难以全面反映学生心理健康的发展变化和心理调适技能的掌握程度。

为了对课程改革效果进行更客观的评估,我们采用自我效能感和生活满意度两个量表,抽样对学生进行了心理健康教育干预措施,随后进行前后对比测量,发现经过干预后,发生了显著差异。[7]

表2 团体成员试验前后的差异检验

	前测	后测	t
自我效能感	31.66±6.75	35.09±8.99	-4.131*
生活满意度	15.42±4.86	19.45±9.15	-4.607**

注:$*P < 0.05$,$**P < 0.01$

综上所述,本研究以能力本位为基础,对心育课程进行了系列的教学改革,首先对教学目标进行能力本位的重构,其次从教学方法、考核形式等各方面进行了教学模式改革,最后对教学效果进行了量化评估。这是一次对高职心育课程教学改革的有益探索。

参考文献

[1] 赵志群. 职业能力研究的新进展 [J]. 职业技术教育,2013(10).

[2] 吴先勇."大学生心理健康教育"有效教学探析 [J]. 教育与职业,2012(8).

[3] 宋春燕,罗小平. 以培养职业行动能力为核心的学习领域课程模式 [J]. 广东技术师范学院院报,2008(8).

[4] 赵娟. 基于职业核心能力培养的高职消费心理学教学改革 [J]. 教育与职业,2013(4).

[5] 卓水英. 基于行动导向下的中职德育课学生学习评价的探讨 [J]. 企业导报,2015(19).

[6]　张皓明. 职业技术教育中行动导向教学模式的研究 [D]. 上海：华东师范大学, 2006.

[7]　高茹, 许昌斌, 李斯. 创新高校心理健康教育模式的实证研究 [J]. 教育探索, 2014 (10).

"三级导师学徒制"下商业
项目引领的动漫专业教学改革

张克亮 [①]

（海南软件职业技术学院　数码设计系）

摘　要　目前动漫设计类职业人培养模式主要围绕"校企合作""工学结合""项目化"等方面展开模式的研究。模式的运行使得人才质量与以往相比有了提升，但是它还是现代教育和传统教育的折中形式，还未完全摆脱传统教育模式所带来的人才培养质量滞后的困扰。本文主要探讨高职动漫设计专业"三级导师学徒制"下商业项目引领的动漫专业教学改革，并以本人所在单位海南软件职业技术学院动漫设计专业的人才培养模式为教改案例，以此为高职院校提供动漫设计类人才培养模式的参考和借鉴。

关键词　大师工作室；项目引领；三级导师学徒制；产教融合

　　海南软件职业技术学院动漫制作技术专业是海南省省级特色专业、骨干建设专业；现有在校生 616 人、专业教师 26 人、校企合作企业 10 多家；建设省级精品课程 2 门、省级教学团队 1 个、省级实验示范中心 1 个。学校的动漫专业多次受到媒体关注报道，以"学生技能过硬、综合质量强"著称，毕业生深受用人单位好评。动漫专业在多年教学改革实践中探索出了一条"三级导师学徒制"下商业项目引领的动漫专业教学改革之路。

　　一、行业大师指导构建产教融合、以动画片项目生产制作引领的模块化人才培养模式

　　1. 成立动漫动画大师工作室

　　从动漫行业、企业聘请专家为我院动漫专业特聘教授，并在他们的主持下成

---

① 作者简介：张克亮，1980 年生，海南软件职业技术学院数码设计系副主任，研究方向为职业教育、艺术设计等。

立了 4 个动漫动画大师工作室。大师的主要工作是以行业企业专家的视角指导动漫专业的人才培养模式的构建。

（1）李莘动漫大师工作室：李莘为国家二级动画导演、中国动画家学会会员，主创并导演《哪吒传奇》《小兵张嘎》等动画片 200 余集。该工作室主要职责是编写剧本、设计分镜头、制作二维动画。

（2）李捷央视动画大师工作室：李捷为国家二级动画导演、央视动画有限公司总经理助理、中国动画学会副秘书长，主创并导演《哪吒传奇》《奥运福娃五连环》等多部动画片。该工作室主要工作职责是制作原创商业项目。

（3）李剑平动画大师工作室：李剑平为国家二级动画导演、中国美术家协会动漫艺术委员会秘书长，2003 年获中国电视艺术家协会颁发"中国电视金鹰突出成就奖"。该工作室主要工作职责是制作中央电视台动画部外包商业项目。

（4）左蒙大师工作室：左蒙为加拿大知名动漫专家、文化部认证高级动画电影制片人，毕业于加拿大知名动画学院电脑动画专业。导演《南海少年》《小小红星》等动画电影；参与《变形金刚Ⅱ》和《哈利·波特与混血王子》等影片的特效制作。该工作室主要工作职责是制作动画公司外包商业项目。

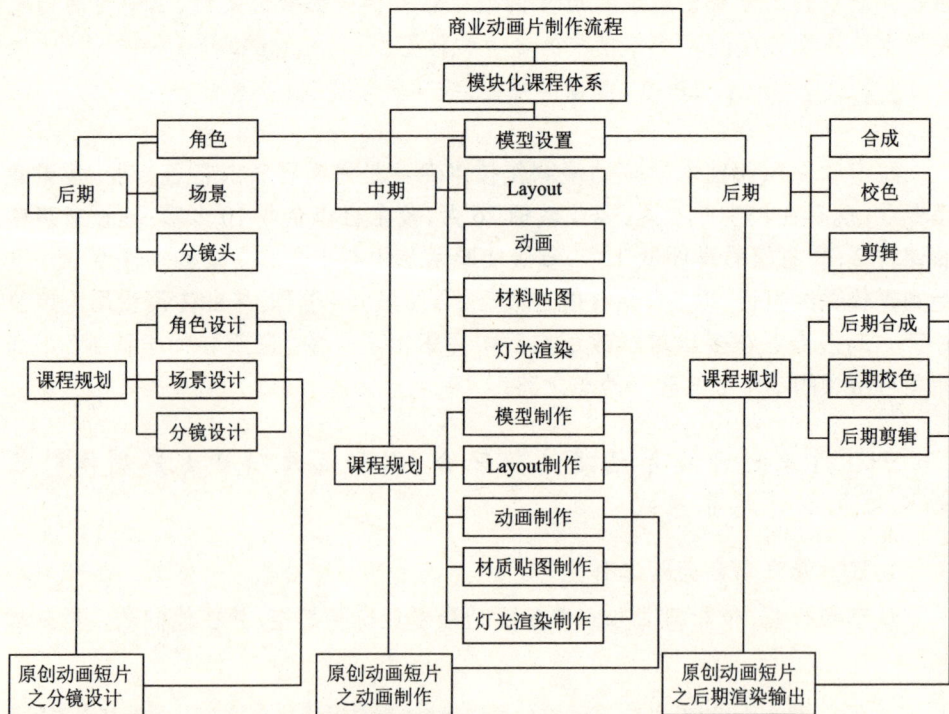

图 1　商业动画片制作过程引领的模块化课程体系

2. 大师指导构建商业动画片制作过程引领的模块化课程体系

动漫专业经过 4 年的改革探索,遵循职业教育成长规律,建设岗位需求与教学要求相统一、企业文化与校园文化相融合的人才培养方案;通过商业动画片的制作,将商业项目生产和企业评价鉴定融入教学,实施以"动漫大师工作室"为载体的"教、学、做、产、品、鉴"一体化的商业动画片制作过程引领的模块化课程体系。其基本思想是以商业动画片制作为主线,与大师和行业专家一起,通过对动画片生产制作的过程分析,把动画片的生产制作分成若干个环节;根据这些环节构建相应的知识模块,学习其中一个模块就可以掌握动画片制作的一个环节,学生按照相关环节对应的知识模块难度和递进关系,逐步掌握动画片制作的全过程。为高职高专动漫专业人才培养工作建立起一套具有国际水准的科学有效的培养模式,成效显著。

在教学改革过程中,坚持教学内容项目化、教学方式工作化、教学环境职场化、教学成果产品化、过程管理流程化、组织管理企业化。教学中引入《快乐狗》等商业动画项目,策划制作《石虎的传说》等多个具有海南地方文化特色的动画项目,鼓励学生积极创新,以推动动漫教育人才创新能力的培养。学生在学习的过程中参与商业动画制作,使得学生的职业素养、专业技能、创新能力得到了全面提升。

3. 实施三级导师学徒制

动漫大师工作室由 1 名或多名技能大师领衔,带领多名高技能人才,辅以学院专业教师,与企业一线动漫生产技术人员共同组成。按照"大师引领、导师负责、师傅指导"的原则,通过专业技术活动的参与,给予每个成员适当的角色和真实任务,保障新手的学习过程和项目成员的可持续发展。

(1)大师引领,搭建高技能人才研修平台。动漫大师担任商业动画片项目的总策划和总负责人,负责一部完整动画片的生产。大师立足动画项目进行技术创新和技术攻关,解决项目生产中的难点;加强与国内外动漫行业精英的交流,加快高技能人才集聚,形成技术创新团队,为动漫技术研修、创新、教学改革等提供交流平台;以动画大师为项目带头人,传绝技、带高徒,为企业及社会培养技能骨干;制订工作计划,积极开展技术创新、同业交流、带徒传技等活动,每年形成一批有价值的成果。通过搭建高技能人才研修平台,发挥高技能人才和技能带头人在推动动漫人才培养工作中的作用。

(2)导师负责,推动动漫人才可持续发展。导师作为动漫大师的助手,由我院动漫专业教师及企业兼职教师担任,在大师的言传身教、交流合作、技能攻关过程中实现成长。他们可能成为各个行业的技术专家,也有可能成为未来的技能大师接管或组建新的技能大师工作室。导师负责工作室的日常工作及对师傅团队管理。

(3)师傅指导,促进高素质动漫人才的培养。师傅团队由我院校办企业"海南海软动漫制作有限公司"的技术骨干组成,师傅负责一部完整动画片中的一个生产环节。根据动画片的生产制作的若干个环节,每个环节安排 1 ~ 2 位师傅,师傅负责新入工作室同学的学习型项目的培训及生产型项目的技术指导。

大师引领下的"三级导师学徒制"实施过程中鼓励不同年级、不同班级的学生来组成项目团队,团队中的人员根据不同的专业特长担任不同岗位,工作室的人员结构和组织管理模式以企业为标准。学生进入工作室后首先以学习型项目训练为主:根据商业动画片生产流程分成的六个学习模块,师傅利用以往制作的成功商业项目案例指导学生培训每个学习模块的技能,培训合格后进入后期生产型项目组;生产型项目组按照动漫公司制作动画片的生产流程为标准,在大师引领下,按照导师的要求,由师傅团队指导每一个生产环节的项目制作。

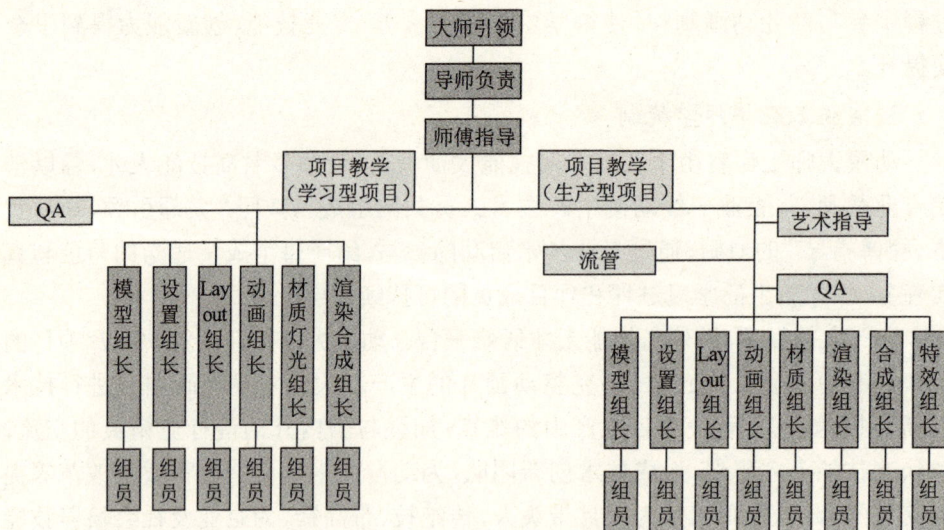

图 2　三级导师学徒制组织管理流程图

二、建立产教融合的实训环境和课程体系实施保障系统

学院在海南国家级生态软件园内购买一幢 2000 多平方米的产学研大楼用于动漫专业产品研发;成立校办企业海南海软动漫制作有限公司,在动漫大师工作

室的指导下进行商业动漫项目制作；引进牡大动画有限公司、海南枫华动漫文化发展有限公司等企业进驻产学研大楼，进行了深度产教融合，建立了两条动画片生产线，形成了校企合作和企业与企业合作的新范式，为产教融合的动画片引领的模块化人才培养模式的具体实施和落地提供了保障系统。

充足的项目来源是大师工作室长效运作的基本保障。工作室的项目来源主要有五类。第一类是直接从动漫企业承接的软件外包项目；第二类是直接从企事业单位（用户）承接的动漫类项目；第三类是借助互联网上的威客平台承接的动漫项目；第四类是开发具有自主知识产权的动漫类产品；第五类是来自各类职业技能大赛的赛项、赛题。

三、成果的创新点

（1）大师高起点引领。聘请了3位动漫行业企业的领军人物和1位参加过国际大片动漫专家为学院动漫专业特聘教授，为构建具有国际水准的科学有效的高职动漫专业人才培养模式定了人才基础。

（2）创建了三级导师现代学徒制，学生只要上了动漫生产线，参与商业动画片生产就可以带薪工作，形成了在动画片整体生产过程引领的三级导师现代学徒制。

（3）成立校办企业海南海软动漫制作有限公司。与央视动画有限公司、海南枫华动漫文化发展有限公司等企业进行了深度产教融合，形成了校企合作和企业与企业合作的新范式。

（4）人才培养梯队传帮带建设。通过工作室平台，师生之间的关系已转换为师徒之间的关系。师生之间面对面零距离接触，形成良性互动关系，使工作室成为教师向学生传授技能和经验的平台。学生经过工作室真实项目的锻炼之后，可以在以后工作室招新时，充当起"师傅"的角色，从而实现以老带新，确保工作室随着学生的毕业就业不会出现技术断层（如同企业的人员变动引起的人才更替问题），确保工作室的长效运作。

四、成果的推广与应用效果

（1）动漫专业的学生在全国高职院校职业技能大赛动漫赛项获得一等奖3项、二等奖1项、三等奖1项；2016年在西班牙巴塞罗那首届国际数字艺术设计作品展获得金奖1项、银奖1项。

（2）以商业动画片生产流程为基础研发了一套适合动漫专业教学改革的教材，主要采用了海南软件专业技术学院动漫专业近些年的原创动画片中的素材，这套教材从前期、中期到后期都是以原创动画片项目引领，将动画片的制作过程融入教学案例中，打破原有的教材章节片段式的结构。

（3）制作了《聪聪玩具岛》《乐比悠悠》等 12 部高清动画商业片，承接了央视动画公司的动画片《快乐狗之森林冒险》制作，完成剧本、角色设计、场景设计、建模、特效等全部动漫片的流程，得到了央视导演的好评，动画片已经在央视少儿频道播放；动画广告短片《热带水果》参展俄罗斯莫斯科大卡通动画电影节（The Big Cartoon Festival）"家庭组别"的放映展示。

（4）注重原创动画片创作，先后制作了《红色娘子军》《石虎传说》《邦溪的故事》等 15 部海南本土动画短片；同时还为央视制作了《神舟八号与天宫一号交会对接》动画片，创作了网络游戏《海南传奇》，赢得了客户和业内人士的高度评价。

（5）在社会上产生较大反响。① 2016 年 11 月 16 日，首届琼台高等职业教育论坛在海口召开，海南、台湾共议高等职业教育发展的未来。课题主持人桂占吉教授应邀做了题为"高职动漫人才培养模式的实践与探索"大会报告。② 由中国电子教育学会职业技术教育分会主办的 2016 年"职业院校改革创新与提升内涵质量建设经验交流"上，课题主持人桂占吉教授在会上做了题为"高职动漫专业大师工作室实践与探索"的大会经验交流报告。③ 课题主持人桂占吉教授在海南省计算机论坛暨海南省计算机学会 2016 年会上做了题为"产教融合的动漫专业人才培养模式的构建与实践"的大会报告。④《中国教育报》《精神文明报》报道了本研究部分成果，《海南日报》《南国都市报》专题报道本研究成果 7次，《新华社高管专供》报道了本研究部分成果。

参考文献

[1] 雷宇. 关于我国高等动漫教育发展的思考 [J]. 河南师范大学学报，2009
（1）.

[2] 王翼中. 动画产业经营与管理 [M]. 北京：中国传媒大学出版社，2007.

[3] 贾否，路盛章. 动画概论 [M]. 北京：中国传媒大学出版社，2005.

[4] 国务院办公厅关于推动我国动漫产业发展若干意见（国办发 [Z]200632
号）.

[5] 赵志群. 职业教育工学结合一体化课程开发指南 [M]. 北京:清华大学出版社,2009.

[6] 动画产业年报课题组. 中国动画产业年报(2004~2005)[M]. 北京:海洋出版社,2006.

论我国高等院校关于职业汉语教育教学的改革

——以三亚城市职业学院为例

邓迎春 ①

（三亚城市职业学院　公共教学部）

摘　要　高等院校职业汉语课程在培养学生的人文素养、增强学生的职业幸福感和专注度等方面有着不可替代的作用，需要就目前职业汉语教学中出现的一系列问题进行改革。高等院校职业汉语教育教学改革势在必行，我们需重新思考这一议题。

关键词　高等院校；职业汉语；改革；传统模式；网络

职业汉语在普通高等职业院校中均有开设，就目前各大职业院校对职业汉语（本文不加双引号的职业汉语非单独的一门课程，而是指广义上的与职业汉语有关的教育教学活动，下同）的课程设置和重视程度而论，广大师生形成一种共识：职业汉语是一种通识技能，无非是怎么说话、怎么办事、怎么写一份形式和内容合理的公文，教授职业汉语的教师也不能准确定位其在整个高等教育中的作用及地位。

一、高等院校职业汉语教育教学存在的问题及原因

要厘清职业汉语在高校教育教学中存在的问题，首先不得不论及什么是职业汉语。"职业汉语，是现代社会职场中运用的以普通话为基础，带有鲜明职业特征的交际语言。"[1] 既然职业汉语有这么大的使用市场，为什么其在高校的处境如上文所述，食之无味弃之可惜呢？

（一）宏观社会环境和微观教材内容

宏观来论，"改革开放 30 多年来，我国高等教育经历了全面恢复、稳定到大

---

① 作者简介：邓迎春，1989 年生，三亚城市职业学院助教，研究方向为中国现当代文学研究。

改革、大发展再到大提高三个重要的阶段,正在进行着跨越式发展,步入了大众化、国际化、多样化的发展轨道。"[2] 据此,随着就业压力的逐年增加,学校的课程设置也以使用为主,故学校重视专业课而轻视公共课。职业汉语课因大众误解为仅讲授"职场中的听说读写四个环节",从小到大在母语环境中听说读写的学生认为他们对职业汉语已经很了解,故学生轻视。

微观来论,职业汉语课自身存在诸多方面的问题待改进。

一是教材的混乱,内容目录大同小异,一般分为六大部分,绪论介绍职业汉语概论及职业汉语能力;第一章为职场文本解读,其中主要是宏观方面对职场文本的整体感知;第二章为职场口语表达,主要以训练学生的职场听说为主要教学目的;第三章为职场书面表达,宏观介绍职场公文书写技能;第四章为职场文书写作,从内容和形式两方面介绍写作职场文书所需基本技能;第五章主要是国家职业汉语能力测试的相关介绍。

从上面每章节内容不难发现,"职业汉语"教授的内容与专业较为脱节,"职业教育不仅有着自己的特定目标——满足社会经济发展的人才需求以及与之相关的就业需求,而且有着自己的特殊规律——促进不同智力群体的个性发展以及与之相关的智力开发"[3]。

综上所述,宏观社会就业压力导致高校普遍授课内容和学生考核趋向的功利性。微观大学本科教育没有开设"职业汉语"课程,高等专科院校"职业汉语"课程的授课教材及内容与学生的所学专业脱节,故职业汉语的被轻视大有水到渠成之感。

(二)高职院校学生基础较差且教师知识结构单一

目前我国高考填志愿按分提档,且高考复读学校与开设班级与日俱增,高职院校生源的整体水平偏低,而通过层层选拔剩下后进入高职院校的这批学生"与高中学生心目中的真正大学相比,存在的差距较大,所以大多数考上高职院校的学生,面对新的同学、教师和学习环境,不仅没有产生自豪感和兴奋感,反而心情沮丧、情绪低落,甚至产生自卑"[4]。学生整体情况如此,故他们对自己学校的归属感不强。

另一方面,高职院校的教师队伍整体水平偏低。再者,对本专业很了解但综合知识不强,导致教师在授课时无法融会贯通。

(三)高职院校对"文化教育"较为轻视

"从历史的眼光来看,职业教育不论各类课程的形式如何,实际上都包含着三种课程类型，即文化课、专业课、实训课。因为职业教育是教育的一个类型，也是一个组成部分，必然要树立一切教育所共有的目标——文化教育。"[5]但目前高职文化教育课程普遍被挤压，所剩无几的文化教育任务落在了"职业汉语"课的肩头。众所周知，"一个人的人文素养不够高的话，其自身的创新能力也不会太高"[6]。文化教育所需时间漫长且效果并不显著。就狭义的职业汉语人文素养来论，在管琰琰主编的 2015 版《职业汉语能力与素养》一书中，只有第五章——《人文素养与职场人生》涉及"文化教育"这一内容，此章节中设置了中国古代诗歌、中外现当代诗歌、中外优秀散文及演讲稿，内容涉及面较为广泛，但占此书整体内容的比例较小，而"职业汉语"课时较少，所以授课老师只能在较少的课时内再压缩第五章的所费课时。教会学生如何做人是从事任何一种职业的前提，"帮助学生培养更高的发散性思维和创作能力"[7]。

综上所述，高职院校学生在校学习时间缩短，课时缩减。第二《职业汉语》教材中"人文素养"这一章节占全书内容的比例较小。这就导致"职业汉语"课中"文化教育"部分的教授时间缩短，教授方式的连贯性受阻。

（四）高职院校教学方式较为传统，教具和教学设备较为落后

"我国教育部对大学课程教学方面，没有提出明确的方向和要求"[8]，"课程方面并没有明确的资质要求"[9]，"另外，对于高校使用的课程教材没有给出确切的要求和规定"[10]。高职院校教育教学改革虽然被多次提及，但效果甚微，因高职院校的授课方式大多数还是以传统的老师讲学生听为主，"教学方式单一，教学组织呆板，缺少活力，缺少层次"[11]。这种填鸭式的教学方法在每次课改时都是首先被批判的对象，所以一言以蔽之，让学生变得主动，从老师的教到学生的学为主。如何让学生变得主动呢？

就"职业汉语"课来论，公文写作的讲解，若放到室外讲解，是行不通的，但若在讲完所有的理论后带领学生去人才市场，投递简历参加真实环境的招聘，或许会取得较好的效果。无可厚非，这种地点的变换偶尔还是能很好地带动学生走向知识，主动探究，但切记流于形式。

再者，教学设备的落后，很多高校在教育教学改革中因教具和设备的落后而无法展开相关的教学活动。国家重点院校享有最先进的设备，但地方院校和经济发展落后的西北地区没有教学设备或者设备很陈旧。

二、高等院校职业汉语教育教学改革的对策

针对当前国际国内经济形势下的职业教育，必须高瞻远瞩。什么是教育？

什么是职业教育？什么是职业教育中的职业汉语教育？什么是职业汉语教育中的文化教育？高等院校职业汉语教学改革应该是在现有问题和原因深度调查了解基础上系统地整合性改革，它绝不是简单地对现状进行细微调整——换一本教材，换几个老师。教育教学改革，"不是一个空泛的口号，它需要一个坚实的、科学的、睿智的研究支撑，以辨清方向，寻求规律，确定对策"[12]。

（一）高等院校职业汉语课程教学大纲的调整

教学大纲具有提纲挈领的作用，高校职业汉语教育教学改革首先要做好教学大纲的制定与修订，针对高校公共基础课所占比例少、内容多、学生基础差、教学设备又相对落后的情况，在编制教学大纲时，理论结合实际，让公共基础课更好地为专业课服务。

以去年三亚城市职业学院"职业汉语"课程的教学大纲为例，其中"教学目的"的设定为"本课程是适用于高等职业教育各专业的公共基础课。本课程旨在培养学生运用语言、文字的能力，使学生掌握在职业环境中运用语言获得信息和传递信息的交流与沟通能力；培养学生在职场活动中所必需的语言理解能力、判断能力、推理能力和表达能力；培养学生运用语言完成一定工作和学习任务的能力。"（内部资料：三亚城市职业学院职业汉语孙小玉老师根据管琰琰主编《职业汉语能力与素养》2015版所撰写的职业汉语大纲），此大纲教育目的篇对"职业汉语"课程的性质做了较中肯的定义，但培养学生运用语言文字的能力、语言理解能力、判断能力、推理能力、表达能力等诸多能力怎样落到实处呢？

（二）高等院校《职业汉语》教材的改革

高校教材建设与教育教学改革息息相关，目前我国高校学生使用的教材，一般都由代课老师从综合因素出发，决定最终的教材选择，这种自主选择教材的方式，一方面有利于教师的讲解，另一方面，根据学生的实际情况灵活选择教材，让学生更好地吸收。

教材的自主选择，可能造成课程改革的混乱。高校教材选择应该针对学生的专业需要进行系统连贯的设计，保证每一位老师的教材内容不重复，每一专业的专业课和理论课相互融合，让基础课更好地服务于专业课。"职业汉语"课中的公文写作典型案例，可以选择与学生所学专业相关的内容。至此，笔者不再详述，教材的选取还需要老师和学校进行系统的筛选和整合。

（三）加强职业汉语课程中关于"文化教育"内容的整体比例

高等院校对人才的培养目标是德、智、体、美、劳的全面发展,就职业院校来论,"有一个'匠'与'师'之争的议题。所谓'匠',就是那些练熟掌握一门技艺,能够在岗位上出色完成任务的群体。所谓'师'是那些可以通过技艺进行新领域的开拓、进行技术创新、进行技术提炼和发展的群体。就社会的需要和个人发展而言,'师'应该是职业教育追求的目标"[13]。"大师"的塑造"文化"起到不可低估的作用,但目前职业院校的文化教育越来越薄弱,职业汉语在人文素养培养方面对学生的启迪教化所起的作用越来越大。

一方面,职业汉语老师根据学生的自身情况和课程整体设计,在教育教学过程中更多地设计关于人文素养方面的内容,让学生在点滴中感受做人做事的原则。另一方面,引导学生感受美好的事物,将课改的要求具体落实到每一节课中。

（四）网络教育与传统教育模式的互动与共存

传统教育模式以教师为中心,学生被动接受知识,教师带着知识走向学生,对学生因势利导。对传统课堂教学我们已有广泛和深入的研究。"职业汉语"课属于理论讲解型课程,网络教育是以计算机应用为主的多媒体技术,与传统教育模式相比具有诸多优点,突破了地域限制,达到资源共享,同时现在市面上出现的很多关于教育咨询类 APP,如三亚城市职业学院倡导运用的"蓝墨云班课"等,已经具备了实时互动、课堂测评、成绩分析、题库数据输入和导出等功能。

对"职业汉语"课程而言,公文格式讲解、公文内容书写练习、逻辑能力训练等部分可以在"蓝墨云班课"进行讲练。众所周知,网络运用是一把双刃剑,在它便捷高效的同时也存在有些学生投机取巧的情况,拿"智慧树"(三亚城市职业学院师生已投入使用)为例,学生在网上选了自己喜欢的课程,老师在网上对选择某一课程的学生进行管理,学习完所有课程并参加考试合格的学生可取得相应的学分,就笔者实地调研,参加"智慧树"学习的学生为了完成所选课程的学习(看视频计时),在课堂上静音播放视频来凑够学习时间并"刷完"所有的课程。这种网络课堂利用方式并没有达到我们所预期的相关学习效果,所以传统课堂与现代网络技术的结合,需要根据具体的教学环境和所授内容合理利用。

三、余论

综上,职业汉语课程在培养学生的人文素养、增强学生的职业幸福感和专注度等方面有着不可替代的作用,就目前职业汉语教学中出现的一系列问题进行改革。高等院校职业汉语教育教学改革势在必行,改革也并非老生常谈,我们需重新思考这一议题。

参考文献

[1] 高直. 职业汉语 [M]. 北京:高等教育出版社,2009.

[2] 李建芳. 浅论我国高等教育教学改革 [D]. 西安建筑科技大学硕士学位论文,2010.

[3] 姜大源. 当代世界职业教育发展趋势研究 [M]. 北京:电子工业出版社,2012.

[4] 姜大源. 当代世界职业教育发展趋势研究 [M]. 北京:电子工业出版社,2012.

[5] 张玉臣. 职业教育三环节教学模式 [M]. 北京:机械工程出版社,2011.

[6] 张玉臣. 职业教育三环节教学模式 [M]. 北京:机械工程出版社,2011.

[7] 宋玲. 从高效教育管理创新模式视角研究高校教学改革的有效路径 [J]. 科技资讯,2016(8).

[8] 宋玲. 从高效教育管理创新模式视角研究高校教学改革的有效路径 [J]. 科技资讯,2016(8).

[9] 宋玲. 从高效教育管理创新模式视角研究高校教学改革的有效路径 [J]. 科技资讯,2016(8).

[10] 宋玲. 从高效教育管理创新模式视角研究高校教学改革的有效路径 [J]. 科技资讯,2016(8).

[11] 李建芳. 浅论我国高等教育教学改革 [D]. 西安建筑科技大学硕士学位论文,2010.

[12] 姜大源. 当代世界职业教育发展趋势研究 [M]. 北京:电子工业出版社,2012. 序言.

[13] 张玉臣. 职业教育三环节教学模式 [M]. 北京:机械工程出版社,2011.

跨境电商背景下国贸专业教学改革探析

——以海工商为例

王　敏①

（海南工商职业学院　经管学院）

摘　要　比尔·盖茨曾说过："21 世纪要么电子商务，要么无商可务"；马云说："未来五年如果不做电子商务你会后悔"；在 2015 年上半年，国务院也提出支持跨境电商发展，促进"互联网＋外贸"，跨境电商外贸成为我国外贸行业转型升级新航标。跨境电商来势汹汹，潜力无限，优化和调整高职院校国贸专业课程体系，把握好行业转型新契机，为市场提供从事跨境电商活动的综合型人才，成为国贸专业教改的重头戏。

关键词　国际经济与贸易；跨境电商；人才培养

一、国贸专业教改势在必行

（一）跨境电商将成为世界贸易的主要形式

改革开放以来，外贸的快速增长为中国经济的发展提供巨大的动力。根据国家相关统计部门公布的数据显示，中国近五年的外贸出口增速有放缓的趋势。2011 年出口年均增长率为同期的 195％，2012 年仅有 14％，2013 年为 54％，到 2014 年不仅没有增长，还出现了倒退。跨境电商却在中国蓬勃发展。2015 年中国跨境电商交易金额占中国对外贸易总额的 19.5％，与 2014 同期相比增长 28％。据保守估计，2016 年年均增速接近 30％。预计到 2020 年，中国跨境电商所创造的贸易额将占中国贸易额的约 37.6％，交易额约为 12 万亿元，其中零售增长迅速，年均增幅约 37％，占中国跨境电商所创造总贸易额的 30％甚至更多；跨境电商为全球的企业和消费者建立一个世界贸易便利的舞台，企业可以在这

---

① 作者简介：王敏，1986 年生，海南工商职业学院经管学院教师，中级经济师，研究方向为经济学、国际经济与贸易。

个大舞台上向世界消费者提供产品,而消费者也能从世界各地购买自己需要的产品,再次缩小了世界的范围,实现世界互动。中小企业的产品可以卖到全球,真正实现了全球连接、全球联动。由此可见,跨境电商已经成为连接全球各地的主要贸易形式。

从企业到国家层面均为支持和保障跨境电商的发展而制定相关的政策措施。总书记习近平提出的战略构想"一带一路"、在国务院发布的《关于促进跨境电商健康快速发展的指导意见》中提出促进"互联网＋外贸"、完善人民币汇率市场和扩大跨境人民币的结算服务的范围等均是从国家层面支持跨境电商的发展。海关总署从 2012 年正式启动跨境电商贸易方面的服务试点后,仅两年左右的时间,全国各地纷纷进行申请,为当地跨境电商的发展推波助澜。再看企业层面,eBay、京东海外购、阿里巴巴"速卖通"等电商大鳄们不约而同地走向跨境电商领域,提供信用证办理、出口退税等多种服务,是跨境电商发展大军中的中坚力量。

从上述信息可以看出,跨境电商的发展势不可挡,以往的外贸模式不符合当前市场发展的需要,而跨境电商将被外贸企业作为其转型的新航标。那么要迎合新贸易模式,国贸专业人才培养也必须进行深入的改革和优化,才能与时代接轨。

(二)综合型的跨境电商外贸人才稀缺

跨境电商飞速的发展,让部分保守的外贸企业认识到跨境电商模式未来有无限发展空间,如果保持一成不变只会被淘汰,因此有一半的中小企业想在跨境电商领域一展拳脚,然而在这个转型大潮中,对跨境电商人才的需求达到了几十万,真正符合跨境电商外贸工作的人才却是少之又少,既有理论又能实操的更是一将难求。

从市场需求情况来看,从事跨境电商相关外贸业务工作的人员需要掌握网络平台操作、商务英语和国际贸易等知识,而目前很多高职院校针对这方面的人才培养存在很大的误区,仍停留在传统培养模式上,对于培养目标的定位不够精准,注重理论而忽略实践,课程设计不合理,教学方法和手段老套,导致培养出来的学生和社会实际需要人才脱轨。外贸人员难以熟练操作电子商务,而会电子商务操作的人员对外贸又是一知半解。

因此,跨境电商这个潜力股为各外贸企业、从业人员带来机遇的同时,也对外贸人才提出了新的要求,跨境电商综合型人才的培养是各大高职院校面临的挑战。我们必须深入分析当前市场需求的人才情况及自身培养模式存在的问题,积极进行探索创新,培养与社会接轨的复合型人才。

(三)国贸专业招生不理想

海南各高职院校大部分开设有国际经济与贸易专业,但是据各校相关老师介绍,近年来招生情况并不理想,有的学校已不打算再开国际经济与贸易专业,有的学校在筹划改变国贸专业的人才培养方向。以海南工商职业学院为例,2013 年国际经济与贸易专业招生 60 人,2014 年下降至 32 人,2015 年招生 30 人(转专业后只剩 22 人),2016 年下降至 22 人,国际经济与贸易专业报考人数连年下降。究其原因,还是单一的国贸专业知识根本无法满足当前市场对人才的需求,导致学生就业难。由此总结出,我院国贸专业教学改革势在必行,不然难以渡过难关。结合学校的情况及当前行业发展趋势进行了深入的探析,笔者认为在当前的情况下,跨境电商将是我们国贸专业转型的新向标。

二、新型贸易模式(跨境电商)下,对外贸人才的需求分析

通过对智联招聘等相关招聘网中招聘信息进行整理分析,跨境电商需求的岗位主要是销售专员、客服专员、运营专员和物流专员。这四种岗位对从业人员提出了较高的要求,不仅需要具备外语沟通能力、懂外贸专业知识和海外营销知识,还需要掌握跨境电商技能和国际物流操作技能等方面的知识,可以说是高复合型人才。

(一)外语沟通能力

跨境电商面向的是来自世界各地的顾客,从业人员必须会运用外语进行日常的沟通、谈判、介绍产品、进行网络营销、提供其他跨境服务以及阅读外文网站获取有效信息等工作,目前全球贸易中使用最多的还是英语,如果懂得小语种会更具核心竞争力,如葡萄牙语、法语、西班牙语等,作为非洲和南美洲的官方语言,覆盖市场区域广。

(二)外贸专业知识

对当前国际贸易的发展情况有大致的了解,熟悉国际商务礼仪、国际贸易的相关规则、操作流程,建立贸易关系、合同磋商的信函编写及相关单证的制作,以及海外交易风险纠纷控制处理等。除此之外,还需要了解合同法、经济法、国际商法等相关法律法规,避免出现违规操作,以及能够运用法律武器维护自身的权益。

（三）海外营销知识

熟悉跨境电子商务的营销手段，能够收集数据，针对当前的市场情况和网络环境进行分析，然后通过网络来策划营销活动，用适当的方法。选择合适的网络推广工具对产品进行推广。并且通过学习了解，根据世界各地不同目标客户的消费习惯和消费需求，制定不同的营销策略。

（四）跨境电商技能

熟悉跨境电商外贸的流程，会使用计算机的 Photoshop、CorelDRAW 等相关软件对产品进行宣传和优化、分析数据，对网站进行维护和采取营销推广活动，优化运营过程。

（五）国际物流操作技能

掌握不同品种商品的属性，为其挑选与之相适应的物流方式进行发运。掌握跨境供应链管理基本流程，并能进行供应链管理及设计，将物流、保税仓储、关务、境内配送等环节进行有效衔接，为跨境电商企业提供全方位服务。具备解决物流配送的能力，如出现了配送时间长或者是清关障碍或者是包裹无法全程追踪等相关的物流问题如何解决。

三、新型贸易模式（跨境电商）背景下培养国际经济与贸易复合型人才的改革建议

从前两部分可以看出，未来国际贸易将以跨境电商为主要模式。此时"Made in China"正处在改头换面的重要阶段，跨境电商在增加就业、优化产业链的同时，还提升了品牌竞争力，为中小企业的发展拓展了空间。越来越多的企业看到了跨境电子商务的发展前景，所以非常重视这种新型的贸易模式。但是，跨境电商的快速发展需要更多的相关专业人才，这方面的人才却非常缺乏，从而阻碍了想在此领域一展拳脚的企业的发展。作为为社会输送人才的高校，如何提供符合企业要求的人才，需要对新型模式跨境电商对人才的需求现状进行深入的分析，从而总结高校国贸人才培养教学改革的方向和目标。结合海南工商职业学院的当前国贸人才的培养情况，建议从以下方向进行改革。

（一）调整专业定位和对外贸人才培养的方向，优化课程体系

相关调研数据显示，跨境电商相关企业在选择对应的从业人员时，半数以上

都会选择国贸的学生,但是国贸的学生不能处理电商方面的业务,招进企业之后需要进行培训或者是再专门聘请电商方面的人才,这样对于企业来说无疑增加了成本,如果国贸专业和跨境电商可以融合,形成你中有我、我中有你的格局,在降低企业选拔人才难度的同时也为国贸的学生提供更多的就业机会。例如在国贸专业中加入电商操作类的课程。结合跨境电商所需人才的条件,我校从 2016 级国贸专业人才培养的方向开始进行转变,初步调整是加入一些跨境电商的课程,但是这是远远不够的,建议将主要的课程体系调整如下。

表 1　国际经济与贸易核心技能课调整前后比较表

	国际贸易专业	国际贸易专业 (跨境电商方向)
专业核心课及技能课	外贸实务	外贸实务
	进出口业务操作	进出口业务操作
	外贸单证	跨境电子商务操作实务
	国际结算	跨境电子商务物流与支付
	外贸跟单	跨境电商实务
	国际市场营销	跨境电子商务网络营销
	报关与报检实务	跨境电子商务客户管理
	国际商务谈判	移动 App 综合模拟实训
	国际贸易综合实训	网店运营实训
		跨境电商综合实训

将原有单一的国际经济与贸易专业改为跨境电商方向,培养出来的外贸人才不仅需要掌握进出口业务,还需要掌握跨境电商业务操作方面的知识和技能,例如:处理跨境电商业务、进行产品的营销和推广、提供客户服务等技能,就业面也从原来单一的外贸业务扩大到跨境电商平台操作、物流服务等工作。对于企业来说,招到了复合型的人才,节省了成本和时间,能够尽快为企业创造效益;而对于学生来说增加了就业的竞争力和机会。

(二)加强师资队伍建设

在跨境电商教学中,我们高校老师可以多去企业、其他高校参加学习、培训,或者是请优秀的、具有实践经验的老师来讲课,通过这两种方式来培养一批优秀的教师。作为学校的专任教师,对于学术、科研可能比较擅长,但是缺乏企业的实战经验,因此需要"走出去",隔一年半载就去跨境电商类的企业实习锻炼,参与企业关于跨境电商相关业务的操作,提升老师的实际操作技能,为院校培养以全球供应链和跨境电子商务师为主的创新创业教育师资。这样教师可以将教学中遇到的问题结合了解到的外贸专业的现状和发展趋势,在跨境电商企业中寻求解决方案。我们不仅鼓励学校的专任教师去企业学习,还可以从企业引进专家、优秀人才来担任实训教师和兼职教师,他们讲解的内容更贴近实际业务的操作,与学校主讲理论的老师形成互补。进一步优化调整和提高学校办学的整体质量,这就是所谓的"请进来"。

(三)向订单班培养模式推进

学生可以自愿报名参加订单班培养模式,对这类学生的管理不能仅用学校的管理模式,还要进行企业化管理,让其在学校学习期间就了解企业的文化、产品等信息,最终通过企业考核的学生才能进入企业。这样为企业在更短的时间内培养出复合型人才,一毕业就可以立刻为企业创造效益,为企业人才培养节约成本;而学生在学习过程中接触到更切合实际的操作平台,提高学习兴趣和学习效率。

(四)有效结合"实践+创业"的教学方式,提高学生学习的兴趣

跨境电商要求实操能力极强,仅靠课堂的理论知识很难让学生融会贯通。因此,建议海南工商职业学院针对国贸专业建立校内实训创业基地,实现学校与企业、学生方面的紧密结合。跨境电商企业在校内操作相关业务,让大二、大三的学生直接参与进来,实现产、学、教的有效结合。学生实训时可以参与项目运行,结合海南经济的特点,引入真实的货源和项目,利用全球速卖通、敦煌网、Amazon等平台为当地企业提供产品推广活动,通过实操与客户建立业务关系、通过网络达成交易、为客户提供各种咨询、售后服务等工作,提高学生的跨境电商实战能力和综合职业素养,工作经验有所积累,同时还拥有了外贸创业的能力。学生出去找工作,自身竞争力也得到提高,相信这种模式更能引起学生的共鸣,提高其学习的热情。

这种"实践+创业"的教学模式,对学生、学校、企业来说是一种三方共赢的结合方式。从学校的角度来说,通过让学生直接参与企业实践操作为社会培养出复合型人才,是一种值得我们推进的人才培养模式;对于企业而言,销售渠道得到拓展,同时也解决了人才引进难题;作为学生,获得了与社会接轨的学习机会,

专业能力和综合能力均在实操中得到锻炼。

参考文献

[1] 倪琳."跨境电商"背景下国际经济与贸易专业人才培养改革研究以苏州大学应用技术学院国贸专业为例 [J]. PERSON EDUCATION, 2016(11).

[2] 毛姣艳. 跨境电商环境下高职国贸专业实训实践模式探索 [J]. 教育教学研究, 2015(11).

[3] 乔哲,张彦玲,胡文杰. 高职国际贸易实务专业课程体系改革探析——基于跨境贸易电商化背景的视角 [J]. 职教论坛, 2015(32).

[4] 马欢欢,跨境电商背景下的国贸专业教学改革——以湖北大学知行学院为例 [J]. 湖北函授大学学报, 2016, 29(22).

[5] 徐艳艳. 跨境电商加速发展背景下新型高职外贸人才培养探析 [J]. 对外经贸, 2015(8).

微课在高职院校大学英语教学中的应用和影响

倪华莹 [①]

（海南工商职业学院　公共课教学部）

摘　要　在现代大学教育中,随着网络信息新技术在教学应用中的进一步深入,微课程(简称"微课")已经开始作为一种新的教学模式在课堂中使用。微课不仅是高校教师准确把握创新型人才培养的新教学模式,而且可以促使大学生尽快掌握创新学习方法,提高分析问题、解决问题的能力。因此,微课的使用有助于推动海南省普通高等院校在提升人才培养质量、深化教育教学改革等方面的发展。本文结合本系部在第二届中国外语微课大赛中的实践,论述了外语微课教学在高职院校英语教学中的应用和影响。

关键词　现代大学教育;网络信息;微课;新教学模式

以互联网为载体的信息技术飞速发展,借助信息网络技术的微课程已经开始作为一种新的教学模式在课堂中使用。同时,高校教师的教学理念也在发生变化,众多教师涌入在线教育行业,制作优质教学视频,打造师生互动平台。作为教育信息化一个不可或缺的教学工具,相信微课能在高职院校得以最大限度地合理开发与应用,将是未来高职教育现代化的体现。曾为对冲基金分析师的萨尔曼•可汗从视频网站走上教育道路,开创了全球最大的学校——可汗学院,掀起微课和翻转课堂的教育潮流。这些技术与教育的创新形态站在学生角度,诠释着一种开放、自由、创新的教育理念,也是高职院校教学改革中的一个新的尝试。

一、微课

（一）微课的相关概念

微课具有微课件和微课程两层含义。

（1）从资源的角度看,微课是微课件的缩写,特指短小的在线教学视频。

---

① 作者简介:倪华莹,1988年生,硕士研究生,助教,英语笔译。

焦建利:"微课是以阐释某一知识点为目标,以短小精悍的在线视频为表现形式,以学习或教学应用为目的的在线教学视频。"[1]

(2)从课程的角度看,微课是"微课程"的缩写,包含教学资源和教学过程(教学活动+学习体验)。

胡铁生:"微课又名微课程,它是以微型教学视频为主要载体,针对某个学科知识点(如重点、难点、疑点、考点等)或教学环节(如学习活动、主题、实验、任务等)而设计开发的一种情景化、支持多种学习方式的新型在线网络视频课程。"[2]

两种说法各有侧重,但都涉及了三个关键点:时间、形式、内容——时间短,以视频为载体,内容集中于一个知识点或一个问题。可见这也是"顾名思义"的微课。

微课,英语叫"Microlecture"。 通行的定义是: A microlecture is a short recorded audio or video presentation on a single, tightly defined topic. [3] 对微课而言,正是"简"和"短",成就了"质"和"量"。

(二)微课的特征

微课的特征可以用四个字来归纳——"短小精悍"。"短"指的是视频长度短,视频时间控制在 10 分钟以内,大大缩短了教学课程的时间;"小"指主题小,用来呈现某一特定的、单一的主题;"精"指设计、制作、讲解精良,主题应表现得严密、详细、清晰;"悍"指学习效果震撼令人难忘,简洁、明确的探索知识的路径呈现在学生面前,使学生对知识点流连忘返。

因此,微课就是一种个性化学习,以学习者为中心的教学策略,其优势体现在时间和效率上,尤其对高职院校基础差和学习动机低的学生更有效,可以使学生学得更轻松,老师教得更高效。

二、微课的制作方法和要求

微课的开发方法主要为:录屏软件录制、摄像工具录制、录播教室录制、专业演播室制作、用智能笔录制、专用软件录制、用 IPAD 录制等。

(一)微课制作方法

1. 微课制作之"拍"

用智能手机、DV、数码相机、摄像机等一切可以摄像的录制设备,对着白纸、黑板、白板、现场、活动、游戏等,进行录制,必要时进行加工编辑;保存为 MP4 或者 FLV 等流媒体格式;发布到优酷、土豆、学校的网站或者其他任何的"云端",

方便自己、学生或其他任何人学习。

2. 微课制作之"录"

这里的"录",是指"录屏"。录屏软件有很多种：Camtisia Studio、Snagit、CyberLink、YouCam……做好演示文稿,用录屏软件一边演示播放 PPT,一边解说一边录制。

3. 微课制作之"笔"

除了用普通的"笔"在纸、白板、黑板等地方书写,微课录制还需用手机、DV、数码相机、摄像机等录制设备录制。这里所谓的"笔",主要是指利用"智能笔",进行书写录制。目前主要的产品包括 LiveScribe、SmartPen。

4. 微课制作之"机"

我们一直在探索"傻瓜化"的微课制作技术,也一直试图将微课制作的门槛降低到"零",甚至很多教师可以用苹果手机的高品质录像来录制;一些 IT 企业也积极参与,例如日本东芝笔记本电脑就是其中一例。

5. 微课制作之"派"

我们把平板电脑称之为"Pad",音为"派",借助各种平板电脑,以及相关的 APP,我们可以轻松地实现类似录屏软件的效果。最常见的 APP 包括 ShowMe、EduCreations,三岁半以上的人都可以在 5 分钟之内学会使用。

（二）微课对教师的要求

微课设计的形式对教师提出了很高的要求。微课设计要能吸引学习者的眼球,这是微课做好的第一步。微课设计,技术与形式不是难点,真正的难点是教学设计和教师的创意。微课就是为学生服务的,这是根本;微课的时间尽量控制在 10 分钟以内,根据教学内容和情况而定,有时最好时间为 3 到 5 分钟。设计微课必须充分考虑听众特点、设计目的、使用方式方法、表现形式等,将这些因素融入教学设计。

三、本系部在微课教学中的实践

在第二届中国外语微课大赛中,笔者与本系部三位老师制作了一个外语微课"*How to Book a High-speed Train Ticket Online*？"这个微课荣获了海南省赛区三等奖。此次的参赛我们在积极探索现代大学制度下的新教学改革新途径、优化质量、构筑教学共享平台和提高教育质量方面更是受益匪浅。现以本微课实践进行分析如下。

(一)体现高职院校专业英语的特征

高职院校的学生的发展方向是就业。就业对学生的专业方向有更高要求,要求实践水平高,然而其专业英语课与基础英语课有非常显著的区别:专业英语课是在基础英语课的基础上进行的,顾名思义,是以英语讲解专业知识。因此,此微课能够更精确地传授具有针对性的相关英语知识,这样在教学中可以达到事半功倍的效果。

本微课取材于梁学忠主编的《铁路客运英语综合教程》,以如何在网上订票展开主题教学,在教学设计中首先以高铁相关背景知识作为介绍,激发学生的学习兴趣,通过视频和图片运用英语来简单介绍如何在网上订购高铁票来创设教学情境,从而使学生掌握在网上订票的有关英语表达法,提高学生运用语言的能力,让学生在专业知识的基础上应用英语来表达,体现了高职院校专业英语的特点。

(二)重点难点突出

通过播放一段高铁动车车厢视频,引出本课的主题,并引起学生的学习兴趣,重点是让学生掌握运用英语在网上订购高铁票的步骤及其重点表达句式。借助视频和图片的演示,以学生熟悉的网上购买高铁票的步骤为切入点,有效地引导学生一步一步地了解如何用英语介绍在网上购买高铁票的步骤。难点是解决如何运用英语来讲解在网上订票。

(三)本微课教学活动设计

1. 热身(Warming-up)

老师询问学生是否了解如何在网上订购高铁票,并且询问学生现场购买动车票和网上订票的区别,让学生简单介绍在网上购买动车票的步骤。

2. 导入(Lead-in)

播放两段有关我国目前高铁发展状况和海南新建环岛铁路的片段视频,激起学生学习的兴趣,并且引入课程主题。

3. 知识讲解(Language Points and Explanation)

通过图片和视频对话来学习关键词、重点句子,最后讲解如何运用英语介绍在网上订票的步骤。

4. 操练和扩展（Practice and Extention）

让学生设计网上订购动车票的流程,并让学生自主用英语简单介绍和讲解在网上订票的步骤。

5. 总结（Summary）

运用英语介绍在网上订票步骤的主要表达法。

6. 作业布置（Homework）

安排学生以小组形式课后做一个用英语简单介绍网上订购动车票的PPT,并在下节课展示与介绍。

（四）本微课教学总结

本次微课设计体现了微课的特征"短小精悍",用总长6分钟的视频来讲解如何运用英语在网上订票。本次微课设计基于生活,实用性强,以学生熟悉的在网上购买高铁票的步骤为切入点。首先以高铁车厢片段的剪辑为导入,老师讲解提问,师生互答,模拟操练在网上订票的步骤,将课程的知识性和实用性相结合。该微课的设计还能激发学生的英语学习热情,从而提高学生自主运用英语简单讲解在网上订票的步骤的能力,便于学生日后的工作生活中的应用。本微课教学重点和难点明确、突出,适合高职学生的英语水平。

四、微课在高职院校英语教学中的影响

（一）微课辅助课堂

微课可以作为教学辅助解决大学英语课堂无法解决的问题。在合理的范围内,微课可以替代课堂的其中一个环节,比如课堂导入的设计、教学情境的创设等。而视频可以容纳的内容和呈现内容的方式可以令这个课堂环节比以前更加出彩,更有效果。尤其对现在流行的翻转课堂更有帮助,所谓翻转课堂,就是在信息化环境中,课程教师提供以教学视频为主要形式的学习资源,学生在上课前完成对教学视频等学习资源的观看和学习,师生在课堂上一起完成作业答疑、协作探究和互动交流等活动的一种新型的教学模式。[4]从教学资源的角度来看,短小精悍的微课可成为翻转课堂教学资源最为重要的组成部分。

（二）微课可以弥补课堂教学的不足

当下,专业课的课堂多以PPT的形式讲解,然而微课拥有更多优势,它可以革新PPT的功能,利用微课的录屏方式,教师可以在PPT上直接进行教学演示。

而且,微课的应用方式与 PPT 大不同。首先多媒体的课件是完整的,而微课是分解的。多媒体教学贯穿于整个教学,使得师生很被动地跟着课件走,有时候课件的重难点不明确很难吸引学生的注意,甚至使学生一头雾水找不出重点,针对性地去学习要点。微课在教学中就会避免这一缺陷,它能使一整堂课分解成一个个短小、重点突出的微课,教师可以根据学生的情况对某一知识点选某一微课进行教学,从而进行针对性的重难点突破。同时由于学时限制,有些细节课堂不能讲透或不是所有学生需要的,而微课可以解决这个问题。

(三)微课支持移动学习

高职院校学生的英语程度参差不齐,在教学中教师既要帮助学生有效地学习语言技能,还要帮助他们掌握相应的专业知识,高职院校的学生很早进入实习期,如果其基础较差光靠在课堂上学习想学好专业英语是远远不够的。微课支持移动学习,学生可以使用手机和平板电脑随时随地学习观看,方便实用。教师在课堂上重点讲解,鼓励学生通过微课利用专业英语学习获得外文的专业知识,使学生在微课视频上进行现场模拟、现场的翻译训练,真正参与到课程的学习当中,培养学生专业英语应用能力和自主学习能力,全面提高学生英语水平。

(四)微课促进学生自主学习,因材施教

在愈来愈强调自主学习的课堂上,鼓励学生自主探索、思考、讨论的环节越来越多,但是如果学生对其学习的内容不感兴趣且不能事先掌握自主学习可能用到的小方法,那么自主学习也就很难进行。如果利用微课,情景式的导入可以引发学生的探索兴趣和情感共鸣,使其顺利进入课堂的学习情景。微课作为情景式导入是最常用的方法,运用不同形式的微课使学生对本课堂的知识点有所了解,产生好奇和求知欲,从而获得很好的导课效果。在具体实施的过程中教师先让学生进行自我探索和尝试。基础好的学生能很好很快完成任务,而基础较差的学生却常常不能找准重点,教师可以观察学生的反应从而进行因材施教。

(五)微课有助于教师教学质量的提高

微课设计形式很重要,但更重要的还是教师的内容和思想,也就是教师的教学设计和教师的创意。时代的进步和技术虽然带来了变革,但同时也是对教师自身专业知识和创新性思维提出更高要求。首先,面对时代的教育创新,微课将催促教师提高自身的专业知识水平和创新思维,从而帮助他们自身实现"质"的提升;其次,微课可以改变教师干巴巴的、空洞的说教,提升自身讲课的趣味性;

同时,微课可以使教师与时代的发展与时俱进;最后,微课是为学生而生的,教师围绕学生的自主学习出发进行微课设计,更加了解学生,从而因材施教。

五、总结

自近代学校教学体系确立以来,每一次科学技术的飞跃都会为教育带来新的面貌,这是教育生存的必然,也是教育发展的契机。从过去到现在,尽管教学形态和学习方式发生了天翻地覆的变化,但依赖于班级授课,教师授课的教学形态仍然占主体,而微课是课堂前后最好的辅助手段,微课与课堂共存,却让形式更加灵活。从黑板到多媒体再到微课,微课的发展面临着诸多的问题和挑战,例如制作、评价、应用和可持续发展机制,但其最大挑战在教师,教师最大的挑战在于技术素养的不断提升。在高职英语的教学中不仅可以弥补课堂上的不足,还可以支持学生移动学习,更适用于高职院校学生在时间和空间上的自主学习,也是当代大学英语教学改革的一股清流。

参考文献

[1] http://weibo.com/jiaojianli.

[2] 胡铁生,黄明燕,李民.我国微课发展的三个阶段及其启示[J].远程教育志,2013(4).

[3] 赵国忠,傅一岑.微课:课堂新革命[M].南京:南京大学出版社,2015.

[4] 钟晓流,宋述强,焦丽珍.信息化环境中基于翻转课堂理念的教学设计研究.开放教育研究,2013(1).

慕课、职业教育和思想政治教育相结合的路径初探

——以三亚理工职业学院为例

王 睿 ①

（三亚理工职业学院 思政部）

摘 要 本文针对高职院校中的思想政治理论课教学情况，探究在网络浪潮下如何充分发挥慕课的优势，将慕课、职业教育同思想政治教育更好地结合，探索出一条新路，推进高职院校思想政治理论课教育教学改革，使思想政治理论课真正担负起教育高职院校学生的重大使命。

关键词 慕课；职业教育；思想政治教育

慕课是互联网时代和现代教育相结合的产物，慕课教学利用网络和计算机技术为学生整合优秀教学资源，缩小地区间教育资源的差距。思想政治理论课在基于慕课的混合式教学改革中，不再局限于课堂授课，转为网上授课、讨论、随堂测验等的双向互动，为学生创造交流、思考的平台，有助于学生更好地理解马克思主义理论，塑造正确的世界观、人生观和价值观。

建立基于慕课的思想政治理论课混合式教学模式，是近几年高校思想政治教育的改革重点。高职院校的教育特色是职业教育，三亚理工职业学院尝试从业教育特色入手，将慕课、职业教育同思想政治教育相结合，在教学中针对高职院校的教育目标，结合学生所学的专业对职业素质、诚信品质、责任意识、团队精神、法律素质、专业远景规划等的培养有所侧重，对未来可能会从事的行业需求开展教学。既提高了思想政治理论课教学的针对性、实效性和主动性，又将马克思主义理论与现实生活、学生在校职业教育、社会行业发展和学生未来就业方面相结合，有助于高职院校在互联网新时代下培养符合时代发展的高素质

---

① 作者简介：王睿，1981 年生，三亚理工职业学院思政部讲师，研究方向为马克思主义哲学、思想政治教育。

技能型人才。

一、国内研究现状

（一）高职院校思想政治教育同职业教育的结合

《党中央国务院关于深化教育改革全面推进素质教育的决定》中提道:"深化教育内容和形式,坚持德育的改革,在保持已有的形式中努力开创新阵地、新方式方法。课堂的理论、日常的生活、社会实践等一条线贯之。注重思想政治教育的实际效果,摒弃流于表面形式的说教,理论切合实际。"在党中央全面推进素质教育方向的指引下,高职院校的思想政治教育目标转变为培养高职院校学生具有高尚的职业道德,爱岗敬业,遵守职业纪律,适应社会发展需要的优秀应用型人才。随着高职院校教学改革的逐步深入,高职院校的思想政治教育同职业教育进一步结合,形成了应用性和实践性的特点。

（二）高职院校思想政治教育同慕课的结合

随着互联网的飞速发展和职业教育改革创新的推进,高职院校思想政治教育受到网络的深刻影响,面临着新的发展契机。2012 年慕课提出后,在全世界迅速普及。2014 年 3 月 16 日,国内首个"思想道德修养与法律基础慕课"在复旦大学和北京大学开讲,该课程由上海高校课程共享中心组织,复旦大学牵头,全国近 10 所高校、23 名教师参与跨校联合共建。全国共有 24 个高校近 5000 名学生通过共享课程平台选修了这门课程。高职院校思想政治理论课以慕课为契机,纷纷改变传统的教学模式和教学方法。基于慕课的网上课堂,结合传统的教学方法,采用混合式教学模式改革,探索互联网时代下的新型思想政治教育途径,力求紧跟时代发展潮流,发挥慕课的优势,提高高职院校思想政治教育的实效性。

二、国外研究现状

（一）国外职业教育发展状况

1. 基础教育中融入职业教育

当今世界发展需要综合性人才,教育发展的趋势要迎合社会的需要。德国和法国教育改革方案中明确提出职业教育要向基础教育渗透和延伸,要求中学教学增加职业教育内容,开设职业教育相关课程,在基础教育阶段培养学生的职业素质和职业能力。[1]

2. 职业教育层次的提高

随着经济及教育水平的发展,发达国家和地区的职业教育层次在逐步提高。美国开办了高等教育和职业教育相结合的"社会大学"。中国台湾的高等职业教育在专科、本科的基础上延伸了硕士研究生和博士研究生教育。德国的职业院校毕业生可以通过进修获得综合性大学的硕士文凭,还可以攻读博士学位。[2]

3. 终身职业教育

随着国际、国内经济发展趋势的低迷,发达国家和国际组织纷纷出台政策,调整发展战略,把降低失业率和职业教育的改革发展作为整个经济社会综合发展战略的一部分,充分发挥职业教育在经济长期可持续发展中的作用。

(二)国外职业教育同慕课相结合的发展动态

2008 年,大规模开放在线课程——慕课被首次提出。2012 年,慕课三大平台:Coursera、Udacity 和 edX 成立。随着慕课的推广,慕课和职业教育的结合开启了探索阶段。为提高社会、企业对慕课课程的认可度,Udacity 推出了就业匹配计划,Coursera 提出了吸引企业参与赞助认证证书的项目。[3]

三、三亚理工职业学院对高职院校慕课、职业教育和思想政治教育相结合的探索

高职院校思想政治理论课的教学应体现职业教育的特色,为学生职业素质和专业教育的培养服务,体现出高职教育区别于本科教育的特点。在慕课浪潮下如何将慕课、思想政治教育同高职院校职业教育更好地结合,探索出一条新路,是高职院校思想政治教育工作者亟待解决的问题。

高职院校思想政治教育同职业教育的结合已比较成熟,由于慕课是近年来新兴的一种教育模式,目前仍处于起步发展阶段。因此,高职院校慕课、职业教育同思想政治教育的结合刚刚起步,需要进一步的探索与研究。慕课的优势在于推动了网络时代下高职院校思想政治教育和职业教育模式的优化,如果慕课在培养职业化人才上的价值能得到企业的认可,能达到企业的职业技能和个人综合道德素质要求,将反过来极大地推动慕课的发展。

(一)引入"互联网+时代"下的新型学习方式——慕课,建立基于慕课的高职思想政治理论课混合式教学模式

目前,三亚理工职业学院已开设"思想道德修养与法律基础"和"毛泽东思

想和中国特色社会主义理论体系概论"两门慕课课程,采用清华大学和三亚学院合作的慕课平台,慕课开课率达到100%。选课学生可按照慕课后台设定的进度在宿舍、图书馆、教室、食堂等任意地点随时随地学习,在线上有机会与名师零距离接触。此外,选课学生还将在授课教师的引导下完成共享课程平台上教师布置的个人阅读资料、练习、小论文、知识卡等学习任务。

我院在思想政治理论课教学过程中开展混合式教学,改善高职院校学生对思想政治理论课的学习态度,提高学习效果。慕课的发展给高等教育带来了重大机遇,高职院校的思想政治教育需要把握机遇、迎接挑战,在"互联网＋时代"下的教育浪潮中争做"领跑者"。

(二)在教学中突出高职院校职业教育特色,将马克思主义理论和"职业素质"和"专业教育"的理念相结合

职业素质是一种综合性素质,包括职业道德、职业情感、职业习惯等。职业素质的高低在很大程度上决定了一个人的工作态度与职业发展情况。思想政治理论课教师将高职院校学生职业素质的培育融入课程教学当中,通过课程教学,引导学生建立正确的世界观、人生观和价值观。不仅提高了思想政治理论课教学的专业针对性和实效性,而且增强了思想政治理论课内容对学生的吸引力。我院将思想政治理论课教学中的案例教学同学生专业领域密切结合,设计与学生专业相联系的教学情境。社会实践选取与学生专业相关的领域实施,拉近了思想政治理论课与学生专业学习的距离。

首先,在课堂教学上,选取内容和案例紧密贴近高职院校学生实际生活和专业内容,符合现阶段专业学习和未来职业发展需要。思想政治理论课教学让学生懂得热爱社会,热爱自己的工作,培养高度的事业心和责任感,并在思想政治理论课教学中结合各专业内容培养学生的职场能力,包括团队合作、危机处理、自我管理等方面的能力。

其次,思想政治理论课教师利用翻转课堂,结合不同专业重组教学内容,开展专题教学活动。包括设计教学内容,制定专题活动、考核等,课前布置并组织学生分组,设定课程标准、规范、时长等,引导学生在课堂上顺利开展课程专题教学活动,发挥教师的主导作用和学生的主体地位。

再次,在思想政治理论课课程中结合专业教育设计实践教学环节。结合各专业基本要求和素质要求设计实践教学环节,在学生专业相关的领域实施,让学生感受到思想政治理论课并非单纯的理论教育,而是可以指导专业学习、实践和现实生活的学科。

（三）开展丰富多彩的思想政治理论课课下活动，作为思想政治理论课线上慕课学习和线下理论学习的有效补充

开展丰富多彩的思想政治理论课课下活动，适应高职院校思想政治理论课教学实际。在思想政治理论课教师的主导和各专业辅导员的辅助下，以学生掌握必要的思想政治理论知识、培养学生的职业素养为目标，结合理论学习的重点、难点，三亚理工职业学院开展了多种形式的课下活动，如情景剧表演、诗朗诵、演讲、辩论等，学生可以根据自身兴趣和优势选择参加。这有利于思想政治理论课更好地发挥思想政治理论教育的主阵地、主渠道作用。

（四）根据不同专业的不同教学环节，设计统一的评价标准，将慕课线上考核和线下多种形式考核相结合，形成最终成绩

我院思想政治理论课线下考核的评价标准多元化，将出勤、纪律、作业、论文、课堂讨论、演讲、实践和课下活动等多元表现纳入考核范围，以科学合理的权重进行综合考评并形成线下考核成绩。将慕课线上考核成绩、线下多种形式考核综合成绩相结合，形成最终期末成绩。

三亚理工职业学院以人为本，以生为本，在互联网时代浪潮下将慕课、职业教育和思想政治教育更好地结合，提高学生思想政治综合素养，努力探索出一条新路。在基于慕课的混合式教育模式下，思想政治理论课教师结合各专业特点精心组织学生自觉主动地参与课上专题式教学、参加社会实践和课下活动。考核方式采取慕课线上考核、线下多种形式考核相结合的考评模式，更加注重评价学生的学习过程，使学生们在情感上逐步提高对思想政治理论课的认同感，使思想政治理论课真正担负起为高职院校学生未来走入社会提升素质的重大使命。

参考文献

[1] 乐传永. 发达国家职业教育发展趋势及其启示 [J]. 职业技术教育，2001（5）.

[2] 2015—2020 年中国职业教育行业现状调研分析与发展趋势预测报告 [EB/OL]. www. cir. cn.

[3] 王蓉. 国外慕课的发展与面临的挑战（下）[J]. 世界教育信息，2014（14）.

[4] 王睿，王婉虹. 基于慕课具有高职院校教育特色的思想政治理论课混合式教学模式改革研究 [J]. 新教育时代，2016（33）.

职业技能竞赛对高职院校教学改革的意义探析

韩晶晶 ①

（三亚理工职业学院 对外合作处）

摘 要 在高等职业教育中,职业能力培养是十分显著的一个特色,进入新时期以后,随着高等职业教育改革的深入,职业技能竞赛也逐渐推广起来,通过职业技能竞赛传达给高职院校注重实践的教学理念以及工学交替的创新教学模式,对高职院校发展影响深远。本文立足于高职院校职业技能竞赛的开展背景,分析当前高职院校教学中的不足,提出相关的可行性建议,并阐述职业技能竞赛对高职院校教学改革的意义。

关键词 职业技能竞赛;教学改革;意义

随着我国综合国力的持续提升,我国职业教育也进入黄金发展时期,为了进一步促进学校与企业之间的对接,教育部提出了在高职院校开展职业技能大赛这一建议。职业技能竞赛是企业、岗位和社会相互结合的一个社会活动,其主要目的是突出岗位对技能、技术的要求,促进学生与社会岗位的无缝对接。职业技能竞赛的开展,可以全面展示参赛师生的综合水平,提高学生的职业实践素养,有利于实现课程内容和岗位要求的无缝对接,增强学生的就业能力。在职业教育中,职业技能竞赛是一项十分重要的创新举措,对高职院校教学改革具有深远的影响。

一、高职院校职业技能竞赛的开展背景

在新时期下,我国高职教育迎来了良好的发展机遇,但部分高职院校依然存在教育观念陈旧、教学改革力度不够、实践教育不足等问题,在教学过程中对学生实践能力、创新能力培养不足,理论知识与实践能力相互脱节,高职院校培养出来的人才与社会对人才的需求相互错位,难以满足社会需求。在这种情况下,

---

① 作者简介:韩晶晶,1989年生,三亚理工职业学院硕士研究生。

高职院校改革势在必行,职业技能竞赛作为实践教学的导向标杆,其重要性不言而喻。

二、当前高职院校教学存在的不足

(一)职业教育理念匮乏

高职教育中,教师需要以职业教育思想为本,注重学生职业技能培养,并以就业为导向,开展课堂教学,为社会培养更多高素质的人才。但是在很多时候,教师在教学中仍受传统观念的影响,为学生灌输理论,使得学生难以真正地参与教学,学习积极性不高,职业技能能力低,难以满足职业教育的需求。

(二)理论教学与实践教学设置不合理

就目前而言,高职院校教学中,还存在理论教学与实践教学设置不合理的现象,很多教师在教学过程中,过于看重理论知识的讲解,忽略了实践教育,学生无法通过实践来验证自身学到的理论知识,也无法通过实验来提高自身的实践能力,学生学习到的理论知识与生活联系不紧密,理解难度加大,容易挫伤学生学习的主动性。

(三)对学生兴趣培养不足

在高职院校教学活动中,教师一言堂现象比较普遍,学生人在心走,各玩各的,课堂有形无神,教学质量低下。而造成这种现象的关键原因在于,教师在教学中没有以学生为主,没有引导学生积极主动地参与课堂,学生没有学习兴趣。

三、职业技能竞赛对高职院校教学改革的意义

(一)职业技能竞赛更新了高职院校的教学理念

职业技能竞赛标准参照行业标准,同时引进企业的执行要素,全面考察参赛学生的实操水平、观察能力、应急能力、心理素质等,对传统高职院校教学水平的要求更高。近年来,职业教育在高职院校教育的影响力越来越大,但是受传统教育观念的影响,职业教育进步缓慢,人才培养质量参差不齐,无法满足企业的岗位需求。职业技能竞赛提倡"以赛促教、以赛促学、以赛促改、以赛促建",在职业技能竞赛的引导下,高职院校须转变观念、深化教学改革,注重对学生的实践动手能力和创新意识的培养,加快高职院校教学的职业化发展。

（二）职业技能竞赛促进了高职院校专业课程建设

在高职院校中的职业技能竞赛中,从项目设计、竞赛标准到技术支持和设备提供,企业全程参与。职业技能竞赛的这一运行机制,充分体现了企业的要素,展示了企业最新最高的技能标准要求。此外,高职院校的职业技能竞赛是围绕市场经济的需求展开的,为企业选拔较强的技能型人才。因此,高职院校可通过组织职业技能竞赛,全面认识企业最新的技术技能标准、设施设备要求,并将这些实践要素融入教学内容。与此同时,职业技能竞赛作为技能考核的最高形式,使高职院校高度重视学生实践能力的培养,在实际的教学过程中要实现理论和实践的有机统一,实现教学相长。课程体系设置要以实际工作的岗位要求为导向,以职业技能竞赛标准为导向,实现工作过程系统化的教学模式。因此,职业技能竞赛很好地推进了课程体系建设和专业建设。

（三）职业技能竞赛推进了教学方法改革

职业技能竞赛,是由多个高职院校共同开展的,可以说是各个高职院校相互交流、信息共享的关键平台。在竞赛中,不同地区、不同专业的参赛院校会使出浑身解数将自身的教学成果展示出来,从而让其他院校一睹本校的技能风采、教学成果。在这个过程中,高职院校会在其他院校中找到优点,并根据行业专家、企业负责人的评审,对自身教学环节进行思考,探寻自身教学环节中的不足,并加以改进,尽可能减少与企业岗位要求、与其他院校之间的差距。因此,职业技能竞赛的开展,可以有效促进高职院校教学方法改革。

（四）职业技能竞赛推进了人才培养方式改革

职业技能竞赛的开展,促进了高职院校人才培养方式的改革,高职院校可以进一步加快"工学结合、校企合作、顶岗实习"的人才培养模式构建。职业技能竞赛由行业的专家、领航人参与评审,高职院校可以在职业技能竞赛开展期间,发现学校人才培养方向与企业对人才需求之间的差异,对人才培养进行调整,从而更好地满足企业岗位需求。通过职业技能竞赛,高职院校可以加强与企业之间的合作,让学生进入企业中实习,在实践中掌握知识,而企业也可以派工作人员进入学校,为学生讲解当前的行业形势、对人才的要求等,两者的良好结合,可以极大地提高高素质技能型人才培养质量。职业技能竞赛的开展,使得高职院校在人才培养方面,更加注重创新、实践、实用,这样才能保证培养出来的人才与企业岗位实现完美对接。

（五）职业技能竞赛促进了高职院校"双师型"队伍建设

职业技能竞赛具有技能技术高标准特点，对指导教师的技能和教学水平具有较高的要求。教师可以通过职业技能竞赛平台同企业相关领导和专家进行零距离的交流沟通，实现良性互动。指导教师通过研究职业技能竞赛的项目和标准要求等，制定相应的科研训练方法，具体问题具体分析，统筹兼顾，进行科学系统的训练。指导教师要以竞赛目标为导向，将传统的教学方法转变为符合教育体制改革的需求及学生自身需求的方法，将学生作为课堂的主体，充分提高学生学习的积极性和主动，并千方百计地提高教师教学水平。高职院校职业技能竞赛不仅能从整体上提高教师教学水平，同时还能有效提高教师自身技能水平及专业素养等。

四、高职院校开展职业技能竞赛的建议

（一）科学对待职业技能竞赛

职业技能竞赛作为竞技平台，是对实践教学成果的检验。相关工作人员还应清楚地认识到教学同竞赛之间的差距，高职教学是针对全体学生展开的普及型技能培训，是一种平民化实践教学。但竞赛是针对具有较好技能素质和潜能的学生进行的强化训练。应科学、理性地对待竞赛成绩，有效避免为竞赛而教学和为竞赛而学习的现象。建立以赛促改、以赛促教和以赛促学的正确观念，形成高职院校教学教育观念的科学发展观。

（二）建立完善的职业技能竞赛机制

相关工作人员应针对当前教育模式和竞赛意义建立相应的职业技能竞赛长效机制，该种职业技能竞赛长效机制联动院校、市级／省级和国家级，促进技能竞赛同专业教学相结合、将个人发展同团队协作相互结合、将系统组织同行业企业发展相结合等。同时，将高职院校的优秀教师选派到相应企业进行见习，将企业中优秀的工作人员聘请到学校，给学生进行相应的指导实践教学，充分将"走出去"和"请进来"的措施落到实处，让教师同企业工作人员进行良好的交流沟通，最终为培养学生综合素质提供良好基础。科学优化学生实践技能培训，将学生具体状况同社会发展需求相结合探寻有效的教学方法，进而能科学有效地为学生进行技能培训，提高学生自身综合素质及技能等，为日后寻找工作打下良好基础。同时，建立健全相应奖励机制，激发学生学习积极性和参赛积极性，这样

不仅能促使学生同学生之间的交流、教师同教师之间的交流,同时,还能很好地保障职业技能竞赛参赛人员的公平性、科学性与合理性,将职业技能竞赛机制的长效性落到实处。

(三)学生职业技能与职业精神一体化

高职院校的职业技能竞赛不仅锻炼学生的技能,更重要的是培养学生的职业精神素养。高职院校之间以职业技能竞赛为导向标杆,改革教学内容和教学方法,探索职业精神培养机制,塑造学生求真务实、团结拼搏、创新进取的职业精神。教师通过实训环节在传授职业技能的同时以身作则传授职业精神,促进学生职业能力和职业一体化的形成。

(四)发挥职业技能竞赛对高职院校教学改革的促进作用

职业技能竞赛的开展对于高职院校教学改革有很好的促进作用,在实际中,高职院校应该注重这一优势的发挥。职业技能竞赛的开展,一方面可以将高职院校的优秀教学成果、技能水平展示出来,另一方面还能推动校企合作,加强高职院校之间的沟通交流,同时还能促进相关专业的综合发展。需要注意的是,职业技能竞赛还没有彻底覆盖高职院校所设的全部专业,只在局部专业得到推广,所以,还需要进一步加强职业技能竞赛的推广,针对没有纳入竞赛的专业,设计良好的竞赛项目、竞赛标准,全面发挥职业技能竞赛对高职院校的带动作用,促进高校发展。此外,职业技能竞赛还为高职学生提供自我展示的机会,在职业技能竞赛中,理论知识、技术技能、心理素质三者缺一不可。通过职业技能竞赛,学生能全面了解企业需求,这对于学生今后的择业、就业有极大的帮助。因此,高职院校可以通过职业技能竞赛为学生就业创建良好平台,一方面让企业对人才进行选拔,另一方面让学生对企业进行选择,实现学生、企业、高职院校三方共赢。

五、总结

综上所述,在高职院校教学改革中,职业技能竞赛发挥着十分重要的作用,在新环境下,高职院校教学改革必须放眼于市场和企业岗位需求,要着重培养学生的技术技能、职业精神等相关的职业素养,强化学生创新能力、团队合作能力培养,而职业技能竞赛在这些方面具有很强的优势。因此,在实际中,高职院校要注重职业技能竞赛的开展,以此全面带动高职院校教学改革,促进高职院校的长远发展。

参考文献

[1] 单银丽,杨文领,沈莹. 职业技能竞赛引领高职院校教学模式改革的探索研究 [J]. 湖北广播电视大学学报,2014,34(5).

[2] 杨继祥. 把职业技能大赛融入常规教学,推进高职院校教育教学改革实践研究 [J]. 中国校外教育,2015(2).

[3] 曹志勇. 浅析高职院校学生技能竞赛与实践教学改革的关系 [J]. 河北工程技术高等专科学校学报,2014(1).

[4] 廖伟. 基于职业技能竞赛的高职院校教学改革研究——以湖南商务职业技术学院为例 [J]. 现代商贸工业,2015,36(20).

[5] 金斌英. 浅析技能竞赛在高职动漫专业教学改革中的促进作用 [J]. 教育:文摘版,2016(9).

[6] 李慧. 以职业技能大赛引领高职院校实训教学改革的几点思考 [J]. 现代职业教育,2016(9).

[7] 欧亚军. 以职业技能竞赛为导向的高职单片机实践教学改革研究 [J]. 科技视界,2016(20).

[8] 陈晓青. 职业技能大赛引领高职院校教学改革研究与实践 [J]. 中小企业管理与科技,2014(29).

[9] 李军,蒲春芳,满忠辉. 职业技能竞赛对高职院校课堂教学的影响——以青岛酒店管理职业技术学院为例 [J]. 商品与质量:消费研究,2015(4).

[10] 王婷婷. 浅析全国高职院校技能大赛对教学改革和人才培养的促进作用 [J]. 现代经济信息,2016(31).

[11] 卢芳敏. "以赛促教、以赛促学"——会计职业技能大赛对促进高职教育改革的思考 [J]. 教育界:高等教育研究,2014(10).

三 教学管理

绩效管理在高校教学评估中的应用①

林銮珠②　　邱锡光

（海南大学　经济与管理学院）

摘　要　　如何加强高校教学质量管理,构建高校和教师共同发展的绩效管理体系,是目前高校管理中面临的新课题。本文运用绩效管理原理,在分析高校教学评估现状的基础上,提出引入平衡计分卡、目标化管理、360度考核、分层次管理等绩效管理手段,从而健全高校教学评估机制的建议。

关键词　　教学评估;绩效管理;平衡计分卡

为了应对日益严峻的就业压力,2010年教育部颁布了《关于全面提高高等教育质量的若干意见》,明确提出教师队伍是提高教育质量的根本保障,监测评估是提高教育质量的必要手段。2015年10月,国务院《关于统筹推进世界一流大学和一流学科建设总体方案》的出台,再次提出"坚持以绩效为杠杆"的基本原则,通过建立激励约束机制,强化目标管理,来引导高等学校不断提升办学水平。因此,如何建立健全有效的教学激励机制,增强教师参与教学改革的内驱力,提高教师的教学水平,是值得我们思考和关注的。

一、目前高校教学评估的常用方法

多年的实践表明,对高校教师的职业道德、工作态度、工作能力、工作效果以及工作潜力等指标进行客观、综合的评价,有助于形成良好的激励监督机制,激发教师的积极、主动、负责行为,更好地实现高校的办学目标。目前常用的考核方法主要有以下几种。

---

① 基金项目:海南大学教育教学改革研究重点项目(hdjy1727);海南省高等学校教育教学改革研究项目(Hnjg2016-9)。

② 作者简介:林銮珠,1972年生,海南大学经济与管理学院副教授,研究方向为人力资源管理。

（一）自我评估法

以教师本人为评估主体，利用书面报告的形式，根据教学内容、教学艺术、教学手段、教学准备等方面指标，对自己的教学工作进行总结考核的一种评估方法。这种教学评估方式能充分调动被考评者的积极性，特别是对那些成就动机较强烈的教师尤为重要。但这种考评过于机械主观，评估人通常给自己打较高的分数，缺乏比较客观的监督制约方法。

（二）督导评估法

由教学经验丰富的教授作为教学督导进行随堂听课，根据被测评教师在课堂上的教学技巧的展现、教学纪律管理、对学生学习兴趣的培养、有无因材施教等指标进行测评。这种考核方式的设计初衷是很好的，但由于督导们只听 1～2 次课，缺乏与被测评者的深入接触和全面了解，因此测评结果随机性很强，容易受到评价者的主观印象影响，出现首因效应、刻板效应、对比效应、类己效应等引起的误差。

（三）同行评估法

由同一专业的教师对被考核教师的工作质量、工作数量、创造性、独立性、合作性等指标进行评价。这种考核方式由于同行比上级更清楚被测评老师的工作能力、工作态度、实际表现等，评估结果相对会准确很多。但是如果测评指标不明确，缺乏监督控制，这种考核方式容易受到人际关系的影响出现人情化绩效考核的结果。

（四）学生评估法

由授课班级学生对被考核教师的教学内容、教学技巧、教学态度、业务知识、敬业精神等进行评价。这种考核方式由于学生与被考核教师接触最多，对教师的教学态度、教学水平和教学效果等有切身体会，因此考核结果相对比较客观和准确。但学生评估法也有不足：一方面，部分学生没有认识到自己评价的重要性，只是根据个人对教师的喜恶打分，也可能有部分治学严谨、要求严格的教师得分可能就会比较低；另一方面，也可能有部分学生因担心教师"秋后算账"而给教师盲目打高分，从而出现不同班级、不同年级的学生对同一个教师打分差距大，无法客观评价的现象。

综上所述，这四种评估方式受考评人的主观因素影响很大，使得评价的效度和信度不高。

二、目前高校教学评估中的常见问题

（一）教学评估与学校战略目标相脱节

目前许多高校都提出了创建"一流高校""高水平大学"的战略目标，但是"一流高校"或"高水平大学"的标准是什么，通过什么方式去实现，各学院、系室、教师在其中扮演什么角色没有一个明确的说法，更没有将这个目标与教师的教学评估结合起来。[1] 教学评估往往流于形式，单纯为了考核而考核，教师只关注与薪酬或职位挂钩的指标，至于学校的发展战略无人关心，从而出现教职员工的行为与学校发展战略相背离的现象。

（二）过于浅层化的教学评估

大学教师劳动内容的高深性、复杂性和劳动成果识别周期长的职业特点，决定了其劳动成果难以衡量，工作过程难以监控，工作业绩很难即时评定。然而现行的高校教学评价体系，只强调教学工作量、上课学时数等的考核，至于教学内容是否更新、教学方法有无改进、教学质量有无提高、教学效果是否优良等指标得不到重视，尤其是教师的职业道德、敬业精神、责任感等指标更是粗化。这种过于浅层化的考核体系，使教师只重视业务能力的提高，忽视师德建设，进而影响高校培养人才的基本功能。

（三）教学评估指标一刀切

目前大部分高校教学质量测评标准的制定忽视普通教职员工的参与，教学评价指标体系过于简单，忽视不同学科、不同岗位、不同学历学位、不同教龄等存在的客观差异，而且绩效考核指标没有重点，体现不出学校对关键业绩的关注和教职员工行为的引导。对助教和教授的要求一样，对本科与专科的教学效果要求一样，对专业课和公共课的教学要求一样。这种一刀切的指标体系，会打击重点学科、关键部门和年轻教职员工的积极性，阻碍了学校整体绩效的提升。

（四）教学基础功能被弱化

为了争创一流水平大学，目前我国高校出现越来越浓厚的学术竞争气氛，教学的基础功能不断被弱化。教师考核科研绩效是硬指标，而教学绩效则成了软指标，造成了高校从上到下重科研、轻教学的局面。教师们忙于申报课题、撰写学术论文，完成教学只是为了应付工作。只要拿到国家级课题或在影响因子较高的国内外刊物发表论文，绩效考核就能得"优秀"，至于一位老师在教学改革或者在培养学生方面投入多少心血,却少有人过问。从学校到学院领导都不愿在教学质量管理工作中花太多的精力或承担相应的责任。

(五)教学评估结果缺乏反馈与合理应用

许多高校教学评估只把重心主要放在教师日常工作情况的检查评比,至于测评结果应该如何合理应用却无人管。评估结果没有及时反馈给教师,只是由学校的教务管理部门掌握,或者只反映给院系一级领导。即使反馈给教师本人,也只是简单的评估结果,但是这个评估结果是怎么形成的,教师在教学中存在什么问题一无所知。这种对教师评价激励改进和导向功能的忽视,失去了教学评估制度实施的意义,不利于面向未来、促进教师的发展。

三、绩效管理在高校教学评估中的应用

(一)建立科学合理的教学绩效管理系统

1. 绩效计划与目标的确定

首先要明确学校的战略发展目标,然后将学校目标层层分解成各个学院、系室和教师的个人目标。教务处负责制定绩效管理方案,协调个体性目标与总体目标、局部目标与总体目标的关系。各学院院长负责管理的具体执行,引导系室团队实现既定目标,统一本部门对绩效远期和近期目标的认识。学校的整体绩效最终要靠教师去实现并体现在教师个体工作成绩上,因此要在充分沟通协商基础上确立教师的个人绩效目标。

2. 绩效实施与持续沟通

绩效目标与计划确定以后,相关职能部门要对教师的工作情况进行及时评价、反馈、指导,消除教师对绩效的疑虑,并提供相应的资源支持。教师工作环境敏感度高,而精神需求容忍度低,因此需要营造一个宽松、开放、信任的工作环境,搭建一个沟通交流、学习分享的平台,协助教师解决在实施计划过程中遇到的问题,纠正出现的失误及偏差,并随时根据实际情况对绩效计划进行调整。

3. 客观公正的绩效考核

绩效考核是一个按事先确定的工作目标及其衡量标准来考察教师实际完成绩效情况的过程,包括工作结果考核与工作行为评估两方面。其中,工作结果考核是对教师工作目标实现程度的测量和评价;工作行为考核则是针对教师在绩效周期内表现出来的具体行为和态度进行评价。

4.及时具体的绩效反馈

及时具体的绩效反馈是改善低效教学的有力措施,是引导教师学会反思、学会自我总结的过程。一般可由被评价教师的系室领导、教务管理部门,根据评价的结果,面对面地向教师提供反馈。通过比较教师的自评结果和他评结果的差异,分析产生的原因和可能存在的问题,以帮助被评价教师提高其能力水平和业绩。还可以为教师建立个人教学质量档案,帮助教师明确自身的发展阶段和努力方向,更好地提高自己的教学艺术和教学水平。这是教学绩效管理的关键环节,也是区别于传统绩效考核的本质。

5.注重绩效评估结果的使用

要将教师绩效评价结果与奖惩措施直接挂钩,从而强化教师的良性行为。绩效表现优异的,可以授予"教学名师""十佳教师"等光荣称号,送到国内外高校进行培训或者享受学术休假。学术休假由哈佛大学于1880年首创,即每隔一定年限,允许研究者外出休整一年或稍短的时间。清华大学、北京师范大学、武汉大学、中国农业大学、中国人民大学等多所高校提出过类似的设想[2]。相反,绩效表现较差的,如出现连续几年不合格,应采取解聘的措施。只有将考核评价的结果与教师的切身利益联系在一起,才能发挥考核评价的激励导向功能,营造竞争创新的工作氛围。

（二）实施绩效管理系统的辅助手段

1.平衡计分卡,构建绩效考核指标体系

自从20世纪90年代罗伯特·卡普兰和戴维·诺顿共同创建以来,平衡记分卡已成为世界上最流行的绩效管理工具。以平衡计分卡为基础的绩效考核指标体系主要包括以下指标。

（1）财务指标。[3]财务管理能否保证学校战略目标的实现,学校采取什么措施以确保具有足够的财政能力来维持和改善自身教学质量,教学资源的配置是否与学校的战略目标相一致,学校是否最大限度地获取和利用现有资源,学校如何寻找和利用校外资金、机会等。

（2）顾客指标。高校的顾客包括学生和社会。一方面,高校教书育人,传授知识,学生就是顾客;另一方面,高校为社会输送人才,提供科研成果,整个社会就是高校的顾客。为达到发展战略目标,学校应向其服务对象展示什么;学校在系科设置、课程设置、教学计划、教学大纲、授课内容方面如何保证对学生的服务水平,让学生和社会满意等。

（3）内部业务流程指标。学校设计的关键内部流程能否确保战略目标的实现。学校的总体规划与师资管理的水平如何;学校是否成功地执行其学术和科研计划;学校能否高质量地管理教务流程;学校是否有科学的绩效管理制度;学校是否能不断地改进教学管理不足等。

（4）创新与学习成长指标。创新与学习关系着学校能否继续发展并不断创造更多的价值。学校在教学改革方面的创新活力和学习动力如何;学校在引进人才方面是否成功,新教师能否融入学校氛围;学校是否重视提升人力资本,是否有各种培训学习机会;学校应该提高哪些关键方面才能使师资队伍更具竞争力等。

2. 目标化管理,激发员工的内在动机

目标管理是组织中的上下级一起协商,根据组织的使命确定一定时期内组织的总目标,并进而分解成各部门的责任和分目标的现代管理方法[4]。要客观地分析学校未来几年可能面临的机遇和挑战,评估自身的资源和能力,从而制定符合自身特点的战略远景目标。战略目标的制定过程中要发动教师充分参与,要兼顾教师的个人需求与发展目标,形成经济利益、荣誉利益与责任的共同体。通过发挥"目标管理"中自我控制的优点,从而激发教师的积极性和工作热情,不断提高教育教学质量水平和科研水平,共同推动学校完成人才培养的任务。

3. 360 度考核,全方位评估

为了避免单一考核主体存在的弊端,可由上级、同事、学生、督导、教务管理部门等组成评估主体,对教师进行全方位、多角度的评价。要充分调动广大教师、学生参与考核评价工作的积极性,使教学评估具有广泛的群众基础,达到公开透明、公正有序的要求。通过建立健全课堂教学评估制度、领导和教师听课制度、同行评议制度、学生定期反馈制度及教学督导制度等,加强人才培养过程的管理,形成教师、院系、学校三级共同监督的质量保障机制。

4. 分层次管理,评价指标多样化

要充分考虑高校学科多样性的特点,设计一套科学、合理的评价指标体系,做到分级分类分层次考核评价。应在专业分类、学科分类、教师分类等的基础上,考虑年龄、教龄、职称等各方面的差别,对助教、讲师、副教授、教授制定不同的考评标准;对公共课、专业基础课、专业课确定不同的评价重点;对自然科学、技术科学、社会科学和人文学科等不同的学科领域,确定不同的评价内容;根据考核对象以及考核目的来确定不同的考核周期。总之,考核要尽可能体现学科多样性和教师类型多样性的特点,才能适应教师自主发展的要求,从而更好地发挥教师的主动性和积极性。

参考文献

[1] 赵友萍. 360度考核在独立学院教师绩效考核中的运用 [J]. 法制与社会,2009(3).

[2] 丰捷. 学术休假能否带来"从容治学" [N]. 光明日报,2012-05-29(3).

[3] 杨诚. 平衡计分卡案例研究——基于广西大学梧州分校平衡计分卡的实例分析 [J]. 财会通讯·学术版,2007(5).

[4] 方振邦. 战略性绩效管理(第四版) [M]. 北京:中国人民大学出版社,2014.

我国普通高等学校
本科专业评估试点工作的几点思考

——以海南省为例

陈艳华 ①

（海南师范大学　教务处）

摘 要　在对普通高等学校本科专业评估研究梳理和综述的基础上，选取海南省为研究区域，从新一轮专业评估试点工作的基本思路、内容和流程出发，探讨了专业评估的方法及其适用性，总结了工作过程中存在的问题并提出相关建议，以期进一步丰富高等教育专业评估的研究内容，对未来普通高等学校本科专业评估工作在各高校的实施提供借鉴参考。

关键词　普通高校；本科专业评估；实施方法；海南省

高等教育评估一般分为三个层次，即学校办学水平评估、专业办学水平评估以及课程、实验室水平等的单项评估。其中，专业评估是重中之重，这是因为专业是高等学校中最基本的、相对独立的人才培养单位，高校能否培养出适应现代化建设的高质量专门人才，很大程度上取决于专业的办学水平 [1]。因此，高等学校本科专业评估日益成为近年来专家、学者的研究热点。具体研究内容包括四个方面：一是对专业评估的内涵进行解读，学者们普遍认为"专业评估是依据评估标准，利用可行的评估手段，通过定性与定量分析，对专业进行价值判断的过程，它既是对高校各种专业的教育质量的评判，也是高校办学水平评估的重要组成部分。专业评估的核心在于校内学者治学和校外同行评议的统一，专业评估可以是行政管理部门对学校专业办学水平进行评估的组成部分，也可以是学校自身作为评估主体组织对校内各专业的评估" [2,3,4]；二是追溯高等教育专业评估制度变迁并进行对比，研究表明 [5]：专业评估（认证）制度起源于美国，而后逐渐

---

① 作者简介：陈艳华，1982 年生，海南师范大学教务处教研科副科长，研究方向为高校本科专业建设、课程建设。

为越来越多的国家和地区所效仿,逐渐成为一种全球性的高等教育且主要是专业性高等教育的质量保障方法,但是不同国家和地区的专业评估制度不尽相同;三是总结归纳高等教育专业评价方法,具体包括层次分析法和指标综合值评估法两种;四是关于高等教育专业评估标准的研究,目前,"国际评估准则"与"美国专业评估执业统一准则"是当前国际评估界具有较大影响的两部专业性评估准则,但针对各国各地区的适用性不同。我国的专业评估标准主要分为两种类型:① 对不同专业采用通用的专业评估方案,对于不同类型学校、不同专业,评估指标体系可以是一样的,但指标的具体内涵及定量要求则可以不同。② 对不同专业采用具有本专业特点的评估方案,带有专业认证性质,由行业学会或全国高校专业教育指导委员会的某个专业分会组织的专业评估。[6] 特别值得一提的是,近年来,我国的高等学校本科专业评估试点工作正如火如荼地开展,其专业评估标准采用第一种类型,即在通用评估指标体系的基础上,各省可以根据普通高等学校本科专业的建设实际进行个性化解读。

自我国普通高等学校本科专业评估试点工作开展伊始,受到了社会各界的广泛关注。目前,辽宁、福建、河南等地已根据《国务院教育督导委员会办公室关于组织开展普通高等学校本科专业评估试点工作的通知》的文件精神,在普通本科专业评估等方面进行了有益探索,在促进高校本科专业结构调整、提高人才培养质量方面取得了明显成效。但是,至今为止,关于我国普通高等学校本科专业评估试点工作的研究相对缺乏,仅有的一些文章多数集中在对上次评估的总结和本次评估的意义分析上,直接以案例研究的方式对其评估内容、评估方式进行探讨的内容尤为少见。鉴于此,本文试图以海南省为例,从新一轮专业评估试点工作的内容和流程出发,探讨专业评估的方法及其适用性,以期进一步丰富高等教育专业评估的研究内容,对未来普通高等学校本科专业评估工作在各高校的实施提供借鉴参考。

一、研究区域概况

目前,海南省普通高等院校共计 18 所,其中普通本科高校 6 所,高职高专 11 所,成人高等学校 1 所。本科专业设置涵盖经济学、法学、教育学、文学、历史学、理学、工学、农学、医学、管理学、艺术学 11 大学科门类,共计 287 个专业。2016 年,海南省选取英语、计算机科学与技术和旅游管理 3 种本科专业开展评估试点,其在全省各高校布点情况如表 1 所示。

表1　海南省普通高等学校评估试点专业的布点情况

专业代码	专业名称	受评学校
050201	英语	海南大学、海南师范大学、海南热带海洋学院、海口经济学院、三亚学院
080901	计算机科学与技术	海南大学、海南师范大学、海南热带海洋学院、海口经济学院、三亚学院
120901K	旅游管理	海南大学、海南师范大学、海南热带海洋学院、海口经济学院、三亚学院

二、海南省专业评估试点专业评估

为贯彻落实国家和省中长期教育改革与发展规划纲要和海南省"12＋1"重点产业发展的新要求,建立学科专业动态调整机制,不断提高专业建设水平和人才培养质量,海南省制定了《普通高等学校本科专业综合评价实施方案》,根据实施计划,评估工作于2016年下半年启动,预计在2017年初结束。

(一)评估方案设计

1.基本思路及指标体系

海南省本科专业专项评估工作按照"年度规划,试点先行,分步实施"的方式逐步推进。评估对象为海南省高等学校已设置的英语、计算机科学与技术和旅游管理3个本科专业,按照分类指导原则,结合海南省高校实际,考虑不同专业的学科特点,分别研究制定体现以上3个专业特点的本科专业评价指标体系。

2.评估手段与方法

本年度评估工作主要采取定性和定量相结合、网上评估与实地评估相结合的方式开展。定量评价是指引进辽宁省普通高等学校本科专业评估信息平台,依托其技术支持开展参评专业定量指标的评价。定性评价是指专家通过实地调研、组织专家评审会议等方式分别开展定性指标评审工作及定量指标数据核查工作。

3.评价结果及其发布与使用

教指委组织专家对试点专业填报材料的真实性进行审核,对本专业的相关争议负责仲裁。各高校组织专家对校内专业填报材料的真实性进行审核并认定。材料审核结束后,开辟专栏将参评专业的数据材料在省教育厅网站面向社会公示,并设置情况反映电话及邮箱,均在公示页面向社会公布。

（二）评估工作的主要内容与程序

基本的工作思路是坚持"导向性、科学性、客观性、简易性、分类指导、定量与定性相结合"的基本原则，按照"年度规划，试点先行，分步实施"的方式逐步推进。具体来看有以下几点。

（1）建立海南省普通高校本科专业信息平台。引进辽宁省本科专业信息平台，结合海南高校的实际情况对平台进行适当修改完善，开展了海南省7所本科院校专业信息第一阶段基础数据的采集和填报工作。全省本科院校共计287个专业已填报了本科专业基本信息，主要包括初始化信息、生源情况、人才培养情况、教师队伍、研究与成果五个方面。在收集整理各本科专业基本信息的基础上，省教育厅将对信息的真实性进行检测，并将面向社会公开。

（2）成立本科专业评估指导委员会。组建"海南省普通高等学校本科专业评估指导委员会"，负责指导本科专业评估工作，借鉴辽宁省的评估指标体系，制定"海南省普通高等学校本科专业评估通用指标体系框架"。专业评估指导委员会主要受理评估申诉、复核和争议处理，审核评估结论等。

（3）研究制定各试点专业综合评价指标体系。各试点专业教学指导委员会，根据通用指标体系，结合海南省专业综合评价开展情况和相关高校实际，在生源、培养模式、教师艺术创作情况等方面，设置符合该类专业及体现不同种专业特点的观测点，形成各专业综合评价指标体系。

（4）对参评专业情况进行调查，制定评价实施方案。相关学校根据本校实际，报送拟参评专业有关情况，并组织专家研讨，根据实际情况，研究制定评价实施方案。

（5）数据采集、填报及上传。开展受评专业第二阶段的数据填报工作。定量指标数据通过专业信息平台进行采集，定性指标材料通过专业信息平台进行上传。

（6）材料审核与公示。教指委组织专家对试点专业填报材料的真实性进行审核，对本专业的相关争议负责仲裁。各高校组织专家对校内专业填报材料的真实性进行审核并认定。材料审核结束后，开辟专栏将参评专业的数据材料在省教育厅网站面向社会公示，并设置情况反映电话及邮箱，均在公示页面向社会公布。

（7）组织各类教学指导委员会分别开展评审工作。各教指委组建专业评审专家组，制定各专业定性指标评审标准和评审方案并报教育厅备案，同时根据评审方案从各高校推荐的评审专家库中选取专家,依专业分别组成评审专家组,进行定性指标专家评审及定量指标数据核查工作。

（8）形成试点专业综合评价结果并公布。各教指委形成试点专业评价报告和经验总结报告,提交专指委审定;专指委审定评价结果,并报教育厅备案,评价报告向社会公布。

（三）组织管理和经费保障

海南省教育厅列出专项经费对此项工作予以保障。教育厅委托海南师范大学全面负责本次专项工作以及平台数据的技术支持与维护,同时委托本科专业评估指导委员会开展全省普通高校本科专业综合评价的研究、咨询和指导等工作;专业教学指导委员会在专业评估指导委员会的指导下负责本专业综合评价工作方案和指标体系相关内容的制定、组织数据填报和审核、开展专家评价等工作;各高校成立专项工作组,指导校内参评本科专业完成基础信息填报任务并对材料真实性负责。

三、海南省普通高等学校专业评估试点工作存在问题

（一）专业布点少,评估结果可比性不强

海南省是个高等教育小省,本科院校仅有7所,各本科院校都有布点的专业数量很少。本年度启动的首轮参加评估的专业是英语、计算机科学与技术和旅游管理3个本科专业,这是在各本科院校都有布点的专业。目前这项工作正在进一步推进过程中,评估的结果如何运用,对高校的专业建设是否有很大积极促进作用,这些问题都有待进一步思考。相同的本科专业布点较少,评估结果的可比性、应用性有限,故后期的评估方式有待结合海南省实际情况进一步思考和探索。尤其是对于仅有一个布点的专业,后期如何开展评估,这是摆在我们面前的一个难题。

（二）与省外高校开展联合评估推动难度大

因海南省高等教育总体规模太小,为了真正发挥评估的积极作用,促进专业加强内涵建设,海南省教育厅曾与广西、云南教育厅沟通,拟联合几个高等教育小省,采用同一指标体系,聘请统一的专家,对部分专业开展评估。但因跨省开展工作,没有固定的组织具体负责此项评估工作,推动难度大,沟通协调困难。

（三）专业评估平台的使用，数据安全难以保障

2016年上半年海南省教育厅带领各本科院校教务处负责人到辽宁省教育厅高教处学习。在后期工作推进工作中，辽宁省教育厅高教处为海南省提供了专业信息平台建设的技术支持和保障，为海南省专业信息平台的建立给予了无私帮助。但是，海南省与辽宁省的合作关系是在没有签署任何协议的基础上开展的，海南省的相关专业信息数据完全依托辽宁省教育厅的后台服务器支持，一旦辽宁省的服务器出现故障，或者服务器容量难以承受海南省后期的更多信息填报，将会对后期工作推进带来直接影响。

五、普通高等学校专业评估试点工作的思考与建议

（一）教育部统一部署开展专业评估工作

仅在各自省内开展高校专业评估，评估结果的客观性和科学性很受限制。尤其在一些专业布点少的省份，在几个高校之间比较专业建设的质量和水平，没有多大意义，对专业开展实质性内涵建设，没有起到很大的促进作用。建议由教育部统一部署，出台专业评估指标体系，由各教学指导委员会具体负责，逐步在全国范围内开展专业评估工作。

（二）教育部建立起全国的专业信息和评估平台

辽宁省教育厅在全国率先开展专业信息平台和专业评估工作，起到了很好的引领示范作用。虽然有些省份开发了专业信息评估平台，但也有很多省份依托辽宁省教育厅的技术支持和咨询指导，这给辽宁省教育厅带来了很大的工作压力。建议教育部在辽宁信息平台建设的基础上，进行全国专业信息和评估平台的建设工作，并做好目前已有数据的对接工作，这样避免产生各省份的平台建设各自为政、信息不通的局面，也便于在全国范围内开展专业评估工作。

参考文献

[1] 曲艺. 我国高等学校本科专业评估研究综述 [J]. 黑龙江高教研究，2010 (5).

[2] 吴雪. 专业评估：内部学者治学和外部同行评议的协调 [J]. 复旦教育论坛，2008(1).

[3] 许俐俐，余巍巍. 关于高校基于专业规范下专业评估的思考与实践 [J].

华东理工大学学报：社会科学版，2008（4）.

[4] 郭玉婷，马龙. 地方医学院校实施专业评估工作的思考［J］. 新疆医科大学学报，2009（2）.

[5] 张亚. 中美高等教育评估制度变迁比较分析——基于新制度经济学视角［J］. 长江大学学报：社会科学，2007（6）.

[6] 胡桃元，肖海. 高校本科专业评估方案的构建与实践［J］. 华东大学学报，2006（6）.

构建校本教材评价体系　推动英语教学改革①

——《高职职场交际英语》教材评价

洪少贤 ②

（海南职业技术学院　通识教育学院）

摘　要　高职英语校本教材开发是对统编英语教材的重要补充,是英语课程改革的重要载体,但校本教材的编写是否符合语言教学理念,还需进行客观、系统的教材评估,采用系统的评价方法和评价工具,对校本教材进行系统、客观的评价,了解教材的优点和不足之处,对提高校本教材质量,推动学校英语教学改革具有重要意义。

关键词　校本教材;评价;内部评价;标准;评价量表

一、引言

高职英语校本教材开发是对统编英语教材的重要补充,对彰显学院教学特色、增强学院办学能力、打造特色毕业生具有重要意义。校本教材针对校本实际英语教学情况,并且具有鲜明的专业特色和适应市场需求的灵活性,一些高职院校选择编写校本教材作为英语课程改革的重要载体。但校本教材的编写是否符语言教学和高职教育理念,使用的效果究竟如何,还需进行教材评估,并且"教材评价有利于教材开发者正确认识自己编写的教材。教材编写者只有对自己编写的教材进行不断跟踪分析和评价,才能真正了解教材的优点和不足之处,才能开发出更好、更适用的外语教材"(程晓堂、孙晓慧,2011)。[1]

二、教材评价方法——内部评价

有关教材评价的方法,Cunningsworth（2002）认为分为两种:印象性评价

---

① 基金项目:海南省大学英语教学改革研究项目"以职场应用为导向的高职公共英语教学模式和体系研究"(Hyjg2016-18)的阶段性成果。

② 作者简介:洪少贤,1977年生,海南职业技术学院通识教育学院讲师,研究方向为英语教学法、英美文学。

（impressionistic overview）和深入评价（in-depth evaluation）。[2] 程晓堂、孙晓慧把教材评价分为两个大类：随意的印象性评价和有系统的评价。有系统的评价又可以分为内部评价和外部评价。系统的评价通常可以从两个出发点进行。第一是评价教材本身或内在的科学性、合理性和有效性，这种评价被称为内部评价（internal evaluation）。第二是评价教材对于某一使用对象群体的适用性，即评价某种教材是否适用于某个特定的使用对象群体，这种评价被称为外部评价（external evaluation）。

这里笔者采用程晓堂、孙晓慧编译的内部评价的框架对海南职业技术学院英语校本教材《高职职场交际英语》进行教材分析，希望能系统地评价该教材，了解教材的优点和不足之处。

（一）评价教材的指导思想

《高等职业教育英语课程教学基本要求》提出：高职英语课程的教学目标是培养学生在职场环境下运用英语的基本能力，特别是听说能力。高职高专英语教学应考虑如何培养学生职场的英语交际能力，使他们在有限的学习时间内掌握与未来职业相关的口头和书面交际能力，从而提升其就业竞争力，并为今后的可持续发展打下必要的基础。[3]《高职职场交际英语》将基础型的公共英语转化为应用型的职场英语，侧重培养学生在职场环境下的语言交际能力。教学内容是职场英语中的通用基础内容，突出语言交际能力，符合高职英语教学的指导思想。

（二）评价教材采用的教学方法

教学方法则是教材在内容选择、内容安排和教学活动设计等方面的具体依据和参照（程晓堂、孙晓慧，2011）。《高职职场交际英语》采用的教学法包括任务型教学法、合作学习法等，主导的教学方法是基于职场工作过程的项目化教学法，基于工作过程为导向。教材内容以职场工作过程为主线安排教材内容，具体项目为求职、公司介绍、职场沟通、产品推介、销售。通过这些活动项目的学习、训练和实践培养学生的语言技能和职业能力。

（三）评价教材内容的选择和安排

《高职职场交际英语》教材包括 5 个单元，每单元分为听力训练、口语训练、视频练习、阅读、语法、实用写作、英语沙龙 7 个部分。[4] 这里以教材第一单元为例，分析教材的内容编排。

表 1 《高职职场交际英语》第一单元内容编排表

Unit 1 Job Interview		
听力	1. 单词、词组（图片匹配） 3. 短对话应答（选择填空） 5. 长对话（选择填空）	2. 句子（填空） 4. 短对话（选择填空）
口语	1. 示范对话 3. 角色扮演	2. 句子应答 4. 英文歌曲
视频	1. 视频：电影片段、工作面试 2. 练习：判断题、回答问题 3. 文化说明：面试礼仪	
阅读	1. 课内阅读课文：How to succeed in a job interview 2. 课外阅读课文：McDonald's corporate careers	
语法	现在分词和过去分词 1. 语法要点	2. 练习：选择题、填空题
写作	求职信 1. 写作提示　　2. 范例　　3. 写作练习	
英语沙龙	诗一首：When you are old（William Butler Yeats）	

　　教材内容涵盖了听、说、读、写四项技能的内容，另外增加了视频、语法汇总以及英语沙龙等内容。一般来讲，外语教学的根本目标是发展学生的语言能力，因此教材内容的选择和安排应该以培养语言能力为宗旨。听、说、读、写是语言的四项基本技能，《高职职场交际英语》教材是以这四项基本技能安排内容。从内容编排的比例来看，视听说的比例约占 50% 的篇幅。这符合《高等职业教育英语课程教学基本要求》中提出的特别是提高听说能力的要求。

　　（四）评价教材中语言素材的真实性和地道性

　　程晓堂、孙晓慧（2011）认为学习者学习的语言应该是实际交际中使用的语言，而不是想象和虚构的语言，英语教材选择或编写的语言素材必须与现实中使用的语言基本一致。由于是自编教材，编者利用互联网选取了一些素材，有些素材选自国内网站。笔者认为为保证语言素材的真实性和地道性应尽量选取英美国家权威媒体的素材。如必须选择国内英文素材，也应该选取国内权威的媒体英文素材。

　　（五）评价教材的组成部分及教材的设计

　　程晓堂、孙晓慧（2011）指出在评价教材的组成部分时，要考虑以下几点：各个组成部分是否是构成一个有机的整体；第二，各个组成部分是否各有特色、各有侧重、优势互补；第三，各个组成部分是否具有灵活的可选性；第四，各个组成部分是否符合大多数使用者的经济承受能力。《高职职场交际英语》教材是校本教材，组成部分比较单一，由学生用书、教师用书、教学课件、音频和视频组成，没有多媒体光盘和网络学习资源。这五部分构成教材的整体，可供教师和学生选择使用。由于没有多媒体光盘和网络学习资源，教材为学生提供的学习资源不足，不利于学生课后自主学习，这点体现了校本教材的局限性。

教材的设计指的是教材的媒介形式、篇幅长短、版面安排、开本大小、图文形式和色彩等。《高职职场交际英语》是校本教材，考虑到成本，媒介形式主要为纸质书本，还有配套的音频和视频材料，媒介形式较单一。教材的篇幅考虑到学校的教学课时安排，编制了五个单元的教学内容，适合安排一学期使用。教材的版面安排是经过专业出版社的编排，整体效果达到教学要求。

三、评价的标准及教材评价量表

Cunningsworth（2002）建议在进行教材评估时为了实际更好地操作，需要制定教材评价标准的清单表（check list）。不同的标准适用于不同的情况，最好根据评估的权重来制定教材评价清单表。Mukundan 等人（2011）认为评价清单表可以帮助英语教学工作者评估教材，一套概括的评价标准使得教材评估更加细致。评价表分为评价量表（quantitative checklists）和质性评价表（qualitative checklists）。[5, 6]质性评价表主要用于深入评价，例如上文讨论的内部评价。而评价量表主要采用利克特量表对教材进行客观的评价，是更可靠的评价工具。评价量表有包括Williams（1983）、Grant（1987）、Sheldon（1988）、Mukundan 等人（2011）设计的多种教材评价表。笔者这里采用 Mukundan 等人（2011）设计的评价标准及评价表，希望对校本教材做出更客观、更细致的评价。

笔者根据 Mukundan 等人（2011）的评价标准和教材评价量表，设计成调查问卷，最后形成的问卷涉及教材的总体特征和教学内容两个部分的评价，第一部分为教材总体特征，包括教材与课程标准的关系、教学方法、是否适合学习者、教材设计、辅助材料等。第二部分为教学内容，包括教材整体内容、听力、口语、阅读、写作、词汇、语法、语音、练习等。问卷共 38 道单选题，每道题的评价选项分别为完全不符、偏弱、一般、良好、优秀。我们采用问卷调查表，由授课教师团队对校本教材《高职职场交际英语》进行评价，得出的数据会比较客观和具有代表性。

问卷调查在 2016 年 12 月进行,发出问卷 16 份,收回有效问卷 16 份。调查结果经 Microsoft Excel 处理,分别以下列两个表格表示。

表 2 教材评价为优秀和良好指标统计结果

	排序	评价内容	百分比(%)
优秀率最高的三项	1	听力:根据难易程度将任务有效分级	69
	2	教材符合课程标准的要求	63
	3	听力任务合适,目标明确	56
良好率最高的三项	1	课文内容有趣	75
	2	课文分级	63
	3	教材适合该年龄段的学习者	56
		教材中大多数任务生动有趣	
		教材整体任务目标可实现	
		对话中创设的情境自然、真实	
		写作任务目标可实现并且考虑到学习者的能力	
		写作任务有趣	

表 3 教材评价为一般、偏弱、完全不符综合比率高的指标统计结果

排序	评价内容	一般(%)	偏弱(%)	完全不符(%)	综合(%)
1	版面编排	38	6	0	44
	文本、视觉效果	38	6	0	44
2	教材具备有效的辅助材料	25	13	0	38
	语法内容目标可实现	38	0	0	38
	语法内容置于上下文语境	32	0	6	38
	语法例子有趣	32	6	0	38
3	语音内容置于上下文语境	25	6	0	31
	教材的生词按由易到难的顺序编排	25	0	6	31

对《高职职场交际英语》评价量表分为两大部分内容:总体特征和教学内容,共 38 条指标。其中优秀率最高的三项指标分别是:听力根据难易程度,任务有效的分级;教材符合课程标准的要求;听力任务合适,目标明确。优秀率最高的指标中有两项涉及听力部分,该教材听力任务遵循了从简单到复杂的顺序:单

词→句子→短对话→长对话。形式多样,有图片匹配、填空、选择等形式,设计合理,听力设计成为该教材的一个亮点。另外教材符合课程标准要求这项指标的优秀率为 63％,大多数授课教师认为该教材符合课程标准的要求,这与上文用内部评价的结果一致,教材符合高职英语教学的指导思想。

综合评价偏弱的指标分别是教材的版面编排、文本、视觉效果、教材具备有效的辅助材料。《高职职场交际英语》教材属于校本教材,考虑到成本,版面编排、文本、视觉效果设计简单,与统编教材存在差距,媒介形式主要为纸质书本,还有配套的音频和视频材料,媒介形式较单一,这些数据说明了校本教材存在的局限,今后改版应重视提高教材的设计。

综合评价偏弱的指标还包括语法内容目标可实现、语法例子趣味性、词汇的重现率等。该教材是依据单元主题与工作项目来编排的,各单元有相应的词汇和语法,因此词汇、语法复现率低。另外语法学习主要为语法规则总结,并配有相关的练习,没有置于上下文语境,例句单一。该教材的生词编排按项目主题来编排,没有遵循由易到难的顺序。语音部分并没有专门编排,主要以单词音标标注为主。我们可以看出该教材的语法等语言知识的呈现是孤立安排的,没有将语法知识设计成适当的交际任务,学生的注意力主要集中在语法的形式上,而不是集中在意义上,不利于学生最终习得语法结构。

四、结束语

教材评价能够使我们更客观地分析教材,产生更可信的评价结果,发现教材的语言观、语言学习观和编写理念,使教师找到使用和批判教材的依据,进一步明确教学重点。通过采用系统的内部评价方法和客观量化的问卷调查表对《高职职场交际英语》进行评价后,笔者认为校本教材的优势在于:第一,校本教材的开发与使用成为学校英语教学改革的重要载体。教材体现了高职英语教学的指导思想,采用具有高职特色的项目教学法、基于工作过程的内容编排等方面带动了学校的英语教学改革。第二,相对于统编教材而言,校本教材可以突破统编教材以知识及能力的螺旋递进为经线进行编排的体例,构建全新的能力模块结构,以职场交际能力为基础,以学生需求及校情为出发点,形成具有本校特色的英语教学模式。

该校本教材的局限性包括以下几点:第一,教材形式单一落后,不能满足信息化背景下学生个性化学习的需要。除了教材外,还部分配套了教学课件、音频、视频等资料,总体来看,纸介质的教学材料占据了绝对的比例。教材形式的单一,影响了学生的学习兴趣和学习效果,而教材形式的落后,也与教育信息化的趋势相悖。第二,语法等语言知识的呈现是孤立安排的,没有遵循语言学习规律。程晓堂等认为"根据语言知识设计适当的交际任务,让学生用外语理解、控制、表达和交流,让他们将注意力主要集中在意义上,而不是语言形式上"。因此,《高职职场交际英语》校本教材在使用过程中,应在实际教学中补充相关的材料,将语言知识设计成交际任务,弥补校本教材中语言知识编排的不合理。

参考文献

[1] 程晓堂,孙晓慧. 英语教材分析与设计 [M]. 北京:外语教学与研究出版社,2011.

[2] Cunningsworth, A. Choosing Your Coursebook[M]. 上海:上海外语教育出版社,2002.

[3] 教育部高等教育司. 高职高专教育英语课程教学基本要求 [M]. 北京:高等教育出版社,2000.

[4] 洪少贤,张燕. 高职职场交际英语 [M]. 上海:华东师范大学出版社,2016.

[5] Mukundan,J. ,Hajimohammadi R. ,Nimehchisalem V. . Developing An English Language Textbook Evaluation Checklist[J]. Contemporary Issues In Education Research, 2011(4).

[6] Mukundan, J. NimehchisalemV. Evaluative Criteria of an English Language Textbook Evaluation Checklist[J]. Journal of Language Teaching and Research, 2012(3).

[7] Williams, D. Developing Criteria for Textbook Evaluation[J]. ELT Journal, 1983, 37(3).

[8] Grant, N. Making the Most of Your Textbook[M]. London:Longman, 1987.

[9] Sheldon, L. E. Evaluating ELT Textbooks and Materials[J]. ELT Journal, 1988, 42(4).

高职院校教学评价制度与
教学质量管理体系研究与实践

——以海南软件职业技术学院为例

丰春光 [①]

（海南软件职业技术学院　教务处）

摘　要　现代社会的迅猛发展,强烈需要对高职院校陈旧的教学评价制度及教学质量管理体系进行改革,赋予高职院校教学评价制度及教学质量管理体系以全新的价值取向,形成工学结合模式下全程式教学质量监控体系和评价体系,并形成良性的运行机制,从而提高高职院校教学质量管理的效率,进而提高高职院校人才培养的质量,为高职院校向社会输送大量的高端技术技能人才保驾护航。

关键词　高职院校;教学评价制度;教学质量管理体系;研究;实践

教学评价可以调动教师教学工作的积极性,激起学生学习的内部动力,维持教学过程中师生适度的紧张状态,可以使教师和学生把注意力集中在教学任务的某些重要部分,从而关注教学质量的提升,以达到提高高校人才培养质量的最终目的。

高职院校教学评价制度则是对高职院校教学评价建章立制,使教学评价真正落到实处,从而提高高职院校教学质量管理的效率,进而提高高职院校人才培养的质量,为高职院校向社会输送大量的高端技术技能人才保驾护航。

现代社会的迅猛发展,强烈需要对高职院校陈旧的教学评价制度及教学质量管理体系进行改革,赋予高职院校教学评价制度及教学质量管理体系以全新的价值取向,形成工学结合模式下全程式教学质量监控体系和评价体系,并形成良性的运行机制。

---

① 作者简介:丰春光,1969 年生,副研究员,海南软件职业技术学院教务处教研科副科长,研究方向为中国教育史及职业技术教育。

一、高职院校教学评价制度与教学质量管理体系的现状

当前的高职院校教学评价制度只是由各高职院校单方面制定的,在一定程度上存在着与社会需求脱节的现象,严重影响了高职院校的人才培养质量,使许多毕业生"一毕业即失业",导致新的"读书无用论"在我国高职院校中有抬头及蔓延趋势,造成社会上一些人对高职院校的人才培养质量存在一定程度的怀疑与不满。

目前高职院校大多建立的是"以学生为主体,也包括直接参与教学的教师、领导和同行、督导评课"的课堂教学评价系统。这种陈旧的评价系统只是以校内为主,缺乏企业对实践课堂教学质量的评价,缺乏用人单位对毕业生实践操作能力的反馈。

很多高职院校往往存在将毕业生推向市场后就不再跟踪的情况,非常被动地接受用人单位的反馈信息,而不是主动去收集毕业生的各类信息用于改进自身的实践教学质量。

现有部分高职院校在教学质量管理方面出现了"体制不健全、操作不规范、监控不到位"等突出问题,严重阻碍了高职院校教学质量的提高。

二、改变落后的高职院校教学评价制度及教学管理体系的有效途径探索

(一)采取六方参与的教学评价制度制定过程

教学评价是依据教学目标对教学过程及结果进行价值判断并为教学决策服务的活动,是对教学活动现实的或潜在的价值做出判断的过程。

高职院校的课堂教学质量评价的目的应该是通过评价形成合理科学的激励机制,形成良性、公平的竞争环境,最终实现高职院校教育教学质量的提高。因此,高职院校教学评价制度必须具有"导向、鉴别、选择、反馈、咨询决策、强化、竞争"等多重功能,为提高人才培养质量提供理论制度保障。

然而,目前我国许多高职院校往往关注的是教学评价的具体结果,以"评优""末位淘汰"为目的,忽视评价的"诊断"和"反馈"功能。高职院校在使用评价结果上,缺乏科学的处理方式,或把结果公开发布,或秘而不宣,或将结果随意处理,或结果反馈不及时,未建立科学有效的反馈制度,教师从评价中得到的往往是一个评价分数和排队结果,并不知道自己教学的得与失。如此做法,不仅没有增强教师对教学质量评价的参与意识,反而挫伤了他们的积极性,甚至激化了教

师与管理者之间的矛盾和冲突,很难发挥评价的诊断、导向和激励作用。

我们必须改革高职院校教学评价制度的制定依据、原则及过程,让国家级教育主管部门、高职院校所在地方政府、行业企业专家、社会名流及学生家长、学生和高职院校等六方共同参与到高职院校教学评价制度的制定过程中来。只有这样,才能确保各个高职院校的人才培养质量,满足高职院校学生多样化选择、多路径成才需求,为提高我国劳动者素质、推动经济社会发展和促进就业做出重要贡献。

(二)五个层面的教学评价制度

高职院校要摆脱落后的、陈旧的、束缚自身发展的教学评价制度,建立起"五个层面"的教学评价制度:听课制度、教学督导制度、日常教学检查制度、学生评教制度、实践教学评价制度。

这五个层面的教学评价制度涉及了学生、教师、学校督导机构、学院、社会五种层次的参与者。

高职院校教学质量的提升需要全校师生、学校督导机构、学校及社会相关机构的共同努力,教学质量的评价不仅是对学生学习成绩、教师教学水平的评价,也是对整体教学过程和学校办学水平的评价。

构建"五个层面"的高职教学质量评价体系,必须采取各种有效措施,使学校领导、教师、教学管理人员及学生提高认识,统一思想,更新观念,牢固树立以质量求发展的观念,增强理论学习,把教学评价工作落到实处,充分理解、把握教学质量评价的意义和作用,建立起教学质量评价的相关保障制度,形成更加完善的评价体系。

(三)"八性结合"的教学质量管理监控体系的构建原则

目前,我国多数高职院校的教学质量评价在实行过程中由于缺乏客观性的评价方法,运用评价手段不当,不但在调动教职工的工作积极性方面没起到有效的效果,反而引起了教师的焦虑甚至抵制等。比如:学校教学秩序监控严格,却未重视教学与社会的紧密联系;学生在评教时由于对评价目的、要求和标准不了解出现主观评教、敷衍应付甚至被剥夺实际评价权;领导听课、教师互评走过场;由于缺乏专业化的评价机构和人员导致评价信息不准确,反馈处理滞后;实施过程缺乏持久性,期末、年终的结果性评价较多,过程性评价较少。

在高职院校教学质量监控体系的构建过程中,要坚持理论性与操作性相结合、全面性和实效性相结合、动态性和静态性相结合、形成性和过程性相结合的"八性结合"原则。

高职院校应该根据"八性结合"的原则，内部统一规划、协调实施，达到对教学全过程、全方位的监控。高职院校的教学质量评价措施应该涉及各个教学环节，形成有机整体，使得评价主体间沟通协调，人员职责落实、责任明确、信息准确，从而使高职院校的教学活动各主要环节实现标准化、科学化、系统化。

（四）建立"四套不同类别"的教学质量监控体系

高职院校教学质量评价制度不能完全套用普通高等教育的标准来衡量，要通过具体调研，制定出符合本校实际情况的教学质量评价制度，从而体现并凸显高职特色。科学的、高质量的教学质量管理是依靠制度的管理。比如建立督导制度，增强督导职能，通过督导检查和信息的采集整理，对教师整体水平和各部门工作考核提供参考依据；建立信息反馈制度，定期对评价中出现问题进行总结反馈，形成激励机制，提升整体教学水平；建立互评制度，教师间、师生间、部门间以及校企间的互评可以充分发挥评价导向作用，使教学质量评价体系更具科学性。

高职院校应该建立具有立交桥式的"四套不同类别"的教学质量监控体系：理论性与操作性相结合的学校教学管理系统，全面性和实效性相结合的国家级教育主管部门、高职院校所在地方政府监控与评价系统，动态性和静态性相结合的学校教学监督系统，形成性和过程性相结合的学校教学评价与反馈系统。

综上所述，在教学评价制度的制定过程中，高职院校应该考虑国家级教育主管部门、高职院校所在地方政府、行业企业专家、社会名流及学生家长、学生的意愿，使我国高职院校的教学评价制度更符合现代社会的迅猛发展，并能够监控教学质量管理的全程，从而使我国高职院校毕业生深受社会用人单位的欢迎。

高职院校应该牢牢把握教学评价的两个核心环节：对教师教学工作（教学设计、组织、实施等）的评价——教师教学评估（课堂、课外）；对学生学习效果的评价——即考试与测验。评价的方法主要有量化评价、过程性评价、质性评价。对传统的评价过程进行改革，用适合现代社会发展的评价方法，解决以前教学评价存在的弊端，建立"6584"式高职院校教学评价制度和教学质量管理监控体系。详细的构建模式与内容请见图1。

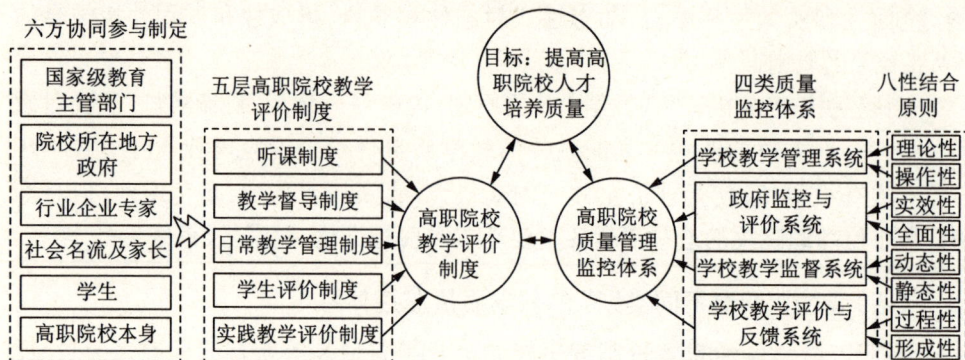

图 1 "6584"式高职院校教学评价制度和教学质量管理监控体系

三、海南软件职业技术学院在教学评价制度及教学管理体系构建方面的探索与实践

（一）制定有效的教学评价及教学质量管理制度

海南软件职业技术学院先后制定了下列教学评价制度及教学质量管理方面的文件:《海南软件职业技术学院教师教学工作规范》《海南软件职业技术学院教学工作检查制度》《海南软件职业技术学院教师听课管理办法》《海南软件职业技术学院主要教学环节质量标准》《海南软件职业技术学院学生顶岗实习管理办法》《海南软件职业技术学院实践教学质量标准》《海南软件职业技术学院教学督导工作委员会章程》《海南软件职业技术学院教学事故认定及处理办法》《海南软件职业技术学院加强教学方法与教学手段改革的若干意见》。这些制度,有效地保障了学院教学评价公平、公正地进行,同时也"全方位、全过程、多形式"地对学院的教学质量进行了监控,极大地促进了学院教学质量的提高,显著提高了学院毕业生的核心竞争力。具体做法如下。

海南软件职业技术学院通过制定一系列相关文件形成了对教学质量进行监控的一整套规章制度,让学院教学过程的每一个环节,都能找到质量标准的规范与认定,这样就不会让学院教学质量监控存在任何一个盲点。例如,学院学生到企业进行顶岗实习,学院专门研发了一个"海南软件职业技术学院学生顶岗实习平台"。实习学生每天都要到平台上进行考勤、写日志、完成实训作业等。实习指导教师要对学生每天的实习情况进行点评,企业负责指导学生的师傅每天也要在平台上记录学生的实习情况。这样一来,学院学生的实习质量就得到了前所未有的提高。

（二）协调一致、四方参与的教学质量监控的运行体系

为了保障教学质量监控体系的正常运行，海南软件职业技术学院建立了协调一致的教学质量监控的运作体系，即专门成立了与教务处同一行政级别的教学质量监控中心，用以协调教务处、学生处、团委、各教学系部在教学质量监控过程中的通力合作关系，让这些职能部门和各教学单位通力合作，拧成一股绳，合力做好教学质量监控这个核心工作。

教学质量监控中心负责教学督导、学生评教、教师听课、学生信息员、教研室活动等方方面面的教学质量监控工作。

教学督导委员会成员深入教学一线，通过听课、召开学生座谈会、与教师谈心、参加教研活动等多种方式，了解教学过程，进行督导。

教学质量监控中心牵头成立学院中心听课组，建立领导干部、教学督导委员会成员、同行教师听课制度。学院各级党政干部在教学质量监控中心的组织下深入教学一线，倾听师生意见，及时了解教学情况，发现并解决教学中存在的问题，避免教学一线与管理层脱节，保证教学管理工作的针对性和有效性，促进教师不断改进教学方法，更新教学内容，提高教学质量。

教学质量监控中心每学期在每个班级聘请一名德才兼备的学生信息员。通过学生信息员可以使教学管理部门及时了解并掌握全院教学秩序、教师课堂教学、教学方法、教材使用、考试考查等方面存在的问题，并能够根据反映的情况及时采取有效措施加以解决。建立学生信息员制度，使学院的管理和教学更加贴近学生、贴近实际。

所谓四方是指学校、家长、用人单位和社会。教育部《关于全面提高高等职业教育教学质量的若干意见》（教高〔2006〕16号）（以下简称《意见》）中指出：高等职业院校要强化质量意识，尤其要加强质量管理体系建设，重视过程监控，吸收用人单位参与教学质量评价，逐步完善以学校为核心、教育行政部门引导、社会参与的教学质量保障体系。

正是由于四方的参与，才形成了学院全方位的教育质量监控体系。全方位的教学质量监控就是不仅要监控教师的教学行为和学生的学习效果，而且要找到科学的控制点，监控教学的全过程。全方位教学质量监控就是教师、学生、教学管理人员等都在监控之列。

要实施全方位的教学质量监控体系就必须做到全过程的监控。全过程监控就是对教学过程的每一个节点都要控制，不留盲点，不留死角，特别是实习、实

训、岗前综合技能培训、顶岗实习等教学环节监控。

高职教育的最大特点就是要突出学生实践能力的培养。目前,国内高职院校在实习、实训、岗前综合技能培训、顶岗实习等实践性教学环节管理方面都比较薄弱,这必将导致实践性教学环节的教学质量监控的缺失。然而,对于高职院校来讲,实践性教学环节恰恰是达到人才培养标准最有力的教学环节,所以,学院通过建立全方位、全过程的教学质量监控体系,用来加强对实践教学的管理与监控,从而培养学生良好的职业素质和实践技能,突出实践教学特色。

海南软件职业技术学院在践行《意见》,在建立独特的教学质量监控运行体系过程中,探索出让学生家长参与进来的新路,效果特别明显。自从家长参与学院的教学质量监控以后,学院的声誉越来越好,学生报名也越来越踊跃,学院生源质量显著提高。

参考文献

[1] 岳松,尹德志,等. 地方高校教学质量监控体系的探索与实践 [J]. 高等教育研究,2009(5).

[2] 刘和平,王敏. 21 世纪新教育学 [M]. 沈阳:东北大学出版社,2000.

[3] 刘淑兰. 教育评估与督导 [M]. 上海:华东师范大学出版社,2000.

[4] 宁波职业技术学院课题组. 构建高职教育教学质量监控体系的认识与实践 [J]. 宁波职业技术学院学报,2003(3).

[5] 王前新,卢红学. 高职教育教学质量构建机制与保障体系 [J]. 职业技术教育,2003(1).

[6] 胡中锋. 教育评价学 [M]. 北京:中国人民大学出版社,2013.

[7] 王章豹,李巧林,郑治祥. 高校教学全面质量管理体系的研究与构建 [J]. 中国高等教育,2003(19).

[8] 施晓光. 高等教育全面质量管理体系的构建 [J]. 教育发展研究,2001(7).

[9] 胡凤. 印度高等教育大发展的原因与得失 [J]. 安徽大学学报,2001(5).

[10] 岳意定,隆娟洁. 关于高等教育质量管理体系的战略思考 [J]. 长春:长春师范学院学报,2005(5).

[11] 郭扬,陈嵩,胡秀锦. 高职高专教育教学质量监控与教学评价体系的研究与实践 [EB/OL]. http://www.scpcfe.cn/gsglx/tabid/279/ctl/InfoDetail/InfoID/4525/mid/2764/Default.aspx?ContainerSrc=[G]Containers%2f_

default%2fNo ＋ Container.

[12] 王欣．完善质量监控与评价机制提高高职院校教学质量——湖北省高等学校省级教学研究项目"关于工学结合模式下高职院校教学质量监控与评价机制研究与实践"成果介绍［J］．襄樊职业技术学院学报，2015（01）．

[13] 张立忠，吴丽华．高职教学质量监控体系建构的模式与策略［J］．太原城市职业技术学院学报，2010（7）．

[14] 马蕾．高职院校教学质量评价体系的构建［J］．济南职业学院学报，2010（5）．

[15] 丁丽梅，李玉春．高职教学质量监控点的选择与应用［J］．职教论坛，2011（32）．

[16] 刘军．高职院校动态和谐的教学质量监控体系构建研究［J］．职教通讯，2015（6）．

专业化视域下的高校教师专业道德建设的思考

李　敏 ①

（海南工商职业学院　公共课教学部）

摘　要　高等教育的不断完善和向前发展,现代教育的不断深化和改革,赋予高校教师从事教书育人职业中不可磨灭的神圣使命,传道授业解惑一直以来都是高等院校教师从教生涯中最崇高的使命和追求,追求教学相长,输出专业知识。发展和完善教师的专业奉献精神和职业道德修养的内在品格,相辅相成,为高校教师的教书开拓新的境界,为高校教育创造良性循环互动,为教师系统创造良好的师德环境,为我国教师队伍注入新的营养剂。

关键词　专业化;高校教师;专业道德建设

俗语有云:育人为本,德育当先。教育作为一种与人为善、使人向善的活动,本身就具备不同于一般商业活动的特殊属性,这种属性决定了教育的道德本质区别于其他的社会活动乃至商业活动的逐利性。教师的职业道德在不断改革和完善中趋于清晰明朗,对于教师的职业道德提出了更高层次的要求。在教师专业化队伍建设的潮流中,教师的专业化道德建设提上议程,不同于以往职业道德的标准,专业道德是专业化视域下的特殊要求,既有别于一般性的教师道德要求标准,又和传统的职业道德有着千丝万缕的联系。从传统的重视知识和技能传授的输出过渡到专业精神的培养和职业技能的巩固、充实和提高,从传统的教书育人模式中挣脱出来以全新的视角,注重内在专业的精细化和道德的明确化。这是当前乃至很长一段时间内高校教师专业化道路进程中不可避免的改革举措。[1]

高校教师道德的影响不再仅仅受制于独立单一的院校,而是更多融入了社会经济、文化、政治乃至社会生活的方方面面。高校教师的专业化水平将伴随教师的职业生涯的一生,其动态变化和不断发展的过程在微观上影响着整个大学

---

① 作者简介:李敏,1990 年生,海南工商职业学院公共课教学部助教,研究方向为教育经济与管理。

校园文化的微妙变化,潜移默化地影响着每个受教育者的素质、品行乃至今后一生的道德修养问题;中观层面上说,专业化道德水平的变化发展伴随着整个教育体系的前进还是整体滞后,甚至是倒退,对于整个国家的教育体系都有着巨大的影响;从宏观上,它更是影响着整个社会经济和文化的发展动向,牵一发而动全身的俗语更是在这个例子上表现得尤为明显,教育事业的兴衰存亡和国家的前途命运都与教育的发展有着紧密的联系。

高校教师的专业道德修养不仅仅是个人必须着眼考虑的重要问题,更是整个社会需要解决的问题。它对大学生良好道德品质的塑造和熏陶、对全民素质的整体提高和社会的向前发展起着至关重要的作用。

在我国高等教育改革的历史进程中,结合可持续发展的理念不难发现,近些年来我国对于高等教育中教师职业道德修养取得成效的欢呼雀跃的同时,还应该注意当前存在的突出问题,教师专业化道德建设便是其中之一,从职业道德过渡到专业道德,到底存在怎样的问题,该如何解决以及接下来如何应对可能面临的更多潜在问题,这些都是我们为师者不可避免的话题,找出高校教师专业化道德建设中存在的突出尖锐矛盾,不可运用"一刀切"的方式或者暴力解决,而是审时度势,鼓励教师在道德修养不断提高的同时,促进教师内在奉献精神与追求物质享受的功利精神的统一,只有做到两者需求达到动态平衡,才可在此基础上不断改善教师专业道德建设的良性发展,避免陷入杂乱无章的空话套话中。[2]

一、师德内化：激发教师的道德需要

从外在手段的强制性来迫使教师的道德行为规范得以约束,以道德灌输行为方式进行道德熏陶和内化修养的方式不但不会使得教师的道德认知和道德修养得以提升,更是无法均衡教师与专业生活中各种摩擦和面临的利益关系。因此,在教师专业道德建设的过程中,应该有效缓和道德的强制灌输,把道德进行适当内化当作高校教师专业道德修养的主要核心目标和培养方式。教师在真正的道德修养上应该做到"表里如一",形成真正意义上的教师专业道德修养和内在精神的高度相融,达到师德合一,激发高校教师的道德提升,强化教师专业道德建设需要得到教师内在的认可和接纳,并在此基础上使教师自觉遵守这些道德模范,鼓励教师灵魂深处的奉献精神和专业道德内化的相互交融是最终的目的。

教师作为道德模范的主体对象,和专业道德之间有着必然的内在联系。首先,高校教师在不断追求自我道德价值观的最大化,作为高校大学生行为道德准则和道德修养的引领者和标榜者,他们时时刻刻需要保持最佳的道德行为方式,言行举止都备受关注。在此基础上,高校教师对专业道德的认知产生了更高层次的追求内化成为道德规范的心理倾向,外化在生活中的各个方面。其次,高校教师自身的境界追求和不断要求自我完美的精神不允许他们有一丝一毫的懈怠,"个体在对崇高精神的追求过程中,会产生愉悦感和成就感,这是区别于物质带来的享受,这种充实和满足会更加激励教师追求更高的目标"。由此,激发高校教师的内在道德需要直接影响教师的道德发展的关键要素。

充分发挥教师的主体地位。马克思说:"人们行动的一切动力,均是来源于他大脑的思考,通过大脑的信息加工,剔除有害信息,整理有利信息,转化为个体对于自身的愿景和动机,才可以激发个体的执行力,这就解释了人作为行为个体逐利的本能。"从马克思主义哲学不难解释,教师的主体地位对于加强其道德建设和道德品质的提高、道德修养的完善有着不可替代的效果,在实现专业道德建设的内化过程中,高校教师不再是机械式地成为道德捆绑下的"枷锁人",而是主动遵循内心感受,实现教师专业道德修养的充实和提高。

二、回归现实:倡导奉献精神与功利精神的统一

传统意义上对于教师的"神圣化"吹捧得一塌糊涂,当下我们需从传统、封闭、单一的思维逻辑中跳出来,客观评价教师的"理想模型",不再仅仅关注教师本身的专业知识、技能和道德修养,回归现实,从过去的追求"神化"的教师群体饱受着各类道德枷锁而不得喘息,树立正确的教师专业道德建设是当务之急。道德不再是简单的柏拉图理论或者黑格尔的绝对精神意义的理性规定,也不再是康德对于道德律令的先天行为,更多时候,人无完人,追求道德的更高水平只是人们在自我追求过程中的内在美化,考虑到西方人本主义思想,我们需要重新审视人本身存在的情感需求、人性的缺失和对物质的欲望。只有加入了这类元素的人才可以称之为社会人。追求自身利益的道德修养本就无可厚非,我们要坦然面对教师具体逐利性的合理性,承认高校教师也有对于物质的欲望,否认或抹杀这类自身追求利益的错误观念只会导致教师专业道德建设的歪解和扭曲。我们在看到传统教师对于吹捧教师"神化"的同时,应该擦亮眼睛,允许教师追求自我价值的实现和适当对物质利益的享受的合理及合法性,并努力克服"泛道德论"倾向。[3] 单一的道德美好是不可永久存在的,那样也不会存在道德行为。但反之,

一味追求功利主义、拜金主义和享乐主义,就难以将教师的道德美好内化成为精神享受,把教学活动当作逐利的唯一工具和手段也会断送高校教师一生的职业追求,最终无法实现教师的内在价值感和使命感,从而就无法体验其带来的充实和幸福感。因此,在高校教师专业道德建设中我们应该奉行奉献精神和功利精神的高度统一。

一方面,逐利性是教师实现自我价值及其社会价值的基础。从个人利益的角度来看,逐利性是人的本性,教师之于人,具有逐利性更是具有其合理之处,恰恰体现了经济学中"经济人"这一概念,最直观贴切地解释了人在追求个人的利益最大化和利益的本质属性,这也是个体逐利性的本质所在,高校教师作为自然人,具有教师的属性,同时也脱离不了人的本质属性;从个人的自我价值和社会价值关系来看,依据马斯洛的"需求层次理论",人只有在满足了自己的最低需求才会有更高级的需求,高校教师承担教书育人的重要职责,本就是具有不同一般的特殊性和使命感。但只有在满足了教师自我内在对于物质追求的基础上,才谈及修身、齐家、治国平天下的伟大抱负,没有前者的基础,后者就是纸上谈兵,毫无意义可言。从某种意义上来说,个体的自我价值的实现是社会价值实现的前提条件,高校教师只有满足了自我利益的同时才可能积极有效创造出更多的社会价值,并为此不断努力奋斗。

另一方面,"奉献精神"自古以来都被人们当作道德的最高精神层面的输出表达,外显为高校教师师德教育的最高境界。用它来阐述高校教师的社会价值更是十分贴切。这也是高校教师给大学生输出的一个正面形象,它标榜着高校教师在师德教育的一个里程碑,也是高校教师树立自我正面形象的有力武器。纵观全人类的发展史,个体为达到自己价值的实现,会采取一系列正当的手段和方式来达到自己的目标,本就无可厚非,也是合理的要求,但如果过度放纵自我,缺乏外在约束力而极度获取个人的自我实现,势必会物极必反,出现唯利主义和功利主义至上的问题。我们应该引导教师合理过渡到社会价值的实现,以奉献精神来内化制约教师的外在物质追求欲望,以道德准则要求教师自觉越过功利主义和享乐主义,形成合理的道德形象。教师只有在实现社会价值的不断追求时,个人价值的自我追求和实现才显得有意义。否则就只能是空中楼阁,镜中月水中花,不可长久。

三、道德回报:建立师德奖惩机制,保障教师利益

道德的核心和基础必须是公平。在高校教师队伍建设中,尤其是教师专业

道德建设,我们不仅要加强教师道德与教师利益的内在一致性的理论认识,还必须从现实的角度给予教师道德回报使教师在付出和得到中达到动态平衡,如此才能给予教师真正意义上的公正与公平。

高等院校教师的道德回报,顾名思义就是组织或个人对于高等院校的教师在教学活动实践过程中的行为动机和效果基础上,对高校教师由此产生的结果给予物质或者精神的奖励和惩罚的过程。它是以利益为主要的联动环节,对教师行为的善恶或其道德品质的高低进行评价和调节。一方面,我们给予守德教师以物质奖励和精神褒奖,使教师在专业活动中自愿自觉地奉献;另一方面,我们也应给予失德教师以物质处罚和道德惩罚,因为道德的惩罚与道德褒扬同样重要。

首先,建立教师道德回报的评价标准体系。这是保障评价活动能够顺利进行的充分必要条件,确定多维度多元化的教师评价体系和评价机制是建立标准评价体系的关键之举。当然,某种程度上说,高校教师的专业道德修养的评价体系和评价机制随着社会的进步和时代的不断变迁也会处于不断动态变化中,万变不离其宗,大学生有自我的判断体系和比较完善的道德修养的评判标准,科学合理的评估机构也可以制定相应的评估方案,再加之,教师队伍的庞大本身类似于评估机构,高校教师之间的互评也可以作为专业道德建设评估中的参考方式。学校和社会这个巨大的社会媒体本身也是自成一个完整的评价体系。[4]

其次,给予教师等值的道德回报也是必要的手段,建立相应的保障机制确保教师的道德回报。在教师职业道德过渡到专业道德建设过程中,建立道德回报机制不仅有效确保教师的适当报酬,还在一定程度上提高了教师的成就感和满足感,是实现教师道德回报的重要环节。高校教师的道德品行如有不恰当之处保障机制应给予其一定的批评教育,使其有一定的物质利益损失以及精神损失等;反之,让具有良好专业道德的高校教师感受到道德修养的重要性以及带来的裨益,给予适当的物质回馈和精神回报,这些都有赖于保障机制的有效确立。

最后,完善教师道德回报的反馈制度。这不仅有助于加强高校教师对道德回报的认知、理解,同时还可以在一定程度上赢得多数高校教师的赞同和褒奖。建立有效的保障机制不仅可以确保高校教师在道德回报上收支均衡,而且有助于道德回报的不断完善和革新。通过不断的调查结果测试反馈,总结保障机制中的漏洞和不足,并及时纠正,使教师对道德回报的现实价值有更深层次的了解和认同,并对道德回报给予支持并产生共识。由此,教师群体对道德回报的事实予以更为广泛的支持,有利于营造扬善弃恶的教师道德外部环境,激发更多的教师在专业活动中依"道"行事。

参考文献

[1]　日本筑波大学教育研究学会. 现代教育学基础 [M]. 上海: 上海教育出版社, 2003.

[2]　顾明远. 教师的职业特点和教师专门化 [J]. 长春: 教师教育研究, 2004 (6).

[3]　古德莱德. 学校罗曼诗: 一种教育的人生 [M]. 北京: 教育科学出版社, 2010.

[4]　罗素. 伦理学和政治学中的人类社会 [M]. 北京: 中国社会科学出版社, 1992.

浅谈隐性课程在高校教师师德建设中的重要性

李　柏①

（三亚理工职业学院　公共基础教学部）

摘　要　随着国家和社会对高校教师师德建设的不断关注以及关于讨论高校教师师德建设的热点时期的形成,高校教师具有良好的师德固然是高等院校办学的重要条件,但教师师德的自身本质具有自我认识困难、形成时间长、隐蔽性、影响巨大的特点,形成良好的教师师德不仅需要教师的努力,同时还需要学校、学生共同参与。虽然高校教师师德的建设十分困难,但是也可以通过诸多细节结合隐性课程进行教学计划,从而加快教师师德的形成和保持。该文通过分析教师师德建设的难点并结合隐性课程的优势,提出师德建设理论,并且得出结论和建设方案,从而能够为高校教师师德建设提供参考意见。

关键词　高校教师;师德建设;隐性课程

2012 年,我国公布了《高等学校教师职业道德规范》的通知。高校教师德育进一步得到了国家的重视,并且强调要"全面落实师德规范要求,切实加强师德教育,改进和完善师德考核,加强师德建设的组织领导"。由此高等院校的办学水平,必然与该校教师的师德品质有极大的联系。高校教师师德特指"从事教育劳动过程中形成的比较稳定的道德观念、行为规范和道德品质的总和"。隐性课程则是相对应于显性课程中潜在的教学内容,其教学内容具有潜在性、教学计划具有随机性、评价难以量化,它与显性课程互补各自的不足,共同构成完整的教学结构。师德和隐性课程的研究开端,需要追溯到 20 世纪 80 年代,当下正处于国内研究的热点时期,尚未有比较统一的学科建设,各学者间也有不同的观点和认识,但是可以肯定的是高校教师师德与隐性课程在学界不断地受到重视,并与当下素质教育的基础要求十分相符。受市场经济的影响高校教师师德建设备受社会的关注,同时不断引起国内高等院校的连锁反应,在所有新入职的高校青年

---

① 作者简介:李柏,1990 年生,三亚理工职业学院公共基础教学部助教,研究方向为高校教育教学。

教师中都会统一组织学习高校教师师德规范,因此充分驱使高校教师师德不断进行自我认识、修正和完善。

虽然学术界对于高校教师师德与隐性课程研究的重要性理论是非常充足的,但是对于结合隐性课程优点进行教师德育建设的研究却少有所见,在中国知网(CNKI)的标准模式下选择"师德"并含"隐性课程"为检索主题,检索结果从1979年1月至2014年9月仅收录25篇论述文章,其中以隐性课程为基础研究高校教师师德的文章还未收录,这一结果很大程度上表明以隐性课程为基础去建设高校教师师德的研究才刚刚萌芽。

一、高校教师师德建设

(一)高校教师师德建设的重要性

师德作为高校教师重要的人格品德,无论对学生、教师以及教学都有极其重要的影响。道德是社会意识形态之一,是人们共同生活及其行为的准则和规范,道德属于社会意识形态,因此具有非智力性、随机性、隐蔽性、习得性等特点。高校教师师德则是特指"高校教师职业道德,是指我们从事教育劳动过程中形成的比较稳定的道德观念、行为规范和道德品质的总和"。同样高校教师师德具有与道德社会意识形态相同的特性,在形成的过程中具有如下几个特点。第一,自我认识困难。高校教师师德在本质上分析具有较强的社会环境因素影响,是由人们在社会意识形态下长时间从事教学活动所形成的一种道德规范和行为准则,在形成的过程中需要环境来潜移默化的习得以及同行认可、学生的评价来认识自身所具备的师德素质。第二,形成时间长。从师德形成的时间维度上分析,一种较为成熟稳定的行为准则和道德规范,需要长时间不间断地认知和修正,才能达到一个相对稳定的内部环境。第三,本质具有隐蔽性。师德在形成的过程中具有相对较长的时间和一定的内部环境,同时师德的性质属于社会意识形态,并非智力性因素学习的结果,而是由社会道德规范日常生活准则来形成的社会公认的道德品质,因此无论它的形成过程、本质以及对自身和社会的影响都是潜移默化的。第四,产生影响巨大。高校教师师德包括一个教师的价值观、人生观、思想品德、人格魅力等多重品质,一个高校教师师德水平的高低将在教学和生活等方面对学生产生极大的影响,同时也将影响学生的道德品质的形成和发展方向。

(二)高校教师师德存在的问题

在经济不断发展的今天,人们的物质满足得到了极大的提高,认识世界的眼光不断发生着变化,人们遵守的基本社会道德基石也随之动摇,纵观高校教师师德也存在一定的偏向。第一,科研任务繁重教学创新少。作为高校教师,最重要的任务是对学生进行有创造性的教学,培养创新性的学习能力,包括每所高校岗前培训班上都会为教师讲授关于科研的重要性,因此高校教师在教学工作中难免会侧重于科研项目而忽视了教学的创新性。第二,教学思想偏向。高校学生在生理时间段上属于接近成年人水平,同时由于一直从事中小学学习,在思想上和行为上具有较高的可塑性,因此需要高校教师的积极引导,在当下多数高校教师对于只重视学科知识教学却轻学生思想引导较为严重。第三,高校教师个人利益偏向。由于社会不断趋于个体独立化,同时也因高校教师社会待遇水平较低,因此有一部分教师利用自己的专业特长在社会中从事营利性事业,从而获取高额的物质回报,无形中放弃了继续深造教学能力的机会,也逐渐使得教学水平变得平庸。

二、隐性课程

(一)隐性课程的内涵及特点

隐性课程在国内研究时间相对较短,如果从隐性课程思想研究算起,中国古代便有之"潜移默化""耳濡目染"的说法,但从真正意义上来说我国的研究开始于 20 世纪 80 年代中后期,并在素质教育改革下不断兴盛。关于隐性课程在国内研究相对比较分散,研究也存在众多争议,其中关于隐性课程的说法和定义就有"隐蔽课程""隐性课程""潜在课程""隐形课程""潜课程""非显性课程""非正规课程",但是只有隐性课程在国际上比较具有权威性,在国内依然保留上述一些观点在使用,对隐性课程内涵研究时也存在一定的争议,其中"难以预期的,伴随着显性课程随机出现的,对学生产生潜移默化影响的各种教育(学校、家庭、社会)因素之总和"比较具有代表性。首先,隐性课程具有一个对照面便是显性课程,到目前为止显性课程和隐性课程共同构成了教学系统;其次,相对于显性课程来说,隐性课程具有无固定教学内容、教学计划、教学场所、隐蔽性、不可预见性、难以评价、非智力性等特点。

有学者结合显性课程教学对隐性课程进行教学设计,以弥补显性课程教学中的不足。显性课程教学中存在的缺点在隐性课程中能够得到很好的解决,对德育课程进行教学评价和体育课程中锻炼的校园文化,隐形课程都能发挥极大的作用。虽然隐性课程可以适当进行教学设计,但是过分进行教学计划那么在课程性质上将转变为显性课程,要达到的教学目的也将甚小。因此在进行隐性课程教学计划的过程中,应该坚持显性课程与隐性课程有效性相结合的原则,做到有计划性、有预见性,但是结果和效用上不一定在预见性范围之内,并且根据每个人思想水平、自身知识积累、自身特点对隐性课程受教育、受启发的结果也是截然不同的,这也暴露出隐性课程的缺点即具有不可强制性、不可干预性、随机性特点。

(二)隐性课程发展论

在对以往研究学者的论述中不断总结分析,并结合教育的发展理论,从隐性课程的本质和存在形式为切入点提出隐性课程发展影响理论,隐性课程作为教学系统重要的组成部分,隐性课程配合显性课程起到教育功效的方式有众多观点:学习过程说、知识观念说、校园文化说、经验影响说、教育影响因素说、教育经验说、教育环境说、环境信息说。笔者认为隐性课程单从学校教育来分析,教育环境学说更能体现隐性课程的内涵本质,从社会角度分析,"广义上,凡是增进人们的知识和技能、影响人们的思想品德的活动,都是教育;狭义上,主要是指学校教育,即有目的、有计划、有组织地对受教育者身心施加影响的教学过程"。在对教育理论的解读中,无论是广义教育还是狭义教育都需要一定的教育环境作为支撑,广义上的教育环境支撑是整个社会背景,学校教育则是以校园作为重要的教学环境,并且学校之所以成为狭义教育的重要场所,主要原因在于学校集聚了大部分的教育要素即教育者、教育中介和受教育者,因此任何形式上的教学都是教育要素相互聚集并施加影响于受教育者的过程,同理隐性课程教育也在其列,隐性课程具有隐蔽性特征更需要教育环境来支撑教学的内容。巴甫洛夫经典条件理论可以很好地诠释隐性课程教育环境学说理论,在隐性课程中多数教学内容都具有隐蔽性和非直接操作性等特点,那么就需要一个很好的环境来投射预期的教学计划,受教育者对该环境中的内容进行不断的"认知—反思—选择—整合—内化—习得或摒弃",习得过程中最重要的是需要环境中的条件来进行刺激,学习者才有习得的过程,建立整个环境的过程是漫长的,但成熟之后便具有长期性、稳定性、持续性等效果,对于隐性课程教学评定,是通过教育环境中成员的行为投射到环境中的效果来进行认定和量化。

三、隐性课程在高校教师师德建设中的作用

(一)规划校园建设环境

校园建设是隐性课程中最大的教学设计,需要结合学校的专业特点、人文素

养、地理环境、教师特点以及学校精神来规划和建设,对学生的影响也将是最有效用的。校园规划和建设,主要包括校园自然环境、建筑风格、教室布置、宿舍风格、主题思想等,校园主体思想、环境、风格都是从整体性上表现一个学校思想、文化的氛围。现代性的建筑风格必然表现出学校的年轻和发展的动力,长时间遗留下来的古式风格建筑必然表现出文化沉淀的浓厚,同样中式风格与西式风格也会表现出不同样的思想,例如北京大学为什么能形成思想自由、兼容并包的教学思想? 其校园环境很大程度上保留了各式的建筑风格,在这种暗示之下也就是默认各种思想的碰撞和保留。教室布置和校舍布置也是极大地影响学生思想,教室的安排是便于教师的讲课还是利于学生讨论两个形式,必然导致不同的结果;再者校舍安排是集中式还是分散式,是家庭式还是合住式,宿舍的条件等,集中必然会使学生的集体主义感更加强烈,分散式则是体现个人独立生活的能力和自主思想的发挥。

(二)建设校园精神文化环境

校园文化环境则多数是指整个校园形成的一种比较稳定的文化氛围,如学习风气、班级风气、科研精神、体育锻炼氛围、教学风格、德育品格、人生观、价值观等,虽然这些文化氛围都与个人情况息息相关,但文化氛围环境中重要的元素便是学生,在每个环境中既有核心的教师和学生同时还有更多认同者、践行者,共同组成整个文化环境,其内部环境相对稳定,每个元素从"认知—反思—选择—整合—内化—习得"逐渐成为该文化环境中的要素,也因此得到不断壮大和稳定。精神文化环境中所投射出来的教学内容是显性课程中难以体现的,例如显性课程中所教授的德育知识,虽然都知道德育知识的重要性,但是学生并未处于该德育知识的文化环境中,对该事物具有模糊性、空洞性,因此难以认识到德育知识的本质,如果让学生身处德育教学的文化环境中,他们就能够很快明白其本质,并且能够做到自身的践行。这也是隐性课程促进显性课程教学效果的有效互补,同时也是非智力性因素对智力性学习的影响。

(三)构建良好的人际关系环境

社会以人为基本元素组成,学校的基本单位则是学生和教职工,在学校的基本系统中需要处理好教学和生活过程中的各种关系:师生关系、生生关系、院系关系、师生与学校的关系。其中,师生关系作为教学中的重要关系,师生关系的好坏直接作用于教学的效果,同时这也体现了教师师德的水平,一般师生关系良好的教师或多或少会促进教学效果的提高,同时教师也会受到学生的尊重。学生与学生之间的关系主要体现在对集体的认同感,同学之间是否能形成相互和谐、相互包容的一种关系。而今的教育不断精细化,各学院所学习的文化知识都有很大程度的不同,当这些思想的交流碰撞将产生新的创造力,同时也是维系各个学院友好关系的重要途径,学校能否处理好与师生的关系,以及处理方式也将无形地影响到学生对于相同情况的处理思维,因此,良好的学校与师生的关系也是校园人际关系环境的重要部分。

(四)探寻更有利于创造力培养的管理制度环境

管理制度在学校隐性课程中也起着维系学校正常教学秩序的重要环境的作用,当然制度管理在很大程度上会对创造力培养造成一定的危机,这也是作为高校思考的难题,该要如何去探寻管理制度之间与充分培养学生创造力的度量,既能很好地维护学校秩序,同时也不会损失太多创造力的培养。

参考文献

[1] 冉春芳.国内高校隐性课程研究综述[J].广西教育学院学报,2014(1).

[2] 韩敬波.教育学基础[M].北京:教育科学出版社,2002.

[3] 载胡萍.隐性、显性课程有效衔接之途径[J].课程改革,2003(1).

[4] 屈一泓.高校隐性课程和显性课程衔接途径探究[J].西安工程科技学院学报,2007,21(2).

[5] 范立民,高景艳.美国高校道德教育综述[J].天津市教科院学报,2011(6).

[6] 崔庆玲,张继红.国内高校隐性课程研究综述[J].湖南工业大学学报(社会科学版),2011,16(3).

[7] 段作章.大学隐形课程论[J].煤炭高等教育,2002(1).

[8] 张文斌,陈东.新时期高校教师师德存在问题的[J].学校党建与思想教育,2006(2).